胜者谋略

一品高官

谋

高官智慧与谋略权术的成与败

谋远用法 谋近用术 谋强用德 谋胜用势

民主与建设出版社
·北京·

© 民主与建设出版社, 2024

图书在版编目（CIP）数据

一品高官 / 刘诚龙著. -- 北京：民主与建设
出版社，2018.6（2024.4 重印）
ISBN 978-7-5139-2168-8

Ⅰ.①一… Ⅱ.①刘… Ⅲ.①政治人物－列传－中国
－清代 Ⅳ.①K827=49

中国版本图书馆CIP数据核字（2018）第110398号

一 品 高 官
YI PIN GAO GUAN

著　　者	刘诚龙	
责任编辑	刘树民	
出版发行	民主与建设出版社有限责任公司	
电　　话	（010）59417747　59419778	
社　　址	北京市海淀区西三环中路10号望海楼E座7层	
邮　　编	100142	
印　　刷	三河市天润建兴印务有限公司	
版　　次	2018年6月第1版	
印　　次	2024年4月第3次印刷	
开　　本	710mm×1000mm　1/16	
印　　张	16	
字　　数	240千字	
书　　号	ISBN 978-7-5139-2168-8	
定　　价	58.00 元	

注：如有印、装质量问题，请与出版社联系。

第一辑 清官事迹

第二辑　湘军人影

第三辑　晚清面相

第一辑

清官事迹

当官好，当官套多，何以好？当廉官，廉当官，才是当官好。

当官好，当官恼多，何以好？当清官，清当官，才是当官好。

当官好，当官祸多，何以好？当好官，好当官，才是当官好。

比好官更好的官

"魏象枢，字环极，山西蔚州人。顺治三年进士，选庶吉士。四年，授刑科给事中"，这是清史列传所载《魏象枢》的起笔，是一般作传作法，无甚奇处，不过后人考其事迹，给了他六字评：好人，清官，硕学。人生六十年或一百二十年，能得到三词六字之一词，便可入贤良祠了，三词兼得，离圣人或还远，离完人已差不多了。

魏象枢做官，以敢言说真话著称，他在清史里首次亮相，便是上疏，疏曰："明季大弊未禁革者，督、抚、按听用官舍太杂，道、府、州、县胥隶太滥，请严予清釐。"一上来便向臃肿机构、冗杂官僚开刀，没点百姓情怀底气，没点刚直官人勇气，是不能发表这般言论的。要想日子过得好，仕途走得顺，何苦要去得罪官僚集团？裁机构，除冗员，可不是得罪一个官人，而是打翻整船人。魏象枢不止泛泛建言，他还对着具体的、位高权重的官僚，投过梭镖，"五年，劾安徽巡抚王懬受赇庇贪吏，懬坐罢。"一个人把一省土皇帝给扳倒了，厉害，有种，够劲。

魏象枢在其左都御史任上，杀歪风，扬正气，干过不少好事。有大清第一清官之称的陆陇其，因挡了贪官财路，被贪官们"全世界有产者联合起来"，搞下去了，"江苏嘉定知县陆陇其有清名而被劾罢"，魏象枢奋然而起，一鼓作气上疏，再鼓气不衰上疏，三鼓气不竭继续上疏，"象枢疏荐之"，使陆陇其不至于被劣币驱逐，到底留了些清气在人间。魏象枢夫子自道，"国家根本在百姓，百姓安危在督抚。原诸臣为百姓留膏血，为国家培元气。臣不敢不为朝廷正纪纲，为臣子励名节。"虽然为此付出过代价，在反腐败的斗争中（斗争这词，不能不再次使用）被贪官们反扑过，曾连遭降职，但他不怯场，不灰心，不泄气，不撂担子，不说爷不干了。他是越战越勇，屡战屡败，屡败屡战，向腐败宣战，永无稍息。

魏象枢这么做官，能喝白酒不喝酒，自然是一个朋友也没有。人家门前是市列珠玑，户盈罗绮，那些穿罗绮者，扛着珠玑，市列家门。魏象枢家门口是鬼打死人，鬼都不上他家门。不是说所有的御史与纪检家，职业是合当门前冷落车马稀，只要枪口稍微抬高一厘米，那门口金堆银砌便可摆上几华里。吏部固然是行善做好事的，人家要来搬请他；御史诚然是行恶搅人好事的，人家不也要来拜求他？去吏部家相求，求的是帽子；去御史家求人，求的是脖子。到哪家上贡更丰厚？还真不好说。

魏象枢家门口，却是非常冷清的。王永吉每过他家门，一再寻寻觅觅，却一直是冷冷清清，"吾每过其门，门可罗雀。"这让王永吉看在眼里，记在心上，把魏象枢家的这一幕幕景象记在脑海里了。

这里要说说王永吉了。王永吉是前明旧人，"明天启间进士，官至蓟辽总督"，大清真是混账，取明自代时节，大搞统战，给他戴一顶识时务之俊杰高帽，到了后来做清史了，却把他列《贰臣传》了。说来，王永吉是蛮称职的公务员。什么是公务员？张三、李四当县长，我尽职尽责干；后来王麻子空降地方高职，我还是清慎廉明，不做前任遗臣，也不做后任奴才，一样干得欢，这才是真公务员嘛。大清说王永吉是贰臣，我不随大清起舞，认王永吉是一臣。

"顺治二年，以顺天巡抚宋权荐，授大理寺卿。四年，擢工部侍郎"，之间因他不太听皇帝的话，被革职，还发毒誓，"并谕永不录用"，后来大清缺干部，还是请了他出山，"十年，擢兵部尚书。十一年，与刑部尚书觉罗巴哈纳等分赈直隶八府。转都察院左都御史，擢秘书院大学士。"在任上敢于任事，敢于进行反腐败斗争，"永吉在兵部，鞫德州诸生吕煌匿逃人行贿，谳未当，下王大臣诘问，永吉厉声争辩。"跟魏象枢一样，算清官，算好官。

我对王永吉特有好感，不单因他守清操，而源于他与魏象枢有过多回交集。"蔚州魏敏果公象枢在台垣时，一日，与吏部尚书王永吉途遇"，王部长赶紧躲一边，让魏象枢先过。大路朝天，各走一边，那是百姓间走路规则；街路公路高速路，都划了道是不是，各走各的道嘛；而轮到官人了，这天赋人权的规则全废了，道路朝天，高官占四边，要清道，要封路，人民大路人民修，修好大路为官人；官人来了，你得肃静，回避，躲沟坑去。

王永吉途遇魏象枢的时候，王永吉是吏部尚书，魏象枢是工科右给事中，也可能是转刑科左给事中，大概是处级干部，顶多是副市级，低王部长三四级呢，"京朝官之途遇也，秩卑者或勒马候过，或让道旁行，显贵则昂然前行而已"，按理，"魏当引避"，而王永吉呢，他先赶紧躲一边去，魏象枢哪受得起？一定要让王部长先过，而王部长呢，"王坚请魏先行"，两人张郎送李郎，王部长让魏处长，互相推让了N次，最后是部长让道处长，部长肃静，回避，让处长先过去。

其时魏象枢并不是纪检职务，王部长用不着怕他，何况王部长也是清官，没什么要怕纪检的。那他何以要给魏处长让路？"吾每过其门，门可罗雀，其清操可想，吾甚敬之。"王部长还打发家人来给魏象枢传话，"翌日，使族人语魏"：以后，我们路上相遇，您一定要大步大趋，走中间大道，别让我，我来先让你，你"若避道，则吾心何安"？以后千万别这样啊，"后勿复尔"。

当了大官，有几个还晓得爹姓什么？多是趾高气扬，耀武扬威，那些贪官，那些庸官，一朝沐猴而冠，真不晓得自己蟒袍之下，露着一脚猴毛，昂昂然，栩栩然，飞扬跋扈，猴子充霸王。坏蛋视好人如无物，贪官骄清官为草芥，坏人当道，好人得肃静，得回避，谁敬好人来着？

魏象枢做了清官，做了好人，家里贫得咔咔响，门口冷得鬼打人。一万年前如此，一万年后如此，清官永远是穷的。清官若不穷，那还是清官吗？清官不能也无法先富起来，这也没什么，清官本来是富贵无心想。富则不能富，贵也不能贵吗？一旦做清官，富既不可能，贵也更不能，当了清官，会有人尊敬你吗？百姓或会尊敬他，唱主旋律的官人，会尊敬他吗？他那个哈巴，有权力也不先致富，那是个蠢猪。贪官对清官，多是不屑一顾的，要不骂他有才无能，要不骂他智商低。金钱没赚到不说，做清官，人格也是蛮受辱的。

有一种社会，不让人绝望，也让人心灰灰，意懒懒。英雄流血又流泪；好人受累又受罪；清官失富又失贵，这般社会，真让人一点劲都提不起。做了英雄，挨骂的少吗？路上扶起倒地的老汉、老婆婆，得不到一块锦旗倒算了，其家属还可要你负责医药费，官司打到法院，法院判你有罪，概率是蛮高的；官场呢，做个好官，即没前途，那是新常态了；做个清官，低人一头，被贱视，被人瞧不起，被人排挤、被人骂，不更是古来如此吗？

魏象枢是好官，而我看来，王永吉是比好官更好的官，其有清操不说，他不尊官阶，只尊人格，就很难得；尤其让我敬仰的是，他不能让清官先富起来，却在让清官先贵起来。

愤青须有愤青之格

施闰章算典型愤青，遇不平事，则鸣；遇龌龊事，则斥；遇贪腐事，则吼；遇苟且事，则训。不入眼的，不循情的，不守规的，不合法的，施公都不做沉默的大多数，争当发声的关键少数。一事能狂则少年，一愤能传即愤青。不过与众愤青比，施公怒得起，怒得来，怒得好，怒得上品。施公有一句话，怒出了水平，怒出了格调，可上愤青文集封面或封底，做招徕广告语："官高一品，则人品减一等。"

以言高来说，施公算典型愤青；以人众来说，施公算非典型愤青。非典型愤青是，在野，肺部包藏的，全是愤怒；入朝，嘴里（到喉，到肺）装满的，都是阿谀（思维有点短路，谀是不是谀？谀通谀吧，愤怒常使人痛苦，阿谀多使人愉快）。言高愤青少，少而又少；人众愤青多，多而又多。

以人数多少确定典型，还是以言论高低定义典型？以典型与非典型来界定愤青，是不科学的，以低品质与高品质来鉴定愤青，才是正确的。我说施公是高品质愤青，源自施公那句愤怒，不是在野时节发的，而是在朝，或者说，正是由在野转进在朝当口出口的。施公"应试时入都，不通一刺于权贵"，乡党在京都有当官的，同学在京都有据要津的，亲戚级别不高，是开车的，当秘书的——别把这等工人与幕僚不当干部，他们有神通，能通神，施公却一个也不去拜访，更无论四个袋子兜银行卡，两只肩膀扛土特产，去权贵家走夜路。

有人替施公担心：长安居，白来能居——白居易那会，白来能居，如今你姓施啊，润人小文章便能居？得润人大银章（上海即商海，北京即背景，印章即银章），方可居。施公笑中含怒，说："吾岂矫情哉，所惧者，官高一品，即人品减一等耳。"

施公算高品质愤青，根据是，"应试时入都，不通一刺于权贵"，此与阁下迥异其趣，霄壤其品。阁下当愤青，当得挺愤的，肚子里好像是随时随地，都是一包子火，火点很低，一点就着，一着就炸；只是有时也容易萎火，没去权贵家，或去权贵家路上，或去了权贵家，回来了，怒发冲冠，骂声满途；到权贵家，温柔敦厚，短阑尾能摇出万紫千红气象，首长，亲爸，喊得亲蜜蜜甜。阁下是愤青，自也有火，其火是：您抽烟我点火。

这般愤青，曾获无数高赞，赞之高者，美誉为"两头真"，一头是没去权贵家之前，一头是去了权贵家之后；另一种更典型是，一头是没入职，一头是已退休，中间一头从不真，这两头真真假假真，假假真真真，美其名曰两头真。施公他是一头真：一举首登龙虎榜，十年身到凤凰池，在凤凰池里头，敢说十分真话，敢烧三昧真火。阁下取录公务员之际，敢放言"官高一品，则人品减一等"吗？

这还不是真愤青见真章。阁下不通一刺于权贵，好，真是好；阁下成了权贵，爱让人通一刺于你权贵，还是不爱人通一刺于你权贵？这才是检验高品质愤青的真金烈火。长大成人后，我就成你，你或不是你了，施公却还是施公。施公顺治六年会试中式，"丙申秋，奉使视学山东"，是第一主考官，"其应差也，名第一"，拥有录取考生最后决定权，大权在握，却不让人通一刺于他。其时，山东有巡抚刘某，品格未必高，身份算蛮高。他有个亲戚——说不准是否亲戚，送了一张银行卡，便是亲戚了，金子、银子皆吾子——托请人，怎么也不能说，您帮个忙吧，他给了好多银子给我（不能说给我银子，只能说是我侄子），叫安某，也在这场乡试里头，刘巡抚寻了机会，通一刺于施公，"嘱其同年孤子"：安氏是我老婆（谁晓得是正妻，还是二奶）侄子，他爹还跟我是同年，施公方便时候给我看看（方便，要看什么？不方便，才另眼相看嘛）。

刘巡抚通了一刺于施公，施公不买账，安某那水平，也给录取，不是大清无人，便是大清无正直人，大清恰有施公这个正直人，施公"以不入格被黜落"。刘巡抚人品低下，说来没阁下低下，安某实在是扶不起的湿牛粪，刘某也没特别怪罪施公，他只是感慨：他做巡抚那么多年，通刺权贵N多人，都是买他账的，"学臣不受请托，独施君耳。"

高品质愤青，也是独施君耳。愤青是容易做的。有人说当个国产公知，烂容易，会贩卖"自由、民主、人权、选票……"等七个词语造句，便是公知了。顺便说一句，如今有国学派与西学派之分，国学派是会用七个字，仁义礼智信忠孝，叫有操守；西学派是会用七个词，叫有思想。一个贩中古，一个贩今外，各相讥笑，西学派笑声大些，他有思想嘛（贩卖他人商品，叫商业家；贩卖他人思想，叫思想家），也是有道理的，国学派是七个字，西学派是七个词十四个字，按字数，翻倍了，自然资格大些。这个不说了，说国产愤青生产吧：脑残，某粪，傻×，二货，人渣，八婆，13点，也是五六七八个词语，便可速成愤青了。

做个愤青，做个好愤青，做个高品质愤青，是要有资格的，更是要有品格的，站得起，行得端，坐得正，才有资格当愤青，你以为街头牛二就是愤青啊。施公青年做愤青，中年做愤中，老年做愤老；在士做愤士，在仕做愤仕，在市民做愤市民，一、他有愤怒，有人气；二、不乱愤怒，有正气；三、当愤怒才愤怒，有底气；不比阁下，一、有愤怒，是粪气；二、尽乱愤怒，是戾气；三、不是社会有事该愤怒，而是自己没获得利益，不当愤怒而愤怒，那是一股下作的恶气。

施公做愤青，当愤仕，他确实够格，"先生以进士起家，荐历监司。人品端方，不苟取与；所至皆著循声。"当官不贪贿，为官都为民，蝇营狗苟之事，都不干，当的是清官，当的是循吏，他见贪官骂贪官，他有资格；他见墨吏骂墨吏，他有格调，"闻忠孝事及羁人才有失职者，辄感愤慷慨，涕泗随语下。"

最后要说一点的是，做愤青，多是在愤别人，按鲁迅说法，是在解剖别人。天天在解剖别人，你解剖过自己吗？鲁迅是，"我的确在时时解剖别人，然而我更多的是更无情面地解剖我自己。"施公也是这样的。施公少年早孤，是他叔叔带大的，他对叔叔很有孝心，"事叔如此，世所稀有"，身在江湖，千里做官，未免有照顾不及处，"其讲学白鹭书院时，一日讲长幼有序"，讲到事叔不够，讲到无兄弟可悌，"至于啜泣，座中有阋墙者，为之悔感。"

"施闰章，字尚白，号愚山，（安徽）宣城人"，顺治进士，历官刑部主事，山东学政等职，施公当愤青，常常检讨自己言行有没有让他人可愤怒处，骂人先骂己，先骂己后，才可骂人。施公另有名言，算愤青言，更算得道言："终日不见己过，便绝圣人之路；终日喜言人过，便伤天地之和。"

敲敲敲，敲破朋党板块

官人在位日久，阶级便易固化——你升到哪一阶，他爬到哪一级，都安钉子似的，定固了；非圈外不能进位，非山头不能占位，非派别不能分位。顺治而至康熙，其在位几十年，朋党之固化，让一代雄主康熙都头疼："朕听政四十年，观尔诸臣保奏，皆各为其党"，不是同学不推荐，不是老乡不提拔，不是亲属不列入后备干部名单，文臣如此，武将又如何？康熙无可如何，徒叹奈何："（督抚提镇等拣选武弁）皆为其子弟夤缘保送者多。即部院大臣，亦多为子弟互相援引。"其他人哪进得来？

朋比党援，是个老话题，是好是坏，难说清楚。大宋曾非议朋党，欧阳修作《朋党论》为之正名，弄出小人朋与君子党概念，说只要排除了小人朋，大可行君子党——谁是君子，谁是小人？君子固然自称君子，小人却从不自定小人，演变到后来，便是：在位的我们，都是君子；不在位的你们，都是小人。自然，朋党难论，还牵涉一个团结问题，进得机关的，都是仇雠，互视为敌，甚事都掣肘，么子事都推不动，做不成，也成问题。朋党成问题，朋党不成问题，也看朋党板块，板结到什么程度吧。

朋党到了康熙后期，已是坚冰一块，不但在官人推荐与提拔中，非朋党不行，纵使在监察与弹劾这事上，也是同党相庇，异党与斥。说来，吏部提拔与御史弹劾，是朋党之两翼，同党提同党，同党便壮大；异党排异党，同党便扩容。搞到后来，都不干活，都在搞人，"科道纠参，皆受人指使"。康熙前头之顺治，对朋党很是警惕，甚而提高到亡国、亡朝之高度，讲话云："历代人臣植党，因之遂致乱亡"；这个意思，顺治多次强调："朕观宋、明亡国，悉由朋党。"

朋党在顺治解决了没？康熙登位四十年，他感受到朋党之厉害，康熙在位六十年哪，好像仍是党同伐异。谁同谁异？子弟兵同，孔方兄同，同进士同，"朝廷立贤无方，不分南北"，立贤无方吗？恰分南北，"朕近日处分各官，虽多南人，皆以事情论，不以地方论"（此话，是不是此地无银三百两？）；不过皇帝有时也是清醒的，"现近日外官，满洲所参，大抵多汉人，汉人所参，大抵多汉军。皆非从公起见。"到了鳌拜那会儿，"文武各官尽出其门下"，国家大事不决于朝，而决于其家，"一切政事先于私家议定"。

康熙自出题，康熙没破题——问题是他自己造成的，叫他如何来解题？雍正登基，来了新人，多能刷新政局。雍正整顿吏治，先从朋党着手，"第一涤除科甲袒护之习为要务"。雍正新官上任，对朋党敲，敲，敲，连敲三大锤，朋党自然不曾敲个稀巴烂——也不能敲得稀巴烂，全敲烂了，官人一点团结都没有，也不是事——其坚冰却是敲破了。

雍正第一敲，便是敲锣鼓。首先亮出观点，喊出口号，表明态度，把论立起。雍正元年，其集满汉大臣，大开朝会，发表重要讲话："朋党最为恶习，明季各立门户，互相陷害，此风至今未息……尔诸大臣不无立党营私者，即宗室中抑或有之"——谈成绩貌似没怎么谈，而是直截了当谈问题，不止谈大臣问题，语锋所及，锋抵宗室，向自家开刀，其警人，还蛮有效应的吧。

锣鼓不是敲一回。敲一回，让人以为这是雍正临时起意，一时之想，非深思熟虑之物，雍正是锣鼓常敲，戏常唱；雍正次年，其专著《朋党论》，与欧阳修相辩；雍正五年，其又颁发谕旨，告谕大学士与六部九卿："人臣朋党之弊，最足以害人心，乱国政……当日苏努、阿灵阿、鄂伦岱等同恶相济，结为邪党……故临御以来，将伊等朋党为奸之处，屡次宣示中外……唯冀大小臣工，以伊等为炯戒，共绝背植党之私，时怀公忠体国之念。"

上面态度是蛮重要的，喊出口号来，也是定方向嘛。不过，口号迎面撞上人，又如何？口号要喊，口号关键处，是此号要敢于撞上人口——直接与人面对面，嘴对嘴地碰撞几次。有位叫赵国麟的，其时为某地布政使，雍正对他算有好感，拟起用，却提出一问，叫人专题考核："赵国麟一片忠诚，人品端方，但不免科甲向来气息，当留心察看。"这人不错，陶正中不错，于其珦不错，然则，他等搞不搞同年同学同人同乡那一套？"陶正中、于其珦二人恐蹈科甲陋习，当留心观察"，这回暂不提拔，缓一缓看，"王蓦乃一干员，但虑其科甲习气未除"，观察一段吧。

雍正对朋党问题敲锣鼓，对搞朋党之臣，常敲脑壳。提拔时候，多将朋党习气为尺为斗，去量其人朋党之思多长，其人朋党之习多厚，再是一票否决，雍正破局朋党，力度算大吧？也不单是提拔时分，对吏部提出戒除朋党之用人尺度，雍正平时对事又对人，点起那些搞朋党者之大臣大名，把其脑壳敲得梆梆响："类汝等科甲出身大员不可胜数，如杨名时、李绂、魏廷珍、郑任钥、汪漋、陈世倌，并旗下举人如张楷之庸流，皆为同年故旧、老师门生之牵扯，争相偏袒姑容……此风不息，将来斯文扫地矣。"开大会时候，朝天喊，不能搞朋党啊，朋党问题很严重，特别严重啊，必须坚决刹住歪风啊，严格禁止啊，喊得再声嘶力竭，不点到人头，谁心振动？一个一个点到脑壳上去，不以"某"字代称，而直呼其姓其名，被点名者不止红红脸，出出汗，而是面战战，心兢兢；其他不曾被点名者呢？也是惊出一身冷汗，一心紧缩得打战。

对朋党之弊，要敲锣鼓；对朋党之人，要敲脑壳；对朋党之职，要敲名单。是真反朋党，还是假反；是真反宗派，还是假反；是真反山头，还是假反，最后或落实到用人上来。雍正对科甲之官，不是一味排斥，不过他并不以科甲出身为唯一，考试选人，固然算公平，不过也有问题，考试才，考出来了，干事才，干得出来吗？单凭公选考试，让一些单擅长考试者，居高声不远；却让一些能干活，苦干活者，职低地自偏。

雍正有两位干才，一是田文镜，一是李卫。田文镜文凭不高，监生出身，最初官阶低，县丞角色，却是干才，甚受雍正器重，"每事秉公洁己，谢绝私交（依然从朋党着眼，考察官员），实为巡抚中第一。"田文镜在官府里属另类，另类之另，便是孤立，与其他官人合不来，声气不通，常遭他人背后说坏话，"大将军年羹尧曾奏田文镜居官平常，舅舅隆科多亦曾奏过。此皆轻信浮言，未得其实。"田文镜与其他官人关系甚疏，说明什么？说明其不结朋党，不与他官勾肩搭背，勾勾搭搭。

若说田文镜到底有科甲影子，那么李卫算是文盲，"凡文移奏章不过目"，他看不懂，又如何签发文件？听人读啊，听读到一些语句，马上叫停：这不行，这个得这么表述。果然这么表述，蛮贴切了："不可于意者，命改，动中肯綮，虽儒者文吏皆心折骇伏，以为天授。"干才不一定是文才，文才不一定是干才，文才可提拔，干才不能提拔？也可以嘛。

雍正起用这两人，也是起意打破科甲朋党。科举时代，科甲朋党是蛮厉害的，同年啊，座师啊，师门啊，雍正有意扩大选材范围，既选科才，也选干才，以破朋党之局。就说雍正两位宠臣吧，也是非朋非党，田文镜与李卫两个削尖脑壳都调不拢的："河东总督田文镜柄用时，暗劾公（指李卫），上不为动。田惧，转结纳，伺公居太夫人丧，遣人从厚赴吊。公骂曰：'吾母虽馁，不饮小人一勺水也。'麾使者于大门外，而投其名纸于溷中。"把田文镜名片都投茅厕里去。

雍正将此两人都列心腹之臣，固有用统御之术，却也有防朋党之道。

情绪化转情绪法

　　喜怒不定四字语，差点要了雍正命。我说不是他那小命，而是其官命。康熙崽子多（带把的——都有资格带印把子，据说有二十四），帝位少（普天之下，也就一个），一个职位几十人来争，自然是硝烟四起。一言兴邦一言丧邦，假的；康熙一言兴位，一言丧位，才是真的。康熙给雍正甚言？便是"喜怒不定"，官人心态不稳，政局便不稳，江山能给一个神经质之神经病来打理吗？雍正赶紧向胸脯："今臣年逾三十，居心行事大概已定"，向老爹打了报告，报告内容是，请求将此要命四字给删掉："将谕旨内此四字恩免记载。"康熙居然也批准了："此语不必记载"，理由是："十余年来实未见四阿哥有'喜怒不定'之处。"

　　十余年来未见吗？十余年后，又见了，但见：雍正喜起来，绣房里钻出个大马猴；雍正怒起来，猪栏里驰出头大公牛。举一二雍正批折，可知此人喜怒。

　　例一：好事，好事。此等事览而不嘉悦者，除非是呆皇帝。好的，好的。如此方不愧封疆之任。自然，这是雍正刚钻出绣房之语，后来正式上批折，改为公文体：兴自然之事，美事也；安无籍之民，善政也；能如是，方不愧封疆之寄。

　　例二：大奇，大奇，此人乃天日不醒之人，朕当年在藩邸时骂他玩，都叫他"球"，粗蠢不堪，于登基后不足出任何地。自然，这是雍正刚驰出猪栏之言，正式上批折，改为公文体：大奇，大奇。戴天球乃一昏庸无知之人，朕当年在藩邸时，因其蠢陋，以之为笑具，于登基后不记出任何地。

世称雍正有三宠臣，鄂尔泰，田文镜，还有文盲李卫。说来，还有一个，叫高其倬，《清史稿》有传云："高其倬，字章之，汉军镶黄旗人。父荫爵，官口北道。其倬，康熙三十三年进士，改庶吉士，散馆授检讨。寻兼佐领。五迁内阁学士。"雍正高兴起来，不忌君臣伦理，与之称兄道弟，抒情抒到肉麻；雍正厌烦起来，不避人际伦理，骂他猪狗不如；雍正不喜无怒时分，自然也就将其凉拌起来。

高其倬是康熙旧臣，位至云贵总督；雍正登基，本来高兴事，高兴时候要拿猪牛羊开祭是吧，高其倬便是祭物。登基需要祭品外，高其倬也是有问题的，什么问题呢？就是称呼问题。比如我们会上要讲话了，你开口是：尊敬的某记，尊敬的某长，同志们。这话对不？阁下可能不会掉脑壳，多大的事啊；然则阁下或让人给惦记了：尊敬的某记，是对的；某长也是尊敬的，某记与某长可以平起平坐吗？高其倬便这样，那次给雍正上书，抬头便写：尊敬的雍正，尊敬的贝子，尊敬的大将军。哎，坏事了。高其倬将三人并称，"尊敬的圣主"后，不另起一行，雍正天子一怒，呵呵，也没伏尸百万，单是掉工资百万：其禄米永行停止。其倬降职留任。就一个抬头没对啊，乌纱帽小了好几寸。

高其倬并没禄米永行停止，原因呢？雍正喜怒不定啊，那回只是略微有点恼，后来却是格外喜欢高某了。说来，高某是年羹尧那党的，彼此还是连襟呢，俱为明珠孙婿，清朝大词人纳兰性德女婿。年案发，高家其他兄弟，脑壳死不转，转不过来，还命托年氏，独有高其倬脖子溜活，可做三百六十度调度，向雍正表态："年羹尧既不知自处，惟皇上有以处之"，您怎么处置，我怎么拥护，不打一点折扣。

这话说得雍正心花怒放，握手，握手，拍肩，拍肩，下旨，下旨，高赞，高赞："览奏足见忠君爱国之诚，朕实嘉之。"这话挺文件体是吧？雍正恨人，恨得人肉跳；爱人爱得人肉麻："朕又得高其倬一人矣，可喜之至……汝二人实朕之宝，栋梁之器。高其倬朕视汝而优。朕原许你朕第一大臣，今日要许你第二人也。"此折是对雍正后来第一宠臣鄂尔泰说的，您看，雍正高兴，将高其倬抬，抬，抬，抬举到什么位置了？

雍正这么喜不自禁，自是高其倬表态表得好，表得及时。说来，还有另外一件事，让雍正给高氏加了十分，高某精堪舆术，"命诣福陵相度"，给雍正选了一块好葬身之地，雍正心情大好，便什么好话都咕噜咕噜奔涌出来："以为国家大事，莫过于此（指选墓事）……肩此重任，筹度万全，无一毫瞻顾推诿之意，此实出于一片忠爱至诚之悃，不仅才识超群也。"

这是雍正对高其倬自始至终，善始善终之看法？鬼啊，雍正那么喜怒无常人，其对人待事，哪会稳定，喜欢你了，脑子发烧烧到100度；恼怒你了，身子发冷冷到零下100度。高其倬雍正许他是帝国大臣第一人，是不是该提其为帝国第一相？曾经是提了的，将其降职后，再复职，再由云贵瘴疠地转任江浙富庶区，任浙闽总督。雍正曾那么高赞他，再升了他没？升个鬼，给降了，令专管福建。那甜言蜜语化作冷言冻语："鄂尔泰非高其倬庸懦诈伪之辈可比。"前几天还是"忠君爱国之诚"呢，今天便是"庸懦诈伪之辈"；前几天，朕许高其倬为朕第一大臣，昨天便是转了："朕今日以卿第一也"，此第一卿卿，已非高其倬，而是鄂尔泰了。怎么变得那么快，雍正自言："不可以朕言谓不定，何也？朕既先少恐你'为下所蔽'四字，今既能出之口，朕实不虑矣。"

　　"不可以朕言不定"，是吗？精神病院判断神经病，是这么判断的：我不是神经病。医生便断定，他恰是神经病。雍正对高其倬其宠其衰，没甚定准，前天夸他实心任事，勇于担当，过一夜便斥他"似此虚浮套语，朕殊厌览"；昨天赞他"高其倬较之范时绎愦愦庸才，自同霄壤"；睡一觉醒来，便是："高其倬一生惟以巧诈洁己是务，历任观之，沽誉饰名之外，一无所长。"从全盘肯定，到全盘否定，脸变得多快。

　　雍正脸面一喜一怒，关乎臣子职位一起一伏，甚而是生命一生一死呢。情绪化的雍正，只是情绪化吗？他立的是情绪法了。雍正高兴，马上给你提拔；雍正恼怒，马上给你降职；雍正喜之极，立马给你高职，雍正恨之极，你脑壳滚菜市口了。最大宪法是领导的看法，最大刑法是领导的情法；天子一怒，伏尸百万；天子一喜，费财亿万——皇帝一高兴，你递个要钱嫖娼的报告，定批钱；皇帝不高兴，你递个要钱救命的报告，定批颊，一个耳光扇起你到南天门。臣子们，谁天天琢磨事？夜夜在察皇帝情。

　　高其倬还是那个高其倬，在雍正眼里，却前日是人，昨日是圣，今日是兽，雍正情绪是过山车，高其倬命运也便随之上天堂下地狱。"倘此等处，再戏弄，亦不过止于高其倬之断首而已"。还好，还好，高其倬只是职务一起再起，一落再落，脑壳不曾落地，何故？乃是雍正删"朕许你为第一人"之折，恶狠狠起意要"断首高其倬"后，他自个一夜暴毙，情绪终于稳定了。

落后使人高尚

见花流泪，见月伤心，文人眼泪是蛮多的。这里职称没评上；那里文章没发排；人头攒动，黑压压看墙头，文人以为富豪家招女婿，贴出帖子来，挤破脑壳，占前头瞧，原来出的是任前公示，瞧瞧瞧，瞧了三遍，籍籍无名，便日里见花骂娘，夜里见月流泪。

"许伯哭世，迂也，然其题目大。阮籍哭途，狂也，然其意趣远。至唐衢直自伤不遇而已。真所谓'一哭不如一哭'。"王丹麓也爱哭。唐衢直自伤不遇，哭；王丹麓伤他不遇，哭；其哭，一哭胜一哭。王丹麓不爱喝酒，喝酒如喝"闹药"，如滴灌甲胺磷，"新性不耐饮，复善愁。凡在六合之内，或有才士途穷，佳人失所，每闻其事，辄为于邑，甚至累日减飧，终身不见有喜色。"

王丹麓善愁，看到才子落魄，佳人落难，眼泪马上出来了。文人多是善愁的：对面老张落榜了，浮一大白；隔壁老王车翻了，喝一大壶，"朝眠初觉，似闻家人叹息之声，言某人夜来已死"，痛饮酒，熟唱解放区的天，不亦快哉；夜半守电脑旁，新闻跳出他省强拆，佳人失所，一个箭步去厨房，寻得辣椒水，一为提神，一为流泪，半小时后，时评告竣，一个箭步去厨房，寻得十五年茅台，一数点击量过十万，一数赞赏额过十百，不知东方之既白。

王丹麓，"一字木庵，浙江钱塘人"，自号松溪子。此号是有来历的，屋后有松，松风阵阵；松下有溪，溪流淙淙；松溪间有人，经卷声声，三声合一而听，王丹麓公，"好坐溪上听松，自称松溪子，见者称为松溪主人。"不到礼堂去，不到会堂去，不到庙堂去，何故？"（王丹麓）早年高隐，甚负才望，莱阳赵千门司李亟称之，喻以天地私蓄。王公既是天老爷之私蓄高品，只合在天地间活动，不当去人世间现世。

王公真乃天地间私蓄，"博学擅才藻，一时名声满江左。"著作甚多，刻有八卷《南窗文略》，十卷《松溪漫兴》，三卷《峡流词》，还有卷集种种，此处不举，"又著《今世说》六卷，尤为工妙，隽旨名言，溢于楮墨。"这般才子，老天爷不放人间，单蓄在松溪间，私爱故也。天公不私爱者如我等，流放于坊间、乡间、车间、写字间、北京时间、都市一时间，狼奔豕突，丢盔弃甲，末路穷途，走投无路——这么想来，那些安排去"天上人间"的，老天待她们还算是好的，怎么说也给了她们一副好皮囊嘛。

王公是天地私蓄，天地在哪？王公考过顺治诸生，赢得了当官资格，说是天地私蓄，实则自个私爱，绝意仕进，闭门读书。说镇日闭门，也不对，他是蛮喜欢开门纳客的，"居北郭，为往来舟车之冲"，上有天堂，下有苏杭，文人墨客，游兴于杭者，络绎不绝，来了杭州的，都要到他家蹭饭，几回回打秋风，"四方士大夫过者，必先造其庐，问字纳交，停轺不忍去。"当然不忍去，白吃白喝，有龙井茶喝，还有杭州本地人带路看风景。交友王公，不用交门票——白赏白看，文人习惯。

谁来都行？你来不行。王公性情蛮打怪，一时是话痨，话匣打开，三天三夜不停歇；一时是话荒，双唇紧闭，半月半年嘴不咧，"遇同好，辄谈论移日，或至信宿不厌；其他虽对坐终日，卒不妄交一言。"两人对坐，比赛闭嘴，你能嘴闭多久？三五分钟，你或落荒而逃；王公却能坐你对面，赛呆半年——他就是不留你饭，就是不带你去西湖边看。

文人有法禁，叫文人宜散不宜聚。烹文煮字，跟生儿育女（有喻是：作品是自个儿女）同一，都是关起门来干的活计，顶多红袖添香，老婆帮忙，翻寻字典，找出几个文字，码纸上。文人一队队站，一排排列，一溜溜团团坐，喊着叫着，嚷着闹着，谁写得出文章？文人聚会堂，吵一架散场，何必？所以说，文人宜散不宜聚。

文人最是耐不住寂寞，三天不让人请客撮一顿，嘴里便淡出鸟来，便向财政打报告，便向刚才暗地骂过娘的首长，叩首叫爷，哭穷，获批残羹冷炙。便呼朋唤友，搞笔会，搞研讨会，搞端午中秋茶话会、酒话会、春节团拜会，领导讲话，旗袍走台，作家敬酒，编辑抱妹，红红火火，热热闹闹，怡红快绿，好生快活。

王丹麓不时也参加过这等聚会。如王公这般名士，怎么着也要被人拉去撑台。王公去，撑台而已。文人制造这般场合，场面是热闹的，程序是繁复的，不提。要提的是，领导讲话完毕，文人放肆起来，寻酒的寻酒，找妹的找妹；领导居舞台中央，文人挤文人，文人扒开文人，挤到最前面，与首长握手不放，嘘寒不止，问暖不停，照相不倦。士仕平时相恶，仇官如雠，此时是相看两不厌，唯有敬仕宦，但见，和谐盛世图，一派熙和景。

"名士宴集，故未尝不在。"很多场合，王公也不得不去；去后，文人争坐前排，王公拣角落坐了。活动安排，丰富多彩，总会有众文人一个舞台。没安排露脸？甲文人举手，我发个言；乙文人跑上台，下面我朗诵一首现场所撰诗；丙文人遭冷落，敲桌子，众汉子回眸，丙文人上台：献丑献丑，容我来个昨夜彩排的单口相声。

闹嚷嚷，你方唱罢我登场，独有王公，坐后排，坐角落，"竟日冲然，若不知其在座者。"也不负气走，也不发气吼，一个人坐在那里，不冒头，不露脸，不作声，不表演节目，聚光灯照过来，他偏头去，新闻联播，一个镜头也没有，没见王公有甚反应，聚光灯下镜头前，领导在场名家边，王公安然恬适，闹市隐逸。赵钱孙李与王公情态大不同。写小说的老赵，播音员给忘了念其大名，他一个电话打到电视台，出粗声骂娘；弄散文的小钱，一直活跃在现场，夜坐自家沙发，坐等屏幕上光辉形象（头发打了油的，腮脸是擦了蜡的），左看右看，都不见自个身影，举起水果刀，剁了客厅茶桌，与老婆闹起来（小钱有自知之明的，晓得不能与人吵，只可与老婆出气）。

文人品高品低，文人聚会可知。座位往前挪的，站位往前挤的，其品高，高不到哪去；发言往长拖的，发声往大叫的，其品高，高不到哪去；见名家往身靠的，见美女往身挨的，其品高，高不到哪去；有镜头往里伸的，有来头往里拉的，其品高，高不到哪去。

其他地方，不好判断文人品高品低，人好人坏。阁下读其文章，词语铿锵，大义凛然，你便以为文如其人？兄弟错大了。其他场合，你也难知其人其事，青纱帐，青楼里，你晓得文人啥行状？倒是文人聚会，可知其人一二，几可判断者：争前使人低贱，落后使人高尚。

蒋生不遇

李广难封，蒋生不遇。

蒋生者，蒋士铨也。《清史稿》这么传他："蒋士铨，字心馀，（江西）铅山人。家故贫，四岁，母钟氏授书，断竹篾为点画，攒簇成字教之。"刻竹识字，这是他母亲最先发明的"七巧板"吧；蒋生开蒙，其母亲攒竹成字，挺稀奇的；更先进的，是其父马背教学。十年窗下，足不出户，制造出来的学模（您道是学习模范，我说的是学习模具），多是寻常物，多是书呆子；蒋爹教育理念先进五百年（蒋生生于1725年，离今近四百年吧——您别说我数学差，我说的就是先进五百年）；蒋生十岁左右，蒋爹将蒋生一把绳子捆了，把他缚马背上，跟蒋爹游赵，入秦，访魏，问齐，齐楚秦燕赵魏韩，行万里路，读万卷书，四书五经都学习个遍，七国八国都游历个遍。

他妈搞实物教学，他爹搞实地教学，蒋生出类拔萃，自是当然，童生时候，"清江杨勤恪公异之，待以国士"，多高的赞赏啊。蒋生随爹到处玩，并不影响他，什么中考，什么高考，什么乡试，什么殿试，一路斩关夺隘，独木桥上也迅奔，"（乾隆）十二年举乡试；十九年官内阁中书；二十二年成进士，改翰林院庶吉士。"

天生我材必有用？天下或有姓毕的，貌似无姓必名用的——礼部、吏部、工部，翻遍大清六部九卿名册，都没有一个叫必有用的，故而，蒋生那么优秀，德能勤（抱歉，无绩）那么突出，却是无用——大清伯乐中，没有"必有用"这人，却有很多叫"必无用"的。

蒋生机会是蛮好的，"是时天子方向文学，文人宿儒咸获登进。士铨才名甚著，官京师八年，独无所遇。"是时天子叫乾隆，他的主攻研究方向，想来是政治，说来是文学。文学史曰，历史上写诗最多的是陆游，真是乱说，是乾隆好不。陆游写诗多少？八千。人家乾隆是十万首，扣除大清统计局水分，也是四万八千（统计数字，折半，基本上对了——当然，是基本上），陆游顶多是乾隆零头。

单位领导爱好文学，文学家得志了吧。是的，"文人宿儒咸获登进"，八十岁的沈德潜，老戳戳了（戳棍子了），乾隆还把他招进机关。那是文学家的盛世，惹作家们羡慕死："帝爱德潜德，我羡归愚归。"作家都得志，独有蒋生蛮失意，京漂八年，工作是找到了，当了个小编辑，养老婆孩子都难，何谈为圣明除弊事？京都居，易居，当上老板，当上官僚，易居；京都居，不易居，沉下僚，住地下室，不易居。

八年里头，蒋生才气纵横，名气遐迩，就没得一个好机会？也是有的，蒋生好友赵翼，有诗云他："敏捷诗如马脱衔，才高翻致谤难缄"，说的是别人嫉妒他，有人专在领导面前说蒋生坏话。这诗不是诗意晦涩，便是词句简约，蒋生不遇，难以赵翼诗句求考。且听蒋生夫子自道，他说他也有过蛮好机会，"裘师颖荐予入景山为内伶填词，或可受上知，予力拒之。"裘师颖即裘曰修，也是江西老乡，跟蒋生关系蛮好，是作家兼官人，曾官至吏部侍郎，吏部尚书。有回，他气喘喘喜滋滋跑来，带来绝好消息：兄弟，好机会来了。景山文工团团长，说要招一位编剧，编剧是名义，其实是秘书。我给你通融过了，他答应你去。我代表你，答应了他。

编剧收入高呢。作家吹牛：我一人才气，脚踢他十个编剧；编剧冷嗤，我一人收入：尿翻他百个作家。编剧作家，都算文人吧，相煎何太急——不是相煎，是相轻何太盛。蒋生是作家，也不大瞧得上内伶编剧。裘公急了：兄弟，编剧钱多，你不在乎，我也觉得你可以不在乎，关键是"或可受上知"啊。景山文工团，非草台班子，也非老家差额拨款的祁剧院赣剧团，其地位非常特殊，是御用文艺团体，乾隆常常要来听歌，要来看戏的。理想还是要有的，万一实现了呢？蒋生没呸裘公，他们是好友嘛，却是皇帝不急急死太监，一口回绝，"予力拒之"。你不想在京都活吧？想啊，想啊，我可不想这么活，"八月遂乞假去，画归舟安稳图。"京都房价贵得离谱，我画个茅棚，舟遥遥以轻扬，回家砌土砖房去。

蒋生居京都八年，只有这次机会高升？肯定不止。赵翼诗云"才高翻致谤难缄"，羚羊挂角，到底有迹可循。蒋生发表过不少文章，名动京师，别的不说，单以养士言，重用不重用，不好说，用是该用一下的。紫禁城墙，宣武门楣，还有前门到午门拉起十里横幅，刷墙啊，书匾啊，挂条啊，在在都是"尊重知识，尊重人才"。人才蒋生在眼眉下，放花瓶里也算尊重一下了嘛。"有显宦欲罗致之"，显宦者谁？吓死你。大清有两人，位高权重，一个是说一不二，一个是说二不一，前一位您晓得，乾隆嘛；后一个，史上蛮著名，和珅呢。和珅要罗致蒋生，好风凭借力，一句话的事，和珅便可将送蒋生上青云。

这个蒋生，这个蒋生啊。和珅呼来不上船，"士铨意不屑，自以方枘入圆凿，恐不合，且得祸。"蒋生方正人，不愿跟天下第一贪穿一条裙子起舞；蒋生家风好，母亲也不支持他去当和珅马仔，"钟太夫人亦不乐俯仰黄尘中"。你说性格即命运，你说的都是对的，蒋生"性峭直，不苟随时"，这般性格不会有好命运。兄弟你说的都对吗，蒋生不尿和珅，不跟和珅玩，命运差，没差哪儿去。和珅楼起，蒋生固然命运差；和珅楼塌，蒋生命运好着呢。

蒋生好友裴公，曾叫蒋生去"景山为内伶填词"，名声或因此下跌，却"或可受上知"。上知了又如何？蒋生一气之下，卷起铺盖，回了老家，人已不在京都，名仍流播京都。有回，乾隆皇帝跟一班文人作诗，突然问彭元瑞："蒋士铨江西才子，今何在？"彭也是江西人，与蒋生交好，曰"江右两名士"（这名号不是自封的，也不是经纪人策划的，是乾隆御赐的）。彭公听得乾隆提起蒋生，高兴死了，打发人策马奔驰，日行千里，去江西报喜。要说的是，蒋生非隐士，也没存心当隐士，天子呼来，也是蛮想上船的，虽然，报喜人报喜来了，蒋生只是脸笑笑，可是脚出门啊，门槛绊了一跤，喜的呢，"士铨感上知，因复入者。"舟遥遥以轻扬，风飘飘架竹排，我辈岂是蓬蒿人，京都是我展才台。

仰天大笑出门去，破帽遮颜回家门，士人若是节操正，你辈便是蓬蒿人。不晓得彭兄是拿鸡毛当令箭，还是乾隆不过是随便问问，反正呢，彭兄是错会领导讲话精神了；彭兄错会了，蒋生呢，也是错会领导意图了。他跑来京都，依然是凤凰台上凤凰游，凤去台空江自流，没蒋生什么事，"居数年，仍无所遇。"领导亲自点名啊，你说这是乾隆随便问问？也说不通，乾隆屡次念蒋生，前头还配对，将蒋生与彭公，合称两名士，这回又提起蒋生，吏部素来是，领导抬臀，便知领导便意，这回眼瞎了，心盲了？我猜我猜我猜猜猜：许是乾隆来叫蒋生来写诗的，跟沈德潜一样，你诗人写诗，乾隆他署名。沈德潜懂，故重用，蒋生或也懂，却装不懂。故，蒋生仍无所遇，只能"以母老乞归，教授终焉"，回家当民办教师，到死没转正。

怪谁？你觉得老板好，当武人苦，你弃武从商；你觉得当文人声誉高，当医生苦，你弃医从文；你觉得当官人好，当教授苦，你弃教当官。时代或不怎么样，有一点是好的：机会平等。说来振振有词，未必言辞正正。蒋生是有机会，就机会言机会，机会看上去还真平等，半吊子文人如和珅，上去了；老宿儒如沈德潜，也上去了。机会多平等啊。机会真平等吗？机会里面，人格平等吗？机会里面，法治平等吗？你以为商人赚那么多钱，都是法律面前人人平等啊，你不违法，不带着原罪，你能平等赚大钱啊。

考蒋生一生际遇，或只有一次是平等的，那就是科举；余生所历，机会貌似平等，却是人格大不平等，你一切以机会为是，他一生以人格为上。蒋生不遇，其故或在此。故，蒋生命运不平，名气也不等呢。比如蒋生不但与彭公元端为两名士，当时还与“袁枚、赵翼齐名”，有人还说他剧本“远胜玉茗”，因无官场资源可使，便难有人抬举他，尔曹身与名俱灭，命不平等，名也不平等了。

私恨报公愁

陈鹏年火急火燎赶往黄河南岸，百十官僚，早早十里摆长筵，茅台置桌间。陈鹏年已起复，"公总督南河"，下面自是高规格搞接待。陈公到了主席台，鼓眼暴睛，捶桌摔凳，发雷霆怒。您猜对了，这是湖南人来了。

陈鹏年，湖南湘潭人，学位是康熙进士，性格是不进油盐——他当官，你想要向他打点，雅贿之精神贿赂（湘人称拉油），俗贿之物资进贡（湘人称拉盐），都被他乱棍打出，嗯，你说他脑子进水，他脑子还真常常进水，但他脑子不进油盐。他曾两次入狱。一次是康熙南巡，总督阿山召各地诸侯开会，议题一个，研究如何搞接待，阿总督讲话精神是，举全地区之力，接一把手之风，量江南之物力，结领导之欢心。陈鹏年脑子进水了，第一个举手反对：不行，绝对不行。阿总督接待康熙，干部认识是提高了，奈何思想没统一，阿总督"嗛之"（怀恨在心），另寻了个不是，将陈公捉狱入牢，"无故枷责关役，坐夺职，系江宁狱。"

另一次是复出为苏州知府，陈公政绩突出，升任布政使，跟巡抚张伯行很合得来，张在大清是很有名的，人称大清第一廉吏；既有第一廉吏，就有第一贪官，陈鹏年身子不进油盐，脑子又进水，总督噶礼常向他打招呼，他不大听，多听张伯行的（清官与清官，关系好，是好事），"巡抚张伯行雅重鹏年，事无巨细，倚以裁决。"噶礼与张多矛盾，"总督噶礼与伯行忤，并忌鹏年"，也给他寻了个不是（因坐鹏年核报不实），先捉入狱，"吏议夺官，遣戍黑龙江"。天下好官清官，都要被贪官墨吏搞完吗？康熙也发火了：谁动我的陈鹏年，我就动谁的狗脑壳（康熙曾高赞，赐语：中国第一能臣）。

陈鹏年便是这次后，升任河道总督的，算是奉命于危难之间，受任于河败之际。其时，老天烂了，官地坏了，暴雨倾泻，"黄河南岸崩"，走马上任，赴宴前，陈公先察看了，查勘了，先前防洪项目，全是豆腐渣工程，防洪堤建设，填充的是黄土加稻草，如何叫他不气愤？他来到接风宴会，见了底下黑压压乌纱帽，湖南人脾气按不住了，吹胡子，捶桌子，摔凳子，瞪珠子（曾赢得"瞪眼河督"称号），把满堂官僚吓得心发虚，手发抖，脚打战。

陈鹏年眼睛是瞪过，桌子是拍过，不过，他都只是吓唬贪官污吏，从来没有吓唬过老百姓。这回他官人一怒，吓怂一僚，这官僚姓李，吓得没了人色。百僚皆在，陈鹏年双眼炯炯，死盯死盯，就死盯着李某，"且眼且目李，目闪闪如电，须髯翁张，李色变，客以瞪视。"胡子一个劲抖，眼珠一个劲瞪，李某吓得半死。

黄河决堤，责任在李某？李某其时，官并不大，"李为邳睢同知"，官再大，也是副市长，纵使他分管黄河防洪工作，上面还有市长啊，第一责任人轮不到李某。陈公不敢对市长发脾气，单拿副职来出气？来接风陈公的，邳睢府只是其中一府，还有其他各地州市，黄河其他段情况一样，何搞专吹胡子瞪眼李副市长？

陈鹏年对李某，一点客气也不讲，没对其他人提要求，对李某却下了死军令状："今河岸崩，百万生灵所关。罚汝饮，即往办治，放一勺水入民田者，即敕书斩汝。"若有一勺黄河水，造成百姓稻田与麦土受损，你拿脑壳来。

陈鹏年干吗对李某如此发狠呢？有缘故。其故者，是两人曾有私仇。

十年前，陈鹏年被总督阿山褫职按问，"系江宁狱"，阿山判陈鹏年有期徒刑，却是下了恶心，要把陈公关死。判陈公死刑，太显眼了；关牢房里，瘐毙陈公，阿总督无责嘛。陈公坐江宁牢房，阿山暗地发话，不打死他，不枪毙他，可以饿死他嘛。监狱长便是这李某，自然很听总督打招呼，要么不送牢饭，要么送发霉了的牢饭。陈公那么讨阿总督恨，在广大干部群众那里却是蛮受尊敬的。牢饭里也有正义警察是吧，"狱卒怜之，私哺以饼。"公家不给陈公吃饭，我个人从工资里掏钱，给陈公买饼干，不行吗？不行。有回，李某见狱吏买了一盒饼干给陈公，一脚踢飞，不解恨，捡起来，往马桶里丢去：你吃你吃，你吃啊。还不解恨，转身去惩处狱吏，"怒杖卒四十。"李某起此恶心，行此恶端，陈公自然是看在眼里，也无法忘记。

李某干恶事，不减少他泼天富贵，不影响他升官发财，他由监狱长升副市长了，却是冤家路窄，十年后，在这场合相逢了。陈公当了他领导，劈面相遇，情何以堪。李某见了陈公，"大惧"，却心存侥幸，以为陈公认不出他了，"来谒公，公无言，李心稍安，疑公忘之矣。"陈公那么落难，李某那般下石，怎忘得了？陈公拿眼瞪他，拿话唬他，"李长跪，色如死灰，持樽，樽堕地碎。"

私爱，是一种官场资源，领导与之关系好，有过一饭之情，有过救命之恩，无疑，这是外人无法复制的感情资源；私恨，是一种官场资源？与领导关系差，曾有过一饼之恨，有过杀命之仇，这是不是官场感情好资源？甚感情资源啊，多是感情仇怨。阿山那么欲夺陈公于死地，噶礼那么想置陈公于流放，缘起私恨嘛。

陈公与李某，私恨存焉，在陈公这里却成了一种官场资源，他用自己之私恨，来解家国之公愁。公愁是什么？公愁是黄河决堤，公愁是百姓遭灾。李某，我陈公恨你，恨死你，这是我之个人感情。我可以不恨你吗？可以，你把黄河治好，你让百姓享福，咱俩私恨，一笔勾销。"李出，倾家治河。"李某出了宴会，赶紧往家赶，不但把曾经管黄河而吃黄河的，吐了出来，而且把自己干的治河工作领的治河工资也掏了出来，全用在治黄河上。

私恨，还真个成了资源。吃公家饭，干公家事，干好干坏，干我卵事，除非是骂我几句，再顶多是撤我一职，没几天，老子又带病提拔，你怎么着？公对公，多有这般形态。私对公情形是私谊促公，干公事来干劲了，李某与陈公因有个恨私仇，其工作便积极多了，主动多了，卖力多了：陈公若真公报私仇，可不是耍处。李某使尽浑身解数，三过四过五六过家门而不入，倾尽家资，倾尽全力，把这次黄河洪灾，给治住了，治好了。

陈公是好官，在好官这里，官与官间的个人恩怨，不曾成为私仇报私怨之官场丑恶叙事；反之，成了私恨转化为公家办事、为百姓造福的美好佳话。私恨与公事间，也是有境界之分的：固然有公报私仇，也或有私报公愁的。私恨一定成私怨吗？国恨家仇，多有好故事嘛。

陈公也真不曾公报私仇的，他把个人之间那种怨恨，转化为为人民服务的力量，也算得上心底无私天地宽吧。李某在陈公私恨之逼迫与促使下，献身于黄河治理，"既，李竟惭恨死"，官人心中若还有愧，还是良知人啊。

李某因公而死，与李某有私恨的陈公，再无私仇。陈公对李某后人高看一眼，厚爱一层，"公于故人子弟，孤寒后进，汲引如不及。"私恨不全是恶勾当，只要人心正，便可转为正能量，如陈公，便将个人恩怨，提到了"先天下之忧而忧，后天下之乐而乐"的奉公高境界。

印象是靠不住的

凡清官必清刻，这话验之朱珪，便推知是混账话，"公清介持躬，俸外银毫不沾取。"非一时清介，实一生清介；非风声紧时清介，纵风气大坏也清介；不只在用人上清介，在工程项目上也清介。其盖棺，皇帝嘉庆亲来祭奠，御笔论定："半生唯独俭，一世不爱钱。"

朱公不爱钱，来送钱者，皆拒收。拒收时，自然也是严肃的，不过未必脸打严霜如活阎王。跑部进厅者，风闻朱公不爱钱，提一篮几篮土特产，扛一包几包中药材，见朱公笑嘻嘻，尚未收拢脸色，丢下包就跑。此人姓甚名谁，命刺或夹在信封里。朱公也知之，退还是容易的。朱公退，不亲自退；亲自退，费一番口舌不说，还让贿者以为朱公是在做姐姐妹妹。朱公退贿方式是：交办公室，办公室去退。

有个叫吴修圃的，对朱公感激涕零，源自他考公务员，朱公是其座师。小吴晓得，送朱公大礼，如玉器貔貅，如金银银行卡，朱公指定不要，也便略表心意，时逢炎夏，热得人死，送了箩筐一担时鲜果脯，给朱公解暑，"尝夏日谒公，伺以瓜"，朱公收了，也吃了，"计值付价于县隶"，让办公室将价款还与小吴，"其不苟取类此"。

清官朱珪清刻吗？朱公还挺诙谐的，"大兴朱文正公，乾嘉时名臣也，涯岸高峻，清绝一尘，虽官宰相，刻苦如寒士，馈遗无及门者。"大清官人，正工资不高，家中若是人多，一人工作，未必能过上低保生活。朱公有个要好朋友，叫裴文达，两人知心知底，谈心可以透底的。有回，朱公去裴公家里玩，感慨叹息："贫身，奈何？去冬上所赐貂裘，亦付质库矣。"宰相也靠典当度日？裴公说，我这有钱，拿去吧，"我管户部，适领得饭食银千两"，让没见过钱的你，见识见识什么叫钱，"可令君一扩眼界"，家仆将钱端上来，"黄封灿然"。真没见过钱的，"公注视良久"，突然间，抓了两块，像贼一样，逃之夭夭，跑得飞快，"忽起手攫二元宝，疾趋登车去。"

有谓，清官门前皆清僚，贪官府里全墨吏，这话理论来源是，物以类聚，人以群分。这话不太确切，贪官府上，清介之士固不上府；清官门前，贪官却多来逡巡走马。清官若居下僚，贪官固不尿起他，清官若居上位，贪官格外敬重清官，贪官要跑清官，要职场、要职务，要财力、要权力嘛。清官不太装贪官，贪官却多半装清官，在清官面前尤爱装清官。

"有贪吏者"，史不传名，为叙事方便，且名之为李。李啊李啊，李是小贪官（其时官不大嘛），当演员是块好料，家财万贯，富贵逼人，每次上班，却是寒衣敝屣，没吃过牛肉相，这让朱公看在眼里，喜在心里，凭空多了一份好感；李某有事没事，来朱公家里闲谈，朱公开门纳客。这厮有备而来，其备课者，一是安贫哲学，二是穷人经济，什么淡泊以明志，宁静以致远，什么穷则独善其身，达则兼济天下，什么不义而富且贵，于我如浮云……

国学悠远而丰赡，却有大奇怪：人皆慕富羡贵，却对富贵没一句好话；人多嫌贫恨穷，却言贫穷多佳话连篇（也奇怪，我用搜狗拼音打"佳话连篇"，出现的居然是"假话连篇"）。李某所谓备贫穷哲学而来朱公府上，也没花太大力气——那些哲学句子，太容易找了，"有贪吏者，故衣褴褛谒公，谈，竟日皆安贫语（是吧：安贫乐道句子，一整天都背不完）。"这让朱公引为同道，"公深信之"，视为清官之优质胚子，廉吏之种子选手。朱公是宰相，有用人权，朱公对李某印象好好，二话没说，起用此人，外放藩镇，连升三级。

李某升官后，好多年不曾再来朱公家。朱公也不太记起其人，朱公为公起用其人，没存心此人以私来私报，记他干吗？没想到，这几年没见，不是李某负义，更非李某不再跑官，而是早被捉了，流放宁古塔；朱公再次听闻其大名，是皇恩浩荡，浩荡皇恩惠与贪官，刑期未满，特赦了他，"以罪遣戍赦归。"

这消息是彭元瑞告诉朱公的，也没特地与闻，只是两人有天闲扯，扯到这次特赦，扯出了李某。朱公听了，甚反应？不可能，不可能，谁都可能当贪官，李某不可能。朱公不是感叹一番，了局，其时正是"公掌铨日"，拨乱反正，冤案平反，都归朱公之手，朱公发老大脾气："若某人者，可谓忠于朝，友于家，为今之颜闵，安可辱以贪名乎？"李某是何人？李某是当今颜回。定然是你们打击报复，办冤假错案；朱公不但是为他说话，且为之奔走，"力为昭雪，欲复其官。"后来调来山积案卷，才晓得李某贪腐，案板钉钉，字字如钉，非冤案，是铁案。朱公也感叹，怎么回事，怎么回事？李某穿的是褴褛衣，说的是安贫语，怎么会是贪官呢？

听他一席话，胜读十年书，或是对的，可以的；听他一席话，可胜十年察，差矣，不行的。试玉要烧三日满，辨材须待七年期，无长期观察与考察，要认定一人人品，多半走眼。别说朱公，著有《冰鉴》之曾国藩，印象看人，印象用人，也被人害了英名："曾文正在军中，礼贤下士，大得时望。一日，有客来谒，公立见之，其人衣冠古朴，而理论甚警。"谈风甚健，理论水平高，时务也有策，曾公便与之论当世英雄，其曰："胡润之办事精明，人不能欺；左季高执法如山，人不敢欺；公虚怀若谷，爱才如命，而又待人以诚，感人以德，非二公可同日语，令人不忍欺。"曾国藩听了，蛮高兴，第一印象是，此人有大才，有大德，德可配才位，才可仗德卫，德才兼备，难得人才，"公大悦，留之营中，款为上宾，旋授以巨金，托其代购军火。"此人是人才德才吗？是歪才骗才，"其人得金后，去同黄鹤。"气得曾大帅跺脚："令人不忍欺，令人不忍欺。"

我不否认二位用人之真诚，朝政用人，选德与能，朱公与曾公，有这个自觉性，只是两公太相信自己眼睛，看一眼，便知此人之才，听一语，便知此人之德，识人哪能这般容易？对某人第一、第二乃至第三印象，非其真形象，多半是你想象，以干部之想象来用想象中的干部，想象力不是惊人，而是太吓人。

也不怪朱公与曾公眼力差，要怪的是，朝政用人，是不能凭用人者眼力的。用眼力用人，指定走眼多又多。说来有故，官场者，名利场也；名利场者，演艺场也。演员集中处有两个地方，一是舞榭歌台，一是前三排与主席台。演员未必是官员，官员多有演员，演员官员傍地走，安能辨他是贪廉。

京都谁遇蒋廷锡

不晓得是谁遇上了蒋廷锡。

姑且代入刘诚龙吧，这厮想去京都快想死了，一直不曾去过京都，这厮强烈、强烈又强烈地做着当官梦，要挑担书页去京都。诸位，求你，花名册上，你常常将他名字划掉，夜梦里您就别叉掉这厮了，让他白吃白喝，白住白拿，京漂一回，感受天子脚下的盛世繁华，感受皇城根下的人间温暖。

刘诚龙这厮去得京都，但见屋宇如森林，街路如蛛网，满街是屋，住哪儿？满街是食，吃甚？衣食住行，难的不是衣与行，一生穿不烂几件衣服是吧，行呢，自生了两只脚；住，一套陋室够了，对，一套够了，可是兄弟，一套要你命哪，人生百年，刘诚龙者是买不到一个卫生间的，得人生万年，才可以居陋室，人不堪其忧，刘不改其乐；吃呢，貌似不要太多钱，费不费钱，你天天上馆子试一试。馆子一顿饭，刘某半年粮。

给刘诚龙做介绍的是裘文达，裘公官做得大，江西人，乾隆年间进士，曾任吏部侍郎，军机处行走，礼、刑、工部尚书，加太子少傅。高官是好人啊。其他高官能不能跟好人画等号，我不知道，我知道裘公是高官，也是好人。裘公在街头见我惊慌又惊慌，彷徨又彷徨，一眼望穿我是个穷京漂的。他喊住我：小兄弟，来吧，我介绍你去一个地方。

这地方是蒋公馆，馆主大名蒋廷锡，裘公是高官，蒋公是更高官；裘公是好人，蒋公是更好人。裘公没带刘诚龙那厮去面见蒋公，先头与蒋公打招呼了，"有一孝廉在都候选，所学极优，师留之乎？"裘公自然给刘诚龙吹了牛皮，所谓其所学优，优个鬼老二，若真优，还用无头苍蝇一样在京都乱撞？在都候选京漂，倒是真的。蒋公没再问刘诚龙那厮何方人氏，品性如何——人心蛮古，没谁去蒋公家里吃了，喝了，住了，拿了，还会把蒋公小妾拐跑了。

不是裘公面子大，而是蒋公心地好，"文肃公长子大学士文恪公极爱士，肯为寒素地，有揭荐牍来者，悉馆门下，未尝拒一人。"其他人推荐来的，都不拒绝，裘公推荐刘诚龙，蒋公自然更不拒绝，将刘诚龙那乡巴佬收馆了，单独安排了一间小房子；来人很多，都是来白住白吃的，"见屋比栉，悉客馆"——专门砌的寒士客房？"内一室门独启"，这便是刘诚龙客栈，客栈里生活用具，悉具，从洗脸盆到洗脸巾，从席梦思到蚕丝被，从太师椅到写字台，都有，盖是四星级规制，带包便可入住。

住蒋公馆，没太多规矩，规矩比宾馆还少，诸位读过的吧，宾馆条例比中学生手册还多。蒋公馆条例不多，"君行李至，即安置此，但出必须键户，慎勿启也（这里还有一段，此处不表，下处转述）。日两饭，亦无邀客者，但闻长廊口有高唤者，曰：'饭具矣'，即速诣厅事食，迟则不及。"住蒋公馆，注意事项就两条：一条是出门得锁门；一条是吃饭要及时，饭前有人喊，饭后没人再给您老人家单独开小灶了。

四星级客馆，多少钱一晚？谁说要你住宿费？住廉租房算廉价的，廉价也是有价嘛，住蒋公馆零价，不经济而适用房；自助餐服务，多少钱一餐？谁说要你伙食费了？学生食堂据说蛮便宜，便宜也是要付费的——学生不能赚钱的，学生不能赚钱，你爹娘付啊，吃饭不付钱。

蒋公在养士吧。蒋公不养士，孟尝君才养士。士人都往孟尝君那跑，羡慕的便在那里住宿不付费，吃饭不要钱。孟尝君白养你？端上老板碗，要服老板管；孟老板街头跟人撞了一下，孟老板说，你，你，还有你，给我操家伙去。经济环境不太好，孟尝君企业多三角债，孟老板喊，谁，谁，谁，枪擦亮，子弹上膛，给我去收债。蒋公廷锡没这么养士："君虽馆此，实无一事，不妨日出游焉，然必须饭毕始出。"无须给蒋公扛煤气，无须给蒋公搞卫生，无须给蒋公写材料，无须给蒋公当马仔，甚事都不用给蒋公干，只管吃和住。京都景点无数，没事到处玩，饱览京华烟云就是。

在这白吃白住，不要钱？不要钱，逢年过节还给你零花钱，"岁值五日、中秋节，及岁尽前数日，即有仆从三四辈，挟巨囊至"，麻布袋里，装的都是白花花银子，给谁给谁？给你给你，"遍入客馆，见一卧榻，即置朱提一封，标其函曰'岁修'，为数五十。"在这住的，湖南的，河南的，山东的，广东的，人人有份，个个发红包；一人带了孩子来住，怎么办？"若旁有卧榻，则贮一小封为数，以犒从者。"

刘诚龙那厮，在蒋公馆包住包吃，一分钱没花，倒花蒋公零花钱，一直住了两年，直到后来外放楚地，"选湖北一县令，始去"。老公养老婆，得洗衣拖地，炒菜做饭吧；老王养金丝雀，家务事确不用她做，那事那事，得尽义务吧。刘诚龙住此两年，"在邸日未尝一为事"，一件事也没替蒋公干过。蛮遗憾者，一次也没见过蒋公面。先前，刘诚龙那厮，感觉蒋公是傲慢，后来体会出来，这是最大善意：你见了蒋公，你不准备几只麻布袋里奉承话；蒋公见了你，你心里嘀咕，蒋公养我士，关键时刻，我得为他冲上去？没见你，一、你获得人身自由，想干吗干吗，无顾忌；二、你获得人格尊严，偶然碰到，也不要点头哈腰，三跪九拜。

疑惑来了，蒋公养那么多贫下中士，其钱从何来？蒋公是江苏常熟人，非京都土著，也是科举才到得京都。嗯，是当了大官，雍正年间曾任礼部侍郎、户部尚书、文华殿大学士、太子太傅等职；雍正六年（1728年）拜文华殿大学士，仍兼理户部事。钱从官来？贪官吧。

你心就是龌龊，总以小人之心度君子之腹。蒋公在任，秉公抚政，剔除积弊，声誉甚著，贪甚贪？蒋公官俸收入，自个都养不活，何来养那多贫苦京漂？蒋公是作家，"机杼于子美而纵横出入于香山、东坡、山阴之间。"作家值不了几个钱，没谁说蒋公曾入过作家富豪榜。作家不值钱，蒋公是画家啊，擅长花鸟，逸笔写生，奇正率工，敷色晕墨，风神生动，其书画蛮值钱的，我乱翻过蒋公当今拍卖价，其《牡丹谱百开册》，成交价是1897.5万；其《仿宋人设色图册》，成交价2530万；蒋公斯时，画价未必有这高，自然价格也不俗。卖几幅花鸟画，养一个几个寒素士，不是太难事。

事不太难，心太难。蜀道之难，难于上青天，蜀道也是开通了的，上青天不难了；君心之难，难于上什么？反正我看到，至今未曾开通，上你心才最难。要说有钱人，京都比蒋公其时多了去了，京都那时节，有钱的，成分单一，多是官，官不可侍；也有画家，如蒋公，不会太多。时代到得今天，京都富人更多啊，比如老板，便是比过去多出来的，比如歌星、舞星、演艺明星，当年还是社会寒素，于今已是时代巨富。都市里，锦衣玉食，别墅华堂，腰缠万贯芸芸，谁是当年蒋廷锡？

今天刘诚龙这等人，若去京漂，当有更多蒋廷锡的。为官者仁，为贾者仁，为艺者仁，有吗？前不见蒋廷锡，后不见蒋廷锡，念天地之悠悠，独一个蒋廷锡而涕下。

妻不贤夫祸也可以少

梁国治者，乾隆戊辰状元，中试后，最先入直南书房，斯乃清要之职，名声好，肚里空，非肥缺嘛。后来抚湘，一去京都三千里，当了一方要员，掌铨吏治，握柄布政，举凡文教、工程、项目，都是一把手，两手抓，位高权重，纵起是卑职，横起是诸侯——若横行起来，也蛮土皇帝的。

许是不想犯错误，梁国治走马湖湘，轻车简从，家属未曾简省，妻子也随政来了。前方老公行政，后方老婆家政，也算一种夫唱妇随，堂客相夫教子，洗衣拖地，后院生火做饭，要给老公省很多麻烦；夏日炎炎，堂客摇蒲扇；冬风猎猎，堂客暖被窝，老公外面当官，下班不往外跑，直接回家了。官人犯作风错误，概率会低很多。

有一利或有一弊，有妻随政，梁公灶上问题解决了，天天可举火，床上问题却麻烦死了，其妻乱吹枕边风：前天某人送了她金戒指，她絮絮叨叨，叫梁公动议干部时候，打个招呼；长沙有脚都之称，小伙子洗脚按摩，细妹子轻拢慢捻，让人毛舒服，也因之，昨天有人给她送了美容卡，她睡梁公身边，一个劲夸某人办事能力了得。某某湖边，还有一块空地，可以叫他开发。官人前头裤带子系得紧，官人后院有后庭花，说不定是薄弱环节嘛。

梁公之妻，饭菜做得蛮好，衣服浆洗得不错，热来给老公开空调，冷来给老公穿棉袍，这等事，做得不算差；然则，他堂客远非贤妻良妇，"聚敛无厌，干豫人事"。自然，她对老公是先礼后兵的，先是老公装睡，她玉手动，摇摇摇啊，她薄嘴翻，不不不嘛，硬是把老公吵醒，连哭带抹，抒情来动摇老公意志：我给你煮饭，辛苦不；我给你缝衣，倾心不？又不是你一个人在做这个事，你做一下，有么子？温柔备至这招失灵了，便小娘子脸貌转白骨精，河东狮吼起来，嗓门奇大，玻璃窗都震得五六级地震响。

梁国治性格并不刚烈，肚子里没开钢铁公司，开的弹簧厂，你编排他了，他不发火，只是笑；笑了不是默许了，他是暗拒了。这性格按乾隆说的，是"品学端醇，小心谨慎"。他堂客说，由她说；他堂客骂，由她骂；他堂客叫他提拔某人某人，他就是不提拔；他堂客叫他签字某项目某地盘，他就是不签。他堂客气得一哭二闹三上吊，么子脏污名堂都使将出来，梁公都不曾买堂客账。

你不干，我出马。湘地有某人犯了贪赃事，在按察使那里挂了号，大概将启未启调查程序吧，这当口，是墨吏活动最起劲、最上心的时候，谁捂了，一点事也无；不曾捂，那可大难临头，贪官污吏，这时节最是舍得动脑筋，花成本。这厮晓得找不到梁公，便走起夫人路线来，出手很重，足够摇动人心，梁公其妻，其心摇动得非常厉害。待梁公回家，先是好酒好菜，后是美衣薄裳，再是玉手纤纤，把他人所托之事托付老公，把老公弄得也是心慌慌的。梁公终是心有主，不驳不恼，对堂客傻傻笑，只是不办。

万般皆不动，唯有兴名堂。梁堂客路远，回不了娘家，却跑到了闺密家，不回来了：看谁给你煮饭，可谁给你掖脚，看谁给你寻袜子，看谁给你找睡衣。享受老婆照料惯了，蛮多男人生活能力还真是蛮低下了，老婆若以此要挟，老公只好就范。梁公梁国治，他堂客使出这招，着实让他生活困难起来，若换阁下，此妇不留爷，自有留爷处，正好可去第二房、第三房那里去，梁公却不曾有。他回到家里，进厨房，冷火冷灶，开冰箱，空空如也；好吧，我睡当饭，睡衣却找不到了。

"抚湘时，家人索贿不遂，故阻膳脯以激公怒，而公枵腹终日，无怒容。"没睡衣没事，和衣便睡，没饭吃没事，正好辟谷。若是这等事都受不住，老婆不给煮饭你吃了，你便要行贪腐，要收贿赂，要背弃皇法，许跑官买官，允徇私枉法，那官场里有多少威逼利诱，逼你上坟山，诱你上牢房，你便眼里看得破，肚里忍不过了？

梁公不受堂客枕边风，弄得枵腹终日，肚子咕咕叫，其中还有小帮凶，便是梁公秘书。梁秘书也恨死了他，跟着他，饭局没赴几次，红包没收几回，几次次几回回有人托请，梁公或无视，或瞪眼，或进行革命教育，或召来诫勉谈话，让秘书满怀腹诽，趁嫂子整治梁公，他跟着为虎作伥，橱柜里干净如洗，便是这秘书小动作；梁秘书晓得梁公饿得难受，他会打电话叫他去买菜包子、小笼包的，便把手机给关了，找不到他人，弄得梁公不晓得何故，"亦不知为奴所绐。"

妻子是女流之辈，秘书是低品小吏，合伙要挟起来了？癣疥之疾嘛，有甚效力。您有所不知，领导身边小人物，厉害着的，其职或不高，却可影响有影响力的人物。堂客整日与你一起的，县长见市长，难见，见了说话吞吞吐吐，有话不敢说；老婆见老公，说话直来直去，没有不敢说的，她在你旁边絮耳朵，揪耳朵（局长、县长，不敢吧），鬼怕车，人怕说，也多有男人自持不住了。秘书不敢那么行事乖张，却可时不时说风凉话：领导，我听说好多人在说您，其他人权力比您小，都用得活；您这大官，还不如科局长……这等有心没心的话，听来，也蛮动摇军心的。

人处芸芸众生中，影响你的不会很多人，多是身边几个人，妻子便是其中之巨者；下人看来是你影响他，反过来，他也可能影响你啊，他将一些事，添油加醋，欺蒙歪曲，也让人不知觉间，进了他所设之局。前者史上云红颜祸水，后者史上云小人蒙蔽，虽说您对这两个说法，打冷齿，不过这般事情，也是在在多有，我欲廉斯廉而不至，是老婆叫我不廉。很多贪官检讨书，叙其犯罪历程，多有这般陈述，也不全是嫁祸女色——如今女权申张，女性在廉政中扮演大角色，不可轻易忽视其使力。

梁公却不曾因妻羁祸，源自他吾心有主，五心坚定。老婆不给煮饭，日子难过，日子再难过，也比进班房好过。官人妻不贤，官人是顺妻，还是顺法？反腐败斗争，外面要与贪官斗，里间也要与老婆斗。怎么斗？热战热战的不要，冷战冷战的，可以有。她发气不给煮饭，外面有包子买；她不给找袜子，袜子没几个钱，多买几双。与天斗、与地斗，意志高昂；与老婆斗，其乐不无穷，却可立意于无祸：老婆不懂国法，要违皇规，枕边教妻，教不着，则灶边斗妻，逼不着，不用墙边战妻——可冷战，不必热战焉——腐不腐，反正主动权在你手上。

阁下做官，是外强中干；梁公做官，是外干中强，遇妻子长袖善舞，叫他乱搞贪腐，他不一巴掌打过去，只是笑嘻嘻的，不照搬、不照办。贪腐不贪腐，到底你为主。梁公这性格，遇和珅也是如此。梁公转任军机处，和珅有些贪，也要梁公配合，梁公拖着不办，让和珅气得裤裆跳落把戏，"至用佩刀剃公为发，公亦受之"，受的是你剃发，不受的是你违法。

一事能狂即少年，一廉能守即福官——至少，被双开，进班房，吃花生米，这些祸，可免大半。梁公做官，也不全是好，纪晓岚就曾笑话过他，但他在廉字上没出事，无灾无难到公卿，卒谥文定——一生无祸，终是福定。

乳花香乎臭臭臭

　　王某者，江苏泰州人氏，祖坟隆起，考秀才，考举人，考进士，笔试，面试，考察，一路斩关夺隘，考上公务员，分配到军机处当秘书，替人提包，替人开车门，替人扛煤气瓶，替人捉刀写材料；白日上班如牛，夜晚加班如狗。也是祖坟贯气，苦日子熬到头了，首长"碰头会"已开过，常委会也排上日程，过天就研究，坐等：媳妇熬成婆，秘书熬成官。

　　节骨眼上，王秘书却打了辞职报告：官场那么大，我已不想看。"忽一日呈请回籍，携眷出京"，多少年寒窗苦读，多少人梦寐以求，为的是京都当公务员，这厮却弃之敝履，可让人亮瞎眼，谓为史上最牛辞职信，"众皆大愕不解。"

　　何故？曾听张兄谈官场辞职，谓皆是拟吃药之故：有之者，要吃六味地黄丸：做官那么累，想多活几年，回家含饴弄孙去也；有之者，要吃急效救心丸：捞了一大笔，足矣，若再恋栈，查到头上来，可不是耍的；有之者，要吃糖衣却弹丸：前几回工程，前几个项目，收了老板不少银子，老板这回又来要项目要工程，今夕何夕？不能如以前那般乱批项目，乱给工程。老板可不管，一味相索。我辞职了行不；有之者，要吃延龄保命丸：挡了人家升官路，或干了伤天害理事，有人悬赏250元，念他催命符，他灼灼其华，赶紧逃之夭夭。

　　王秘书这回，要吃什么药？王秘书要吃的是延龄保命丸。他贪了一笔大的？不曾，一个秘书，贪不了么子钱；他干了夺人妻事？不曾，人家可是正人君子，家里婆娘也蛮漂亮；他举报了某某收取巨额资金？不曾，一、他没那大胆；二、他当的是文字秘书，那般核心机密事，轮不到他来晓得。

但就是有人要杀他。要杀他者，姓汪，也是官人。汪也是军机处秘书，是王秘书同事。汪秘书下定决心，不怕牺牲，排除万难，要争取杀王，"其人持刀日夜伺于途，将得而甘心焉。"大清上班，半夜喊天光，黑魅魅夜色里，王秘书战战兢兢上班去，冷不防冲出一位杀手，要割他人头，想想，多可怕。有一回，还真差点掉了命，黑咕隆咚的，王秘书眼观四面，耳听八方，眼耳到底防不胜防，一团黑影，从天而降，魂都吓落了，还好，稍微偏了些，那黑影落地，不曾正落王秘书头，偏了三两尺，一刀劈来，劈空了，刀单落在长筒衣袖，衣袖被削去大半，人倒安然。

人是安然，魂还安然吗？

汪秘书执意要杀王秘书，有甚血海深仇？是有杀父之仇，还是有夺妻之恨？

都不是。

汪秘书要杀王秘书，无杀父之仇，却也与其父辈有关；无夺妻之恨，却也与其妻妾有干。

说来，话不长。

有回，王秘书起大早，京都工作的，都得提前好几小时上班的。王秘书鸳鸯被里情世界，还想与妻温存半刻，奈何时辰到了，急匆匆洗脸，急匆匆穿衣，急匆匆赶路，走到半路，啪，给自己打了个小耳巴子，"将至东华门矣，忽摸索车中，忘携朝珠"。朝珠是甚玩意？大概是前朝上班正装之装吧，不穿正装，领导会骂死你的。

他想转回家去，算算时间，会迟到，迟到也是要受处分的；大清早的，打回转，《易经》云，非吉。王秘书突然想起，附近住着同事汪秘书，去借根朝珠，借条领带，事不大嘛，"遂驱车至汪宅"，笃，笃笃，笃笃笃，汪秘书"披衣起，问何事"。没事没事，也就这事这事。这不是事，汪秘书人是蛮好的，先拿自己那挂朝珠，自言自语不行不行。原来汪秘书人肥身胖，王秘书是人精垮垮瘦，"我躯体较尔长大，我珠恐不合用，我将内人珠，借尔用之可也。"多好的人啊，汪秘书为人热情吧，做人真诚吧，自个朝珠觉得不合适王秘书戴，把老婆带在胸脯上的朝珠，取下来，给同事用，"匆匆取珠出，即挂于王项"。真好人啊。

王秘书也是好人，他俩平时关系蛮好的，要不，王秘书忘戴朝珠，也不会到汪秘书家来借。王秘书听了汪秘书说这朝珠是他爱人的，是想活跃气氛，还是想顺便感谢（有些人感谢并不正儿八经）？他把朝珠戴脖子上，开了一句玩笑："百八牟尼珠一串，归来犹带乳花香。"汪秘书，本来是一副笑脸的，听到这厮乱吟此诗句，脸惨就下来，转身往屋里奔，这个王秘书还不晓得怎么回事，但见汪秘书从里屋，操一把菜刀，望人便砍，吓得王秘书屁滚尿流，两脚开溜，"追斫其车尾，急驰，而免。"

追斫其车尾，事情了结了吗？了不了，汪秘书从此立了大志，非将王秘书杀了不可。王秘书想去和好，把朝珠完璧归汪，"及事毕，欲还珠，又见汪怒目持刀，立门外以俟"，吓得王秘书掉头就跑，跑哪里去？汪秘书作死地追，"大惧而奔"，还好，还好，这时节啊，瘦子起作用了，汪秘书那胖，王秘书那瘦，汪秘书追王秘书，虽从前门追到宣武门，到底气喘吁吁，不曾追上，"汪追大街而返。"

汪秘书没追上王秘书，汪秘书却死死地记住了王秘书，"尔糟蹋人太甚，不杀尔，誓不罢休。"江秘书不是说着玩的，上班，不敢见面，见面了，仇人眼中分外红；不见面呢，汪秘书常常设埋伏，那刀啊，明晃晃，寒彻彻；甚时候落在王秘书头上？来京都做甚官，却将掉了一命，划不来。王秘书打了辞职报告，执意要回老家，升官发财都不要了，保命要紧。

只是一个玩笑吧，有这严重？

不只是一个玩笑。

事情得往前说五六七十年。

"百八牟尼珠一串，归来犹带乳花香。"这句诗是有典故的，这典故出自汪秘书爹之爹。汪秘书之爷爷，也曾在朝廷当了高官，其时任太史，大家喊汪太史；高官却有更高者，更高者名梁瑶峰，其时"秉枢柄"，相当于宰相。汪爷"又令其妻拜为义父，踪迹昵密"。汪婆既做梁相之女，去爹家过夜，这叫常回家看看。亲爹要早朝，汪婆体贴入微，先把朝珠放白雪胸前，软玉温香，温存一番，"亲为悬挂"。

有回也是温存太久，梁相急匆匆穿衣，急匆匆洗濑，急匆匆上班，忘了带朝珠。梁相不用去借，而是有干女儿无微不至，关怀备至，把朝珠捂在胸口处，急匆匆叫了一辆车，往办公楼赶，梁相正在主持大会，排排坐，坐主席台；坐排排，干部黑压压坐会议室。但见梁相之干女，走上主席台，从白花花胸前，取出黑油油朝珠，这情景，让恬不知耻的梁相也是脸发烧，正开会，突然有美女跑来喊：爹，亲爹，干爹，我给你来打领带，你不急死去？"梁面发赤，疾趋而走"。这个婆娘，却是追追追，"其妻持念珠追至厅事，环系其颈。"我的天，"时坐上客满，皆大惊失措。"其时还坐着汪太史——汪秘书之爷爷呢。

纪晓岚恰也在，阁下晓得，纪晓岚是个俏皮鬼，当场赋诗一首，以纪其盛：昔曾相府拜干娘，新拜干爹又姓梁。赫奕门楣新吏部，凄凉池馆旧中堂。

君如有意应怜妾，奴岂无颜只为郎。百八牟尼亲手挂，归来犹带乳花香。纪晓岚这诗，当年传得甚广，人人都晓得：汪家有这么一个婆娘；个个更晓得，汪家有这么一个鸟官。

汪氏这事，直让后人抬不起头来。其孙汪秘书，却是有血性之人，一直为其祖辈背负一个重如粪山之耻辱。哪壶不开提哪壶，王秘书借人家东西，却讽人家祖辈，让汪秘书如何平复其心？君怜王秘书，我怜汪秘书，其祖宗留给他大耻辱，让他人生有不可承受之重，他之异样举动里，含有多少血与泪？祖辈给他留下一个臭烘烘的典故，叫他一生如何做得起人？其心格外敏感，其行格外异样与极端。

祖宗若无人格，问：儿孙阴影面积有多大？

有诗曰：人从宋后少名桧，我到坟前愧姓秦；诸公慢做遗羞事，留点尊严与子孙。

查赃总比藏赃有办法

多少年前，曾有话云查贪难，查贪烦，查贪成本大如山：一张邮票八分钱，一查查了大半年。举报人弄个匿名信，风闻言事，惹得御史们东奔西跑，狼奔豕突，头昏眼花，神迷目眩，这番辛苦不算，到头来什么都没查到。你说他城里很多套房？他就一套福利房；你说他银行里面很多钱？他就一个工资卡。花冤枉功夫啦。御史感觉功夫花得冤枉了，感觉更冤枉的是群众：一张邮票八分钱，一查查了大半年；查来查去没查出，贪官错认是清廉。

贪官蠢的也是有的，贪官到得黄金城，广大群众与黄金卫士都在，他不管不顾，只管拿与兜，只见金不见人，这般贪官不抓则已，一抓总抓个正着。不过，蠢贪恶贪的，穷贪死贪的，有，不会太多。贪腐，据说是聪明人职业呢，所谓贪官多能吏，说的便是这般情形。

乾隆年间，有人花了八分钱邮票，寄了一封信到都察院，告了白钟山。白钟山其时任江南河道总督，这个职位，钱多，权重，快来——官人都争相往这肥差上奔竞。这工作确乎重要，清朝将此列为"国之大政"，既列大政，便花大钱，有个数据可证，清朝治理黄河，先前每年财政预算大概是50万两，后来年年叠加，年年追加，到道光朝，大清每年安排经费，翻了十多倍，达五六百万两。

去堵黄河管涌，不用石头与谷袋，单用一串串银子也堵住了嘛。阁下有所不知，很多工作，是要给钱才办得好的，不过有些工作啊，给钱越多越办不好。工作都做好了，不好再拨经费了，所以工作是不能全做好的。不做好，会有钱来；做好了，不会来钱了。一条高速，一条街道，百年大计，质量为本，质量可保百年，财政不太再打预算，百天大计，资金为本。"天下之事，一事立则一弊生，钱谷有钱谷之弊，刑名有刑名之弊，河工大矣，岂能独无？"

大清花巨资治黄河，总是治不好，一大原因，您也晓得，真用于工程上的，比例不高，清朝有位良知官人，叫冯桂芬，他曾说了一句真话："两河（南河、东河）岁修五百万，实用不过十之一二，其余皆河督以至兵夫，瓜剖而豆分之。"贿送官人，拣最好的来，"元狐紫貂、熊掌鹿尾"，当"为钻营馈送之资"；治理河道，拣最差的上，"麻料搀杂沙土"，料垛堆得"外实中空"；别的不说，看清朝官人饭局、酒局，河道工作者，最是盛宴。吃光，花光，用光，黄河如何能治得好呢？不是治不好，而是治坏了。比如黄河这段，好好的，堤若磐石，岸似金汤，便有官人，这里挖个管涌，那里炸个决口，然后向朝廷以"岁修、抢修、另案、大工"打报告，征用民工，喊起号子：汗战长江，血战黄河。汗战还不算事（乾隆朝中期及之后，每年预算，"多者千余万，少亦数百万"），血战真是血战，每年总有人牺牲在治河之上——民工或评为烈士，官人也多获嘉奖。

白钟山任河督十余年，工作做得如何？不好评价，年度考核，他弄到先进证书不少。证书弄了不少，钱弄得更多，便有人恨不过，花了八分钱，寄了一封检举信。乾隆也觉得在治河上，朝廷与人民甚是冤枉，花巨资，征群众，年年治年年没治，治甚治？不治好医生，无法治好病人；不治好官吏，无法治好黄河。乾隆便下定决心，下旨查办。

查，查，查，什么都没查出。白钟山在京都有房产吗？有，他住的那个胡同里，有一套经适房；白钟山住房里有赃款吗？没，没有。贪官藏赃款，花样百出，藏床铺底下的，是柜子底下的，是哈宝，是蠢货；聪明些的，藏卫生间的，藏楼梯扶手的，挖地下室，藏十八层地狱的。不过，聪明也被聪明误，给查出来了嘛。

查办白钟山这案子的，不能说没认真，办案人员扛着锄头与羊角锹，赶赴白钟山所居，上穷碧落下黄泉，上到天花板，下到地下室，周边墙头砖缝里，都查了个遍，没查出名堂来。哎，明朝严嵩聪明吧，他之巨额不明财产，在抽屉里没查到；掀开地洞盖板，便全是白花花的赃款，人赃俱获了；和珅尤聪明，也是稍稍动用铁榔头，便让其贪腐大白于天下。这个白河督，莫非真是他人诬告？查吧，白总督朝办案人员喊，查吧，给群众一个明白，也请还我一个清白。

"白钟山在总河任内，办理河工，种种滥用，应赔帑银甚多。查伊在京房产，所值不过数千金。"这就怪死了。乾隆恰壮年未到晚年，脑子还算清白，他另选办案能手吉庆来办这案，"朕降旨与吉庆，令其访察奏闻。"吉庆在大清算是有担当的，也是有办法的。在京都，查不出白钟山贪贿，在白家，查不出白钟山腐败，那就扩大范围吧，那就再搜索线索吧。

白钟山比严嵩聪明，比和珅也聪明。他之聪明，不曾把钱存国外银行——乾隆闭关锁国，国外有银行也存不了啊，白钟山会把赃款放哪里去？白钟山会不会把钱存在亲属家，放到包工头家？房地产值价，不在京都置，也许会到外地置房去嘛。办案思路打开了，案子便峰回路转，查了个水落石出："有淮北商人程致中，收存白钟山银二万两；又程致中女婿汪绍衣，在清江开当铺，收存白钟山银四万两；又商人程容德，收存白钟山银二万两；又商人程迁益，收存白钟山银二万两，代为生运。"不查不知道，一查吓一跳，白钟山河督任上，"已有十万之数"。

白钟山贪腐后，藏金藏奸，我们看来无甚稀奇，贪贿所得，不放自家，存亲属家里，嘱其开店又分红；放老板店里，更把赃款交与商人去经营，让钱生钱，这又有甚稀奇呢，而在乾隆那会，白钟山算是开辟了贪腐之避查新途径的。严嵩聪明，没想到这法子；和珅聪明，也没想到这法子。贪腐者，为避查办，定然是削尖脑壳在想法子的——您别想贪官坐那里，等着束手就擒。腐败分子弯弯肠子本来多，没弯弯肠子，也弄不到红红翎子嘛。

不过，也别太高看其智商，腐败分子自有个人智商，一个组织没有集体智慧吗？只要去查，下定决心去查，没有查不了的，没有查不出的。

干群关系之张伯行版

干群关系好，版本也是很多的。张伯行之干群关系，是另种版本，可称正版（其他是盗版与邪版？我可没这么说，这是您说的），患难，友情见真情；下台，民意见真章。张伯行被撤职了，锄者忘其锄，店家忘其营，来归相怨怒，只因抱不平，"时百姓闻先生将解任，皆罢市撤业，数万人围集公馆，哭声震扬城，欲相率赴京叩阍。"此处三五个地方可见民意真章，一者，张公是被撤职了，非在台上，百姓在挺他；二者，一个人挺他不算，数万人哪；三者，百姓都在干活的，活都不干了；四者，从来皆百姓告官至上京京控，这里却是为保官而要群体上访；五ftj者，百姓眼泪汨汨流啊，不动真情是没得眼泪的。

"张伯行，字孝先，河南仪封人"。他遭弹劾，事情起因是这样的，"张清恪伯行抚江南，与总督噶礼不合"，官人间闹矛盾，不稀奇，百姓也多看把戏，张公与噶礼闹，百姓却着急，源自张公替百姓鸣不平。这个噶礼，是张公领导，却是没领导样，乱搞。某回科举国考，噶礼将狐朋狗友与三姑六婆，都录取，国家栋梁之材却都给刷下去；张公一纸弹劾，将噶礼给告了。这下惹了马蜂窝，"噶礼声势蟠结浩大，举朝莫不惊悚"，其动用其满人出身与领导身份，劣币驱逐良币，把张公给搞下来。

张公给百姓仗义执言，百姓眼睛都是雪亮的，谁对百姓好，谁对百姓恶，百姓不糊涂，百姓有杆秤——百姓不乱仇官，仇官必有因，百姓也甚爱官，爱官更有因（这比一些公知更有是非，公知是不管官人好不好，一律骂）。官员反贪反腐，却是撤职下台，有没有天理啊；天也，不分好歹，百姓分；地也，不勘贤愚，百姓勘，百姓正义心便大爆发。嗯，礼仪失求诸在野，正义失求诸百姓。您怎么样，我不晓得，我对这世界，抱有信心。

张公对百姓，确乎是行善政的，"其治民以养民为先，以教化为本。地方偶有灾祲，即具疏缓征，赈济、平粜并施并施，务使民无失所。"百姓闹灾了，马上开官仓，赈济灾民，这事看上去稀拉平常，其实不简单。赈不赈灾，济不济民，得上面发话呢——百姓生命与朝廷命令，孰大？朝廷命令大嘛。

康熙四十二年（1703年），张伯行任山东济宁道，恰逢灾荒暴发，人民食不果腹，百姓流离失所，是先向上面报告请示，还是先向下面赈灾救人？张伯行是这么取舍的："运家粟以赈，并载钱及棉衣数舟，分给冻馁者。"好吗？不好。官人在上，喊口号做报告，多是民为上，遇到实际事了，则是民为下了。张公不先上疏，而先救灾，便有山东布政使，将张公告了，"以擅动仓谷数万石，将挂弹章。"张公无悔，"振济奉恩旨，非擅动也。动仓谷以广皇仁，非邀誉也。饥民户口皆可考，非肥己也。使上有特恩，坐视各州县之流离死亡而不救，官有余粟，野有饿莩，本道之罪，其可逭乎。"官家饱食终日，又囷满钵满；百姓食不果腹，行将饿死，此时节开官仓救民，有何罪？这事，张公就这么做了，纵使自个被弹劾，被撤职，被投牢，他也这么干了。

张公为政，对上刚，对下柔，"先生赈汶上时，一婢来领米，举止有异"，蛮多官人眼睛向上，谁管她有甚异样？张公却是俯下身来，"询之，良家女也"，其异何处？原来是，姑娘本来是有男朋友的，近来家庭接连不幸，父母相继亡故，她叔或是无奈，或是不良，将她卖与他人家为婢，"其叔质于孔监生为婢"，其悲不自胜，眼角眉梢都含恨，张公看在眼里了，"问其价，如数与之"，把姑娘赎回，"召婿至，给新衣而为之成婚"，政下百姓疾苦挂心头，把姑娘当自家女孩，送与嫁奁，让有情人成眷属。

赵官人是，爱民如子，金子、银子皆吾子；张伯行是，爱民如子，灾民、难民皆吾子，其间差异何止以道里计？福建有恶习，多把孩子做牺牲，当两脚羊，去祭祀鬼巫，"福州有五帝者，瘟神也，庙祀遍乡城，师巫假以诳诱，愚民惴惴崇奉祷祠，昼夜不绝"，张公不信鬼，而信民，使把劲把巫庙给推了，旁边有人嚷，烧不得，烧不得，庙堂之神蛮神的，某人不敬神鬼，怎么怎么了；某人不上庙，如何如何了。张公见其扰民，可不管这一套，"竟悉毁之"，毁后干吗？"或改为义塾，祀朱子。"一改庙堂使用方向，将庙堂敬祀为学堂右文。

也是在福建，"省城多尼僧"，尼僧先给人洗脑，再低价买来贫家女，剃其头，"皆买贫家女髡之"，起名"佛子"，成百上千呢，让女佛子干吗？是贩卖人口，卖到偏远农村去？还是养瘦马，弄到青楼去？抑或弄到文工团去，给地方官按摩唱戏滚床单？"所为弗可问"。先前为政福建者，对这事，都不过问，张公上任后，狠刹这股歪风，"先生系令所亲赎回匹配，贫不能赎者，许来告，为设法"，将所有贫家妇女，良家妇女，全部解放出来。此之善政，百姓不兴奋吗？"群情大快"。

"一丝一粒，我之名节，一厘一毫，民之脂膏。宽一分，民受赐不至一分；取一文，我为人不值一文。"这是张公之座右铭。张公干事，替民干事；张公干净，为国身净。张伯行有江南第一清官之称，康熙这么称，百姓也这么称。如此好官清官，百姓恨他吗？反他吗？爱之，敬之，拥之，护之。听说张公将离职扬州，"维扬士民扶老携幼至公馆，具果蔬以献"，百姓也没甚来感激张公为民干事情为民张正义，树上摘桃子、梨子，笼里捉母鸡、老鸭，女工针线好的，给他纳双布鞋，行走坎坷不平之仕途，张公领百姓意好，不取百姓分毫，"先生不辞受"，百姓越发敬佩，群众泪奔，"公现任，止引江南一杯水，今将去，无却子民一点心"。百姓对官人如此情真意切，张公也是来泪，"不得已，为收腐一块，菜一束。远近馈饷不绝，不受。"

张公真不劳民。张公去任扬州，"将回姑苏候旨，行有日矣"，有人打听到了他走之期，"扬城市民虑途中不可测，数万人集江干护送"，那么多人民群众都来保护官员，谁有这般干群关系？而张公却不愿让犁者忘其犁，店家忘其店，"以吾故，劳民至此，吾不行也。"果然推迟了日子，选了黑蒙蒙早晨，一个人走了，"越数日，五更登舟，比天明百姓追送，而先生已渡江至姑苏，寓枫桥，苏城士民莫知先生来。"后来晓得张公到了苏州，"士民云集，纷纷送果蔬不绝如扬城。"好官清官，扬州百姓爱，苏州百姓爱，五湖四海，七大洋八大洲，哪个地方百姓都喜欢。

干群关系相处难乎？貌似挺难的，干群不相容多矣，干群不兼容久矣，有时闹得挺紧张的；干群关系相处难乎？貌似也不难，张公赢得群众亲之、敬之、爱护之，难乎哉？不难也，不过是官人替民着想，为民干事，民便想着官人，为官人干杯。

论好歹不论大小

甘汝来是江西奉新人，康熙进士，官至吏部尚书。宰相起于州部，尚书起于县处，从县令升至六部九卿，甘公走的是正道，换言之，他是靠自家德能勤绩出类拔萃，接连被提拔，按雍正的说法是，他是个好官。

甘公行政地方，多有惠政，惠政之惠，首在惠民。甘公最可贵处，是其民本思想，人民利益高于一切。这口号蛮好喊，遇到实际，如何落实？比如一方是老板，一方是人民，老板与人民发生冲突了，站哪边？是站煤矿老板与房地产老板一边，还是站棚户区居民一边？还比如一方是老爷，一方是群众，老爷与群众有矛盾了，站哪边？是站老爷小舅子与姨妹子一边，还是站低保户与五保户一边？

"辛丑春，调补新安令"，甘公发现怪现象，一者，城西有白洋淀，湖面数千亩，水光潋滟，湖水汤汤；二者，荒田连绵入天际，都是干旱旱的，一眼望去，白田千里，几乎撂荒。怎么回事？"公思导河流资耕作，质诸父老，知官设厉政。"不晓得甘公前任，其民本观哪去了，守着浩渺之湖，却让百姓万顷之田，旱枯活命之庄稼。原来是，此湖被某老板承包养鱼，前任为维护一个老板之利益，却置万民生死于不顾。甘公发脾气了，什么老板，什么官人，别管他，多数人利益至上，"因指陈利益，请诸子牙河分司而开凿灌注之"，白花花流水灌溉良田万顷，"是年民间收麦数万斛，荒壤易成膏腴。"

甘公转任多地，都算造福一方，"修城垣，严保甲，建义学，行赈济，恤民隐"，一者干事，二者干净，深孚民望。乾隆三年，转太宰，整顿吏治，赢得上下称许。甘公任太宰，其下有个僧道科，"京师号为'黑地狱'"，官吏颠倒黑白，徇私枉法，"奸蠹上下其手"，您想想啊，大家都称其为黑地狱，可知其造恶万端。甘公到任后，虎前捋虎须，虎后摸老虎屁股，硬是拉下了好几只大老虎，"吏胥摄服，盖历十五六年犹心悸者也。"

在老虎面前捋须，甘公最著名的一次是在涞水任上。"康熙五十八年，三等侍卫毕里克练鹰至涞水"，这厮仗着是皇帝身边人，来涞水胡作非为，为所欲为，其来练鹰，来的是大部队，这么多人住哪？毕里克部如鬼子进村，吃的抢民众的，住的抢民众的，用的抢民众的，本来是群众之家，他们却把群众赶出去睡屋檐，他们酣睡床铺（数十辈虎踞民房，骚扰荼毒，鸡犬不宁）；其时正是麦苗青青，毕里克练鹰可不管这是百姓活命之粮，一路放去，践踏良田十顷，百姓都是敢怒不敢言。其中有位叫万廷荷的，不服气，来跟毕里克论理，没说上两句，毕里克挥手，叫嚷"给我打死，打死丢野外，给野狗吃了"，其话音一落，便有一群狗腿子飞奔而来，拳打脚踢，棍捶鞭抽，万廷荷被打得气息奄奄，死去活来（毕挥家奴捶万几死）。

有这等事？甘公听闻，气得青筋暴出，来人，给我拿下。你敢？毕里克先众入署，"咆哮大言"，信不信，我把你乌纱帽给摘下，丢臭水沟去。甘公说：可以，在摘我乌纱帽之前，我先把你捉起来再说，"遂拘留毕，收系余党。"这就闯祸了，毕里克叫嚣之言，并不虚妄，他果然有能力将甘公官帽摘掉，"未及奏"，恶人已先告状，"奉旨提审，盖鹰上大臣先已摺奏矣"，提审结果是："议革知县职，而侍卫仅罚俸。"

官场上还有道理可讲吗？甘公并不萎火，"公赴京，吏并部三部会审，公慷慨激昂，气色不挠。"为民除恶，又有何罪？只是涞水是甘公地盘，京师是侍卫地盘，到了京师，还不输诚？不论是谁的地盘，都是王法之地盘，都是正义之地盘。甘公一身正气，自然并不怕谁，他在三部会审上，正气凛然，那姿态震惊了好多人，"官吏咸惊讶此强项令何处得来"，官吏们所见者，都是官吏见官吏，皆低眉顺眼的，皆低到尘埃里去的，见了这位强项令，自然惊讶得很。还好，还好，天并不全黑，最后的处理结果是："侍卫毕里克著革职；公回任。"

甘公由此声闻天下，后来升任广西太平府知府，说来，官也算大了，嗯，在地方上也算是土皇帝了，若入得京师，算什么呢？知府到得京都，人家也是当乡镇长看的。有年十二月，要过年了，雍正写了很多"福"字，一一赐予大臣，"上赐九卿福字"，甘公不曾位至九卿，也被"随同九卿传进"，甘公甚获恩宠，雍正"呼甘进案前，连书两福字，谕令带赐粤西总督提督各一。又书一福字赐甘"。甘公确乎有点感动，如他这级别者，能得到面见皇帝机会，还能得到皇帝亲书福字与赐，也是难的。县令见知府，难乎不难；县令见巡抚，能见吗？早被秘书挡驾了。

甘公觐见雍正，雍正还给他赐福，让甘公心动："外吏小臣，何敢蒙赐宸翰？"雍正说了一句很有意思的话："怎么说是小臣。做官只论好歹，不问大小。"做官只论好歹吗？多半是只问大小的。不但官人与官人，就是社会吧，单以官之大小排序，单以官之大小表心；小官之官做得再好，其来也，也没人对他立正、敬礼；大官之官做得再坏，其来也，大小官人也要弯腰、鞠躬。

做好官，赢得比做大官更受尊敬，论官只论好坏，不论大小，以其好坏而不以其大小当衡量官人之标准，才是正常。惜乎，社会往往多反之，只论官之大小，不论官之好坏，良可叹焉。什么时候，把官好歹之价值观至于官大小之尊卑观前列呢？此事有解吗？劳阁下告我。

大清相人陈廷敬

王跃文先生著过一部《大清相国陈廷敬》，跃文先生眼界高，相的是国；伯乐眼界稍低，相的是马。相啊相，往往是伯爵相国，伯乐相马，伯伯相人。没到伯爵级，相国没资格；伯乐眼界本来可以，却是位卑，顶多算市场中介，只堪相马；伯伯相人呢，前头还要前缀一词"我的"：我的伯伯相上我啦，我这个青楼服务员，也提拔当上了文工团团长、宣传部部长了。

跃文先生相国，先相人，对陈公甚是高赞：清官多酷，陈廷敬是清官，却宅心仁厚；好官多庸，陈廷敬是好官，却精明强干；能官多专，陈廷敬是能官，却从善如流；德官多懦，陈廷敬是德官，却不乏铁腕。相得甚是精准。鄙人眼低手低，相国不能，姑且相相陈廷敬之相人。鄙以为陈公相人，一言以蔽之：双清相人，故曰大清。

陈廷敬能相人，源自有大清授权（相人得伯爵级吧，你相中者，再优秀，也没用——没有用，便没用），"圣祖留意古学，常召对群臣"，这回廷对题目是，"在廷中谁最能诗？"李爱卿对曰"李小二最能诗"，李小二者谁？李公之李公子也；张大臣对曰"刘清照最能诗"，刘清照是谁？张公新结识的女文青焉——瞧瞧，蛮能诗的刘诚龙，硬是没谁给提名。

康熙这次貌似扯白话，没说这次相人是非正式人事安排会，群臣却没一人闲谈，都挺严肃蛮认真地想了又想地举荐"廷中能诗"者，有没有举对的？

貌似没有，是群臣眼不行？不是，是群臣心不行。虽说诗无达诂，但基本审美标准还是有的，谁诗最好，谁词最孬，这些文科生而胜出者，眼里是看得清如水，奈何心里浊流滚，所举之人或是作诗的，却顶多二流，或竟是末流——廷中往往是黄钟毁弃瓦釜雷鸣，便往往种根于此。

群臣皆认认真真乱廷对，独有陈廷敬，甚是敬廷，他向康熙推举两人，一是王世祯，二是汪琬。王世祯散文、填词皆出色；擅长各体，尤工七律；尤其难得者，是文创与文研比翼，原创与理论连理，其创"神韵学"，倡导"不著一字尽得风流"，影响甚巨，人称清初诗伯。汪琬呢？后人如梁启超连连点赞：汪琬之文根柢六经，浸淫史汉，出入韩愈、欧阳修、朱熹、归有光之间；尤可赞者，汪公是清初古文运动之真大V，执牛耳者。

王汪两人，一为诗伯，一为文宗，在文学界之地位，"卓然为本朝第一作手"，朝野皆知，而朝不举，野无格举。举之者谁？陈廷敬也。陈公举了两人后，康熙叫办公室打电话，分期接见两人，由此脱颖而出，"而吹嘘上送名达天衡，出谷乔迁，升华赫奕，实由先生一言推毂。"一言兴邦，难哪；而有举荐权者，一言升人，不难——人事安排上，有人给你说句话，要多重要有多重要。

王汪两人，跟陈廷敬没一毛钱关系。伯乐相马，不白相，叫上中介给你看马，你得付中介费的。陈公相王汪二公，一分钱都没收，一分谊也不沾。其举荐者，心地光明，眼界澄澈，只为国家选人才也，没掺杂半点私心。公道在人心，有时也在帝心，康熙听了那多群臣举荐那么多人，他都只是笑，并不召见，这说明也不是所有领导都很昏庸，他心里也有一杆秤的。刘诚龙虽没被陈廷敬举荐，这厮常常牢骚满腹，这回也没意见——真选对了人，服气嘛。

陈廷敬举士，也举仕。官人爱举士，其中有甚说道？无他，买士心，以给其作传记著人物通讯；官人也爱举仕，其中有甚说法？无他，沾私恩，以给其捧臭脚当便捷提款机嘛。好吧，就算不曾沾亲带故，就说不曾买官卖官。有推荐权者，最喜欢推举同学、同乡、同事、同党、同宗、同盟、同龄同族、同房、同床、同犯、同伍、同籍、同流、同脉、同路……心里打小九九是，谋划自家军，建设公务员中的私务员队伍。此心，被誉为理学名臣的曾国藩亦难免。曾国藩举荐不少人，当然多数是能人，如左宗棠，如李鸿章，如彭玉麟，这些都是靠德能勤绩干出来的，不过也是靠曾国藩一言升人提起来的——没曾国藩推举，这些人能在大清朝廷呼风唤雨撒豆成兵？难。曾国藩曾举荐过沈葆桢，沈葆桢曾是曾国藩之幕僚，干才，曾国藩破格举荐他任江西巡抚。沈巡抚任职江西后，并不听恩公之话，让曾国藩到死都咽不下气：你是我推荐的，是我的人，为何我的话都不听呢？

曾国藩为国操心，此处举人，不免心带私恩之意。陈廷敬举人，私心却淡。康熙有回又做干部提拔前之征求意见准备，国有疑难，来问群臣："已有六卿言他守令贤者"——这回啊，依然是赵公举赵公子，钱公举钱老板——这般群臣，果是解国难的不？康熙只是摇头，转身来问陈廷敬，"上特问公，廉者果为谁"，陈公策对曰："知县陆陇其、邵嗣尧皆天下清官，虽治状不同，其廉则一也。"这两人，陈公您也举荐？有甚不对的吗？两人廉洁是廉洁，然则清官自持清正，不感恩你的，不听你的话的，"两人者廉而刚，刚者易折，且多怨"，到时忘了是你提拔他的，朝廷上跟陈公你顶起来，你无怨无悔？他不怨你，官人中来了"两条鲶鱼"，害得他官活不好了，不怨死你？不如现在踩着他们。是吗是吗？"果贤欤，虽折且怨庸何伤，是可谓能以人事君者矣。"只要他俩忠君体国，实心干事，廉心行政，跟我顶嘴，不听我话，这有甚关系？我为相国，首责是为国相人，非为己建官场陈家队，"虽折且怨庸何伤"。陈廷敬居相国位，选国贤才，时人服气："公在官所建白，皆得大体。"

清人赵恭毅论清官，有双清之说，一是要手清廉，一是要脑清白，"今人以清自负。夫清非仅不名一钱者，须得廉明二义，廉者一尘不染，明者一毫不蔽，兼之者斯可为清。若惟一介不取，而处事糊涂，人将安赖？"以双清论，能当之者，怕是不多。陈廷敬算一个，其任职大清，对行贿受贿、跑官要官深恶痛绝，力除其弊，"自廷敬始，在部绝请托，禁馈遗"，领导带头廉政，真心廉政，非假口喊口号，也便除却圣明弊，官景一时新，这算是达到了赵恭毅所说的"廉者一尘不染"。陈廷敬清廉，清廉却是糊涂官吗？非也，陈公既有用人权，又有用人推荐权，他在举荐人才时节，脑子清白得很，只选德能者，不选私情人，给自己送钱的，不推；与自己沾亲的，不举。"才者，德之资也；德者，才之帅也。"陈公用人与推人，脑子里称天平，一码是才，非财；一码是德，非得；不搞"财者，得之资也；得者，才让之帅也（得了其财，才让他任职统帅）"。如此，甚是合乎赵恭毅所谓"明者一毫不蔽"矣。

"独持清德道弥尊，半饱遗风在菜根"，清人金农点赞陈廷敬有清德。陈公清德，德在何处？其清有二，一者处财清廉，二者又处事清白，有此双清，是为大清。

为政常右文

宋荦是全架子，是官人中为数不多之通才，能文能武，能书能画，能写能说，能政能廉。"宋荦，字牧仲，号漫堂，别自署绵津山人，商丘人。"少年从戎，十四岁当了武警，在卫戍部队站岗放哨，"以大臣子弟入宿卫"，武功了得，"善骑射，聪颖慎密，为世祖皇帝所赏识。"算不算读了军校呢？他是从部队里考状元的，"随文武资录用，试第一。"

生命中有了当兵的经历，从政中便有他人少有的果敢。宋荦为多人多文所乐道者，"先生开府西江也，会湖广有夏逢龙之乱"，那些摘笔作文，笔下洋洋万字策者，个个尿流，一个劲地上报军情，贼来了贼来了，何事搞何事搞，"羽书日四五至，人心风鹤"。文人言武，滔滔不绝，头头是道，文人茶馆里摆龙门阵，羽扇纶巾，心雄万夫，都是不足信的。宋荦却是独架一叶扁舟，破风浪迎敌去，"即夜缚二渠魁斩以徇，余党悉不问"。有没有关云长单刀赴会雄姿？值得点赞者，宋荦赳赳武夫，性温和，知统战，行仁政，不嗜杀，斩杀为首闹事者，不追穷寇（他们非穷凶之寇，多是因穷为盗者），德政可服人，故"四境帖然"。

从戎之将，转而从政，治区治域，不逞武功，拆城拆房，不张武力，此为宋荦为时人所称为后人所敬者。肃清辖区首倡乱者后，先调研，后发言，一条条摸清辖区问题，件件排忧解难，"于是条病民者十数事，先奏除之，然后缓征弛力，通商惠工，剪除豪猾，振兴学校，政以大成，清名上达。"历来文人治地方，重农轻商，对手工业、轻工业与重工业，直接忽视，宋荦却通商惠工，其思想解放先行三百年哪。

为政一地，缓征弛力，这也不简单。新官上任三把火，乱吼吼要出政绩，急忙忙要弄形象，挖山不止，开工不停，古时没机器，机器便是人。古之多有吏人，以人当机器，征集劳役，搞人海会战，百姓无有已时。宋荦为政，惜民力，不征役，养生息，不折腾，"及移节吴会，一如所以治豫章者，然江左大地地大事繁，财赋甲天下，遂清净无为镇之。"江南纵使财多，也不乱征乱用，大兴土木，百姓财多点，你嫉什么呢？让百姓多点财，过上好一点的生活，有甚不可以的？非得加赋加税，以建官员形象工程？此等事，宋荦不为，故在吴会前后十四年，"治状为天下最"。比如江西多竹木，历来官员以之为资源，不仅不付款，白拿百姓的竹子，还要让百姓自个送来，"江西采竹木，饶州供紫竹，南康、九江供檀、柟诸木，通省派供猫竹，名虽官捐，实为民累"，宋荦说这不行，不能让百姓白送资源，想要竹木，可以，公家出款购买，"荦疏请动支正帑采买"。这种行政方式，皇帝也是颔首的，"圣祖第二次南巡，以江苏巡抚宋尚书，居官安静，深得大臣之体，手诏褒美，恩谊甚洽。"

宋荦起起武夫出身，却爱郁郁乎文哉，对文化建设不遗余力。为政一方，首重文教，文教之先者，首在"振兴学校"，宋荦抚江南，对学校倾心建设。东林书院自明后，风雨飘摇，转至清初，瓦上多草，阶前多苔，宋荦到任，捐出自己俸禄，与理学名臣熊赐履，疏来书往，共同筹谋，重建东林，为江南士子建一方精神栖息地。苏州有苏子美之沧浪亭，人文胜地，怎么说也是古迹吧，足可为国保文物，前之任职者，对之几乎无视，连县保、市保都不给保，任由雨打风吹，日晒雨淋。至宋荦，"野水潆洄，巨石颓仆，小山蓊翳于荒烟蔓草间，人迹罕至"，荒芜成狐狸栖息，蚯蚓穴地。宋荦见此，亟谋修复，康熙三十五年二月，宋荦买僧田七十亩，构亭于山之巅，又用了书法名家文徵明之"沧浪亭"三字，使之旧貌焕然一新，再成文化之胜，"葺其遗址，暇日招文士觞咏其中。"沧浪亭自宋荦之后，便成江南胜地了。

宋荦本武人，不耀武，承平时代为政，耀甚武呢？宋荦以文修身，他写诗，"博学工诗古文，有《西陂类稿》行世"；他藏书，"所收藏唐宋名迹，宋元秘帙，冠于河右"，有江南第一藏书家隆誉；他画画，其水墨兰竹精美绝伦，官员画家或超专业画家，"尝写水墨兰竹小幅，疏逸绝伦，非丹青家所能窥也。"官员本来社会精英，学历文凭比谁差呢？智力不算天才，至少超群，他们要干点文化事，哪有干不好的？琴棋书画，不能样样精通，若精其一，想来不会差。只是官人乱掷光阴于酒桌，乱抛智力于牌桌，其才气也便没蒿莱了。

宋荦自个有才，他当然爱才。自个有才，便当然爱才吗？这个逻辑可验诸您，却不可验之四海而皆准。无才者打击有才者，多，哼，那甚作家画家，我常骂得他头只是栽，您看，他能骂文化人呢，多有脸（其人本无脸，得靠轻慢艺术家来长脸）。有才者打击有才者，也多，哼，他算甚美术家、书法家，我脚指头写条幅，敌他数辈——文人做了官人者，尤好此道，尤善此道。他靠什么来长官人志气呢？他无甚可靠，只能靠侮慢人之恶口。

宋荦却是很右文的，他右文教，右文化，也右文人。沧浪亭修葺一新，宋荦节假日不去洗脚按摩，也不去喝酒打牌，常常邀约地方文人，"招文士觞咏其中"。官人与文人交，或许是从政之至善之至上者。与商人搂搂者，其意在捞钱；与女人抱抱者，其格调如何？不晓得也。官人而与文化人交，再坏也坏不到哪里去。宋荦与文士觞咏其中，说来不是文恬武嬉，他是在讲政治。大清收拾了江南江山，却不曾收复江南人心。收复民心，着力点首在收复士心，

“宋太宰牧师荦巡抚三吴，大兴风雅。其所赏识者十五人，刻其诗曰《江左十五子》。士论翕然归之。”归谁？归顺朝政。

江南有文士名邵长蘅者，“性颖悟，读书数行下。十岁补诸生，因事除名。束发能诗；弱冠以古文辞名。”算一个落魄文人，人人可以得而欺之，欺负他无甚风险嘛；宋荦却三顾茅庐，请他入幕，从不冷眼，倍加爱惜，邵长蘅感言：“先生雅知予，读书论文外，不以俗事相嬲。”官人有时交文人，只是叫他写新闻，写通讯，写报告，写署他名字之古诗、新诗之散文、韵文，写结交豪贵书信，专以俗事相嬲，此敬重文士否？这是利用文化人也。宋荦是真心右文，文士心中自然清楚。邵长蘅之后，文士络绎不绝，来与宋荦交，宋荦积极推举，赞助其出集子，帮他们解生活之难题，“曾保举贡监生员十五人，俱得为官。”这些人自此不再当朝政离心人，都做大清向心人，积极参与大清民心建设、文化建设、政治建设、经济建设，都是“亦有所建白，可谓知人矣”。

宋荦为官为人让时人后人，都宝称之，有赞之曰：“惠爱黎元，宏奖髦士。心迹双清，沧浪之水。”宋荦其人，沧浪之水清兮，可否濯你官帽之缨？

一声谢谢引发的职场事故

乾隆十四年，张廷玉给皇上打了一个报告，报告上向乾隆提了一个要求："以世宗遗诏许配享太庙，乞上一言为券"，退休了，张公要求有几个，如级别不降半级（退休后，工资福利多打折扣），仍要保持大学生职级；如还要封个名誉称号，伯爵可以吧？特请求皇上批准为荷。张公这里提得蛮突出的是要配享太庙，张公意思是，他黄土埋到了下巴尖，得想着后事了，若翻到十八层楼下，希望乾隆批准他，跟乾隆老爹雍正，一起斗地主，搓麻将，双升级，三打哈，玩叶子牌。

有人说，张廷玉打这个报告"太失礼"，对皇上怎么能有这口气啊：皇帝您，要给我立个凭证。要皇帝批准，这个可以提，可以有。很失礼的是后一句，空口无凭，皇上您得立字为据，有对皇上这么说话的吗？也是没办法啊。当年湖南有个村夫子，叫曾静，这厮听说西北有个将军姓岳名钟琪，是岳飞N代孙，浮想联翩，起了反心：要是鼓动岳将军推翻清朝，多爽。还真去串联了。被雍正抓了正着，本来是要枪毙的，雍正"特别料理"，先改造曾静思想，后来叫他当了宣讲团与讲师团团长，全国各地去宣讲雍正和蔼与慈祥，宽大为怀，以人为本。雍正人之将死，给了他一张免死铁券："朕之子孙将来亦不得以其诋毁朕躬而追求杀戮。"到了"朕之子孙"乾隆，"追求杀戮"，将曾静脑壳割了韭菜。有这先例，张公请求乾隆再按确认键，也源自其心悬得太空，落不下嘛。

论者给评论张廷玉这个报告，云两句话"很不得体"，或是不太懂退休文化吧。官僚没退休前，正在职上，尤其是少年新进，或年富力强，那时节，官僚腿是软的，脖是软的，膝盖是软的，嘴巴自然也是软体的，谁向皇上说过硬话呢，都是软毛毛的，酥糯糯的。临到退休，骨头好像硬起来了，也是也是啊，正当年，腰部与脊梁能支持90度躬，到退休年龄，骨头硬啦，以前点头如啄白米，是是是，如今摇头如拨浪鼓，不不不。一二三，四五六，合理的，不合理的，提一个又一个要求，你不解决，我不罢休。

张廷玉说来不是那么刺毛的，难缠的，爱闹事的，他是一个好好先生，"每遇启事者至"，都是好好好；有天一位下属来请假，"公问何事"，老爹死了，要请丧假几天，张公"习以为常"，连连说"好，好"。诸葛亮是两朝开济老臣心，张廷玉是三朝开济老臣心，经了康熙，经了雍正，又给乾隆打了好多年工，写过稿纸等身的材料，德能勤绩，都不错，《清史稿》云："庶政修举，宇内乂安，遂乃受遗命，侑大烝，可谓极心膂股肱之重矣。"雍正评价更高，赞他，"器量纯全，抒诚供职"，更称其为"大臣中第一宣力者"。雍正对张公印象特好，以为君臣遇合史上第一对，亦君臣亦朋友，故而在翘辫子时节，对张公对百工抒情：退二线了，退地下线了，我俩不做君臣，做朋友，一起打牌耍子。冷猪肉，有我一口，也会有你一口。

张公即将退休，他想起雍正那个许诺，叫乾隆给兑现，兑现之前，要按个手印，乾隆心里直冒火，哔哔啵啵，按捺不住将发作，却到底浇灭三昧鬼火。张廷玉话或不得体，持之却有故，配享太庙，是皇阿玛许的诺，算祖宗成法。老爹在下面天天跟美女玩，也有换口味时候，让张廷玉跟老爹陪吃，陪喝，陪玩，三陪三陪，或可以三陪开济老爹心。老爹不开心，跳将出来，他这位置如何坐得稳？三杯酒释兵权，三陪让不想皇权，好事。乾隆这么想着，心头未必全开，却也舒展大半，提笔在张氏报告上批了朱：已阅，拟同意。

皇恩浩荡，皇恩比山高，比海深，当让臣子叩谢隆恩。当谢而不谢，我以为这是退休文化在起决定作用（我是文化决定论的坚定拥趸）。张公意思是，我已退休了，你给我解决问题是实，不过你莫想叫我怎么怎么来谢您了，提着鸡提着鸭，提着卡提着二维码，到您家，到您办公室，一把鼻涕一把泪，三跪地板九拜天，那是在职时候之仁义礼智信，职场礼文化；现今眼目，我都退休了，唱个肥喏行个小礼，没问题；叫我跪——平身——跪——平身，行二十四拜，那就莫想那个味了。

张廷玉收到了乾隆"拟同意配享太庙"之批示，搁以前，袜子都不穿，鞋带都不系，小跑去了紫禁城，还在前门，便弯了脚关节，膝行肘步，飞至于养心殿。现在不了，如今退休了，张老自己不去了，"次日，遣子若澄入谢"，打发儿子张若澄去代谢。乾隆本窝藏一肚子火，皇恩这般浩荡，臣礼这般浇薄？"以廷玉不亲至，遂发怒。"给你解决实际实惠，分配那大恩典，你却自己不来，打发他人来？张公之子，吓得打战，什么话都不敢说，说不出；旁边有大臣帮说话：皇上，那老家伙已八十多了，走不动了，所以没来。

今天确乎是八十多了，昨天莫非是十八岁？莫说还好，越说，乾隆越震怒。或真跟乾隆所说的，这个事，不是年龄之故，仍然要归到退休文化决定论上来。前几天，张老没退休，虽则走路摇摇摇，出气嘘嘘嘘，怎么着也到办公室啊，汇报工作，膝盖也弯得下去；隔那么一天，膝盖老一百年？

膝盖，不曾一天老一百年，人家怎么着也是八十多了啊，打发儿子来谢恩，天可怜见也。在乾隆这儿，却是认定张老目无君上——退休工资还在你那领呢，人事安排若列入日程，崑女还要拜请皇上法外开恩呢，张公已在办退休手续，他对领导不再那么恭敬，是真的，然则说他目无君上，却不符实。

乾隆认定张老挑战他权威，故其发飙，其发飙，是因人挑战其权威，这还不曾触及根本。根本者，乾隆批准张公配享太庙，批准他自享伯爵，批准他退休不降级，依然受享大学士级别待遇，源自乾隆认为，这些都是他之恩赐，这些资源，或谓待遇，本属公家，而乾隆不这么看，他说这些都是他私人的，他给你就给你，不给你就不给你。现在给了你，你不来谢他，叫他如何不起火？"传旨切责"，发个通报批评。通报批评，不重；重的是，伯爵荣誉取消，大学士待遇取消。旁有张公门生叫汪由敦，给张公说好话："由敦免冠叩首，言廷玉蒙恩体恤，乞终始矜全，若明旨诘责，则廷玉罪无可逭。"

张廷玉急了，急如星火，往紫禁城赶。病呢？年龄呢？都不是事了，赶去紫禁城谢恩，乾隆更火了，（一）骂他一顿，你算啥玩意，不过会写两个字，"以缮写谕旨为职"；在这吃了不少干饭，"毫无建白，毫无襄赞"；看你老不死，尊你是装个老古董摆设："不过因其历任有年，如鼎彝古器，陈设座右而已。"削其伯爵，尽缴其历年领赐之物；（二）朕说发通报，谁漏的信？汪由敦吧，"上责由敦漏言，徇师生私恩，不顾公议。解协办大学士，并罢尚书，仍在尚书任赎罪。"还好，没双开，级别没了；只单开，编制还在。

一声谢谢，没谢到位，让两大臣如丧考妣，甚丧考妣。后人谢恩，吸取教训，领导提拔了他，分赃了他，解决他儿子媳妇之事，他一路小跑（亏了老脚），一捆大包，急急如律令，谢主隆恩，谢主私恩去了。

附带说句。乾隆索恩，意在索面子，不在索银子；后人索恩，意在索银子，兼索面子。乾隆索足面子后，当时夺了张廷玉很多待遇。后来张廷玉过世，却还了他："要请之愆虽由自取，皇考之命朕何忍违。且张廷玉在皇考时，勤慎赞襄，小心书谕，原属旧臣，宜加优恤，应仍谨遵遗诏，配享太庙。"让旁边搛块冷猪肉，成本不高；批准他陪老爹打回三打哈，不算自己哈。

民脂民膏谁吃为高

铁嘴铜牙纪晓岚与大奸大贪和大人，斗嘴斗法，众以为纪老守纪，激浊扬清，代表人民在搞反腐倡廉。这可能是您电视剧看多了。纪老是在反贪，还是在纵贪？不好说，他与和大人斗，是在反贪嘛。

这A面，众知之，不说了；说个B面事。说的是，纪老是皇帝身边人，居领导身边，千不好万不好（伴君如伴虎），有一样是好的：近水楼台先得月，近耳阁台先得风。谁，要提拔了，他可以去卖乖；谁谁，要动动了，他可以去卖讯。既然都是卖，便都是有价的。很多人想要个好价格，多给预付款的，故是，并不担心款不还，收不到款。

朝廷这回将动卢雅雨，"廷议拟籍没"，纪老领导身边人嘛，"时为侍读学士，常直（值）内廷，微闻其说"，纪老这回不卖乖，卖讯，"以茶叶少许，贮空函内，外以面糊加盐封固。"快递过去，"私驰一介往"，里面一句话都没说。卢雅雨家里人接了快件，都怪，家书一个字都不写，便怪这纪亲家，是不是学自三百年后学子处置家际与人际关系。独有卢雅雨雅知旧雨意。这快件，有三个关键处：茶者，查案也；空者，亏空也；盐者，卢雅雨其时掌盐政哪。快件意思就是："盐业亏空查抄。"

皇上要来查卢雅雨啦。查案人员尚在调配中，这消息飞越关山千万重，到了犯罪嫌疑人耳里，"亟将余财寄顿他所，迨查抄所存赀财寥寥无"。朝廷先前侦知，卢家票子排山倒海的。怎么回事？只有几张散票子了。这回轮到和珅和大人来反腐倡廉了，"和珅遣人侦得其事，白之。"纪老倡廉，和珅反腐，纪晓岚与和大人两人斗智斗法，原来是在斗人斗权。

纪老这回卖讯给卢雅雨，没收信息费，原因很简单，纪老与卢氏是儿女亲家。一荣得荣，一损俱损，亲家有难，自然得帮。不过这回运气不好（自然也因和珅之故，不是碰到和珅要反贪，而是碰到和珅要反反——你反我，我就要反你），帮了倒忙，把自己也塞进去了，"从轻谪戍乌鲁木齐"——从轻者，非其坦白从宽，纪老开始不认账，不自首，"上召纪至，纪力辨实无一字。"和珅在旁边戳穿纪老，纪老才"白其状"。所以从轻者，乃是纪晓岚铁嘴铜牙啊："皇上严于执法，合乎天理之大公；臣拳拳私情，犹蹈人伦之陋习。"纪老犯事了，话还说得漂亮（若遇上他人，羞愧死了，还敢说话啊，可见，羞愧或者说有脸皮者，是不好在里面混的），"上嘉其辞得体，为一笑"。做官，何处最得便宜？会说话者，最得便宜。

不说纪晓岚了，且说卢雅雨。卢氏其时任两淮盐运使，这差事肥啊，何个肥法？六部九卿，战国七雄（大清不止七省的），屈指数，百十部门百二藩镇都贵重，唯有盐政为最肥，两淮盐运使肥中之肥。怪死了，这国企居然还是亏损行业，亏空蛮厉害。连皇帝都不可解，又是垄断，又是高利润，亏空何来？

亏空之空，您也晓得一些了，卢雅雨"亟将余财寄顿他所"啊，先前是将国库寄顿自家之所的，后来听说要来抄家了，便"寄顿他所"——他所，仍然是自家之所，比如将票子存瑞士银行，寄顿他国，还是自家嘛。

亏空之空，您晓得的是，卢雅雨给三光了，吃光、用光、花光了。盐业那肥，一个人一家人吃，谁能吃那么多？谁在给他吃，他分谁人吃？五保户，不曾吃；低保户，不曾吃；特困户，不曾吃；医保户，不曾吃……工农兵，商工农，都不曾吃；秘书、皂吏、捕快、佐贰、轿夫，还有守电话的，搞卫生的，都不曾吃。

谁在吃？谁吃了？不消说，卢氏是每次在场，其他呢，团团坐吃果果的，是士人；排排站喝酒酒的，是士人；队队列洗脚脚的，是士人；车车送兜红包包的，是士人："两淮盐运使，曾以爱士故，宾至如归，多所馈遗，遂至亏帑。"

"乾隆初，扬州殷富。时卢雅雨为都转运使，好延至名流。商人好文墨者如马秋玉、张四科等，皆大开坛坫，招集词人。厉樊榭、杭堇浦、金寿门、陈授衣、闵莲峰等，载酒擘笺，几无虚日。"载酒擘笺，都是烧钱的，文人喝酒，斗诗或有一篇而酒已空百瓶，这酒不是茅台，便是五粮液，国库千金散尽，哪儿复来国库？一年三百六十五天，几无虚日，是要钱喝的。卢氏在招待骚人雅士上，从不计成本，不怕好招待，只怕有怠慢，"接纳江浙文人，唯恐不及"，这餐接待这个，喊一连人与陪客；下餐接待那个，招集一营人与祝酒，"咸与扶轮承盖，一时文酒，称为极盛。"

卢雅雨雅好文人，自然不单是喝个酒，吃个饭，洗个脚，按个摩——每个娱乐项目都要钱哪，兄弟，这是在秦淮，八艳出场，台费会低吗？"雅雨先生官扬州，主持风雅，继踵渔洋，片言一艺，皆见褒赏。"这话说得好，奖，奖十万；这诗作得好，奖，奖二十万；他要自费补肾（八艳给掏空的），补，补十五万；他要自费出书，补，补二十万。

卢雅雨雅爱文艺，说来也不是不对，其兴办书院，置办刻书之所，校刻古籍，都是没问题的，其所兴者，公益文化也——文人从中受益，百姓也从中受益——这便是公益；而单是花钱拨款给文人个人，这还是公共财政搞公益文化吗？卢氏花费甚巨，花在文士之吃喝玩乐与名利场上，所花者，谁之脂膏？国帑也。国帑所用，当为民用，民之有四，士、农、工、商。士为民，农为民，工为民，商也为民。卢氏之公共财政里，单甚民呢？

士为民首。士之地位为民首，没得话说（我不唱高调，众生平等），士之能力为民首，也没得话说。民国教授月薪四五百，纺织工为四五元，也不好比；不过，工资外，公共政策当来扶弱势如农如工了。而卢雅雨呢，百姓都要吃盐，他从百姓那里获取的国企盐业利润，大半之大半，都用于"延至名流"，使得国库大空，又得全体国民来补，他算啥子？算士子之保护神，还是算国民之大蠹虫？

卢雅雨不请农民，不请工人，不请低保户、五保户与医保户，单请诗词家、时评家、书法家、美术家、收藏家与传记家来吃喝玩乐，给一条龙服务，也是有缘故的。一者，诗酒流连后，诗人作首诗，没啥大用，书法家转而书一幅，可值钱了，房地产按平方计价，美术与书法家，按平尺；又有碑刻家在旁边，给卢雅雨画个像，碑刻于衙门口——旁边还有传记家呢——精神价值不可轻拟物质价值——物质也有啊，有收藏家在那，送一件收藏给卢公，可抵几个中产之家。卢氏以国帑转与国士吃，国士转赠书画给卢氏藏，卢氏将书画转币金银用，转形转态，转吃转肥，转出效益来。形而上之董仲舒，搞罢黜百家，独尊儒术；形而下之卢雅雨，搞罢黜百民，独尊儒士。

卢雅雨滥费国帑与民膏，花士子身上，"至亏累官项七八十万，不能考终牖下"，怎么来定性其亏空？不是贪污腐败吗？据说卢雅雨被查后，"然至今称于人口"。国库吃光，民膏吃尽，"比之狐狸豺貉啖尽者，较有区别。"区别在哪？官人自个儿大吃大喝，便是狐狸豺貉啖尽民脂民膏，与士人胡吃海喝，便是麒麟凤龙分享成果，乃叫"较有区别"。

这非较有区别，这是大有区别，卢雅雨被查后，"为人所怜"，不止怜，"至今称于人口"——此处所谓人，是否太泛指了？士子性非异也，善假于人——明明是士意，士说是民意。把盐业亏空那么多，民众一口残羹冷汤都没尝到，民众会怜之，称之？

民众怕是会骂娘的，不过民众之骂娘，如秋风过耳；士人本来比民众更善骂娘，您瞧，士人之詈，多戾气啊。而其时士不骂卢雅雨，非但不骂，而颂歌沸耳，纵使铁板钉钉，坐实贪腐，还"至今称之"，何故？价格表可以转换价值观也。贪污犯卢雅雨，在书上声名真不错，文坛者隆誉："主东南文坛，一时称为海内宗匠"——宗匠？作品够吗？作品不够，请文人客送文人礼，足够了啊；报告文学与新闻纪实作家称："所至皆有殊绩。"

民众骂娘，如秋风过耳；士人虚赞，可碑刻书载。故，多数朝代，不是与胥吏共天下，便是与士大夫共天下，就是不太与民众共天下；会做官之官人，蛮爱与社会精英共天下，其一，利在生前，其二，名在身后。

拍马屁是件生意活

　　这题目不太合阁下意。拍马屁是件人品活好不，好是好，可是阁下人品好，为何也在拍？拍马屁是件技术活好不，好是好，阁下是有技术，为何没技术的也在拍？拍马屁是件危险活好不，阁下技术好，没危险，技术差的，确乎危险，马踢一脚，也蛮要命，可是兄弟，你为何也在拍？照我说，拍马屁是件生意活，这概念比兄弟你的好，涵盖全。做生意嘛，我讲人品你不讲人品，你我都在做；做生意嘛，你有技术我没技术，我你都在做；做生意嘛，赚得敌国，赔上老命，你我他都在做。

　　这回我要说的是智天豹的事，这姓名取得好大，好吓人。叫他智公？不符实，这厮蠢得要死；叫他天老爷，切，叫舔老屁差不多；叫豹三爷吧（湘地称傻瓜蛋者）。豹三爷是大清乾隆时人，直隶高邑县人，有人称其身份是农民，不确，人家是江湖医生，叫游民更精准。豹三爷背着药箱，四处溜，听得哪屋里传来哎哟叫，便往哪家急步跑，治不好病，也治不死人。人家头疼脑热，他也没辙，隔壁老王感冒，找他望闻问切，他开的方子是：多喝开水。舍此，开不出药来。

　　豹三爷算产业工人？不好归类，第一产业，第二产业，还是第三产业？医生收入本来蛮高的，他却惨淡得紧，开白开水方，难收几个钱，卖份狗皮膏药，进账也有限，不比人家三甲、二甲坐诊的，一个药方，除工资外，回扣惊人。

医生这生意，豹三爷做不下去了，他就想，做大生意去。也是天假其便，其时乾隆皇帝要创盛世，创盛世不难，最便捷法子是，地面上蛮难完功，纸面上可竟全功。乾隆在搞文化盛事，弄一部《四库全书》，黄衣使者白衫儿，手把文书口称敕，敕曰要征集天下藏书，叫天下人献书，谢天谢地谢黄衣使者白衫儿，他们宣传劲头蛮足，纵无电视广播，让处穷乡僻壤豹三爷，也晓得天朝时势策。

豹三爷生意敏感性蛮强的，献一本书，不过是皇家收购，能进几个银子？我百分百敢肯定，都不会是市场价，顶多平价，连议价都不会是（您是体验过的：一担公粮交上去，说是议价，也不过比平价多三五角）。豹三爷也无书可献，三代十代无书香，列祖列宗皆农民，有甚珍品孤本？豹三爷想的是著书，著本书，献与皇上，皇上说，这人有才，打发黄衣使者白衫儿，来征召他这位野贤，这生意大矣哉。据说其时乾隆留心文教，也听说真有一两个这般故事在流传的。豹三爷夜半无人私语时，寤寐思服，辗转反侧，狗血冲晕脑壳，生发这样惊人想象力，不算空口无凭。

抬高身份说，豹三爷算搞自然科学的，摸骨捏脉，能念几个医学名词。这厮心大了，眼红人家有社科项目，能争社科经费，便转型搞社会科学去了，兀兀穷年，穷经皓首，东拉西扯，南抄北窃，著了一本《本朝万年书》。不能说纯然白丁，豹三爷也是略微懂点生意经的，他晓得献与本朝的社科著作：学不在高，颂圣则名；识不在深，歌龙则灵。不用甚科学，单多说好话，齐国南郭先生，历朝冬烘先生，何陋之有？

豹三爷著其作，起意好得不得了，日月光天德，山河壮帝居；太平无以报，愿上万年书。说了本朝乾隆不少好话，比如歌颂乾隆天纵圣明，万古一帝，比如点赞乾隆"运际郅隆，励精图治，开疆拓宇，四征不庭，揆文奋武，于斯为盛"；比如拾人牙慧慧语，歌唱本朝政通人和，百废俱兴；比如装巫学术士，预言"见得本朝国运比周朝八百年更为长久"……唱的，说的，都是那般莲花落美言，都是这般正能量好话。

拍马屁其实是在做生意，故而阁下动力那么足，学得文武艺，货与帝王家，豹三爷想着这本书卖个好价钱，您别以为只是想争些社科经费，空他两格，写一段话，便曰"阶段性研究初步成果"；另起一行，又写一段，又曰"取得课题阶段性重要成果"，以此弄几个课题经费花花，豹三爷理想远大，立志高远，更想谋个医药局司局长干干——他向上面提要求，可以拍胸脯自夸他懂业务。江湖医生，当医务人员头，不算外行领导外行呢。

天地良心，豹三爷真没存心"造与逆书"之意，他都想来当天朝之吏的，哪会起这心思？前头也说了，豹三爷当个赤脚医生，都是不太够格。他学的是自然科学，以自然科学招摇撞骗，都骗不来的，一夜之间，转型当社会科学家，能懂什么呢？他编预言曰本朝国祚万年，又编谶言说，乾隆当政可以当到57年，这下马屁拍到马脚上了，乾隆大发脾气，"朕践祚之初，即焚香告天默祷云：昔皇祖御极六十一年，予绍膺宝位。不敢仰希皇祖。若邀昊苍眷佑。至乾隆六十年。即当传位皇子。归政退闲。"你说乾隆只能当皇帝57年，他说他要当60年，还有三年，你是要拉他早下三年，还是要咒他早死三年？天子一怒，便掷签了："（豹三爷）罪大恶极，人人发指，非碎磔不足以蔽辜。"不是乾隆早死三年，而是豹三爷早死了三十年。

豹三爷被腰斩，还有陪葬的。豹三爷有个表弟，叫张九霄（名字取大了，果然不详），真产业工人，是泥瓦匠，平时给人砌屋打地脚，建房搬红砖，生意比表哥豹三爷要好些，不太想吃大吃货，饭还是有一碗可吃的。农民有个小手艺，小康不想，温饱无虞。豹三爷神神道道，开始编故事，说乾隆二十七年，他去骆驼崖采药，碰到一个神仙，老祖显圣，传授他一本《本朝万年书》，我们一起去献给皇上吧，到时我当上司局长，你当佐贰，或主簿，包你一点问题也没有。

这话把九霄老弟之心思给说活动了。乾隆四十四年（1779年）4月11日，这对活宝，从老家白沟河启程，往京都赶，不晓得豹三爷从哪打探消息，说乾隆要去谒祖宗陵墓，不用老远去京都，路上献书，省蛮多路。走到半路，不晓得豹三爷心已虚，还是身真病，他没去了。乾隆谒陵不假呢，二人路旁守株待帝，真于4月20日，给守上了。

书，献上了；脑壳，也献上了：智天豹处斩立决，其妻，给功臣家为奴；张九霄，斩监候，秋后处决。

心有多大，舞台便有多大，做生意多半是这么自励的。确实是的，很多心雄万夫，立志做大生意的，生意还真做大了。生意想做大，就能做大吗？生意做大的，也是有的，鼓舞人哪；不过亏死的，也蛮多，比如豹三爷，做拍马屁生意，生意不成，赔大了，老命都赔上了。

拍马屁这生意，机遇与挑战并存，困难与希望同在，一者是，心有多大，舞台便有多大；一者是，心有多大，灵台便有多大。

白 喜

中年三大喜，升官发财死老婆，这是版本一；版本二是，中年三大喜，升官发财死老爹。死老婆好理解，那是"红喜"，红脸婆可换黄脸婆了；死老爹也属"这是全家人民的喜事与盛事"？我对门办公室王局，老婆死过，三年前；娘寿拜过，四年前；崽娶媳妇，五年前，新居迁过，六年前……王局整日叹气，一脸苦相，我们见了他，都得小心着，好似前世欠了他一升米。一日，王局接了电话，跳将起来，一栋楼里沿门报喜：爹过了，我爹过啦。金圣叹列人生三十三则快哉，之十一是："朝眠初觉，似闻家人叹息之声，言某人夜来已死。急呼而讯之，正是一城中第一绝有心计人。不亦快哉。"

某人夜来已死，是城中第一绝有心计人。这般垃圾人除籍人家，自是"不亦快哉"；王局这回快哉什么啊，纵使死者是"城中第一绝有心计人"，那也是他老爹啊，女人不跳第四回井，不算好女人；男儿不挤出第四回泪，不算好孝子。阁下有所不知，王局这回死老爹，果然也是他家喜事。王局意思是，人家半年办一场酒，他是两三年无由办了，这回老爹翘辫子，则其欣喜为何如？俞家扎了大架，架上挂大横幅：当大事。

庄子死老婆，鼓瑟而歌；王局死老爹，挂二维码而乐（前日有新闻，某女婚宴，胸前挂二维码，滴一声，钱进账），说来也是古已有之，于斯为盛。比如乾隆五年（1740年），正是十月，秋高气爽——这词语意思是：许秉义老爹春秋高，一口气上不来，挂了，许氏爽歪歪。许氏接了家信，通告其爹"吃多了"，他喜得跳，蹦跳着小跑去办公室，撰"心花社通稿"（专称讣告）。阁下晓得，这般讣告类通稿，主要是周告下级的，平级或上级，那还得沿门报喜，问：死的是谁是谁；答：死的是爹是爹。

许秉义之爹叫俞君弼，一个姓许，一个姓俞，这般父子没作亲子鉴定吧？不用作，其关系是，俞君弼是许秉义之岳父，许秉义是俞君弼之女婿。先说一下许秉义之岳父吧。俞老爹说官不是官，不说官却在官，其生前编制在工部，职位是凿匠，换算现代行业，大概是高工，或谓总工程师，属技术官僚类。别把村长不当干部，别把高工不当高干，别把技术不当权术，别把专家不当管家。俞君弼单位是工部哪，建设部呢，重点工程项目不知凡几。每个项目不是一个银行，至少也是一个提款机。俞高工居提款机里，日进斗金。他家钱是这么来的：送一笔钱给领导，领导批他项目，他再项目变现。

俞君弼是恶事做多了？他有财，却无子，带养了一个宗室小子做儿子，其过世时候，过继子挺小的，其女婿许秉义便胸脯拍得响，眼泪掉得长（同鼻涕一样，垂挂到地方）：郎为半子，岳老子啊，俺今日做您全子。噢，还插句话，许女婿在单位报丧，不全是亲自上场，他有同宗亲戚，叫许王猷，许秉义嘱将老岳父死讯，让许王猷去做广告。机关里面这等事啊，自己不好亲自出面，多半是请同穿裤裆的来干，有人当面会夸他热心人呢（背地里或朝其背影吐唾沫）——下次，你也要有求他嘛。

许王猷还挺尽职的，六部九卿，百二处室，千百干部，不是电话通知，便是上门告知（自老张群发短信与微信，被做了呈堂之供后，这等事，机关再无人留文字证据了）。效果也是蛮显著的。来悼唁者，络绎不绝，每个"俞公千古"之白色信封里面，都封了七八九百，千儿八百。这个女婿许秉义，真个会来事，面子广，一个小小的高工过世，送花圈，送悼金的，从长安街排到八宝山了，怡亲王、和亲王，都来了；大学生鄂尔泰、张廷玉都来了，其他六部部长，九卿首长，都来了；这多重量级人物都来了，其他厅局级、处科级能不来吗？

锣鼓一响，家当归人当。其实也不尽如是。奠仪金虽然孝子不能亲收，得托管事人经手（还是二维码好，直接进账），但多是谁方来的亲朋归谁收啊，理由是以后谁亲朋有事，他去还礼。这理由很现成，故而许女婿干得起劲，哭得伤心，哭丧来金，可以大哭特哭嘛。奠仪多半进了许秉义袋子；许女婿说，这回风风光光把岳父给送上山了，钱也是花了的哪，岳老子私房钱放哪？都得拿出来嘛。俞君弼生前确实弄了不少钱的。许氏将岳父入土为安，他回家数钱去，数得手抽筋啊，手越抽筋越爽啊：办一回喜宴、丧事，收入比开实体店，办虚拟经济，来钱更多啊。您工作十年二十年所得收入，总数未必抵得上官人办一次人情酒。

俞君弼丧事办得风光，悼唁队伍络绎于途，也不全是女婿许秉义广告发得广，面子来得宽；另有部分是俞君弼生前也会"做人"。所谓会做人，便是你吃肉我吃肉大家一起来吃肉，你喝汤我喝汤大家一起来喝汤。俞君弼先工部弄到项目，再转手项目，承包转包，不用干任何活，便兜至少一成或至二三成收入。比例低是不，项目基金大啊，比如一个亿的项目，一成是多少？一千万；工部项目，拿出来都是十亿几十亿的重点工程。俞君弼坐收项目提成，并不吃独食，与人排排坐吃果果。有位叫吴家琪的，曾收俞君弼分赃2500两；提督鄂善所得尤多，兜了俞君弼贿金一万（这厮嘴巴硬，打死他也只承认1000两）。

一个技术官僚翘辫子，丧事办得如国丧，算什么事？乾隆登基不久，隐隐约约，嗅得其中腐败气息，他把官人喊拢来，臭骂一顿："身为大臣，而向出身微贱之人俯首跪拜"，成何体统？非体统问题，出身微贱就不是人？这是人情腐败，借人情敛财。

将这事当官人敛财来处理，御史台已可当成绩，写入年度总结了。乾隆办这事，可看之点是，在他人停止思考之时，乾隆继续思考；在他人停止追究之处，乾隆继续追究。这里，只有人情往来这么简单吗？

最先拿这事当事的是仲永檀，仲永檀是山东人，时称"窝窝进士"，大概是吃窝窝头吃多了，作了一篇解恨又解颐的《窝窝赋》，让人笑得肚子痛，笑得眼泪出，时人起他外号曰"窝窝进士"。乾隆读了是赋，爱其才，也爱其骨，调他到御史岗位。仲"窝窝"没负乾隆之望，见俞君弼丧事办得不寻常，便广摸藤，深挖洞，弹了一章："风闻鄂善受俞氏贿万金，礼部侍郎吴家驹赴吊得其赏；又闻赴吊不仅九卿，大学士张廷玉以柬往，徐本、赵国麟俱亲会，詹事陈浩为奔走，谨据实密奏，备访查。"

仲永檀虽说是风闻，只供备查。官家腐败事，有多少是经得起查的？真要查起来，有什么查不清的？乾隆下了决心，对这个以人情为幌子之吃豆腐宴，下令彻查。不查不知道，知道也是不知道；一查不得了，不可再得了。最后处理是：俞君弼女婿以发死爹财论处，问斩；当腐败人情中介的许王猷被革职；曾受贿俞君弼二千多两的吴家琪开除宦籍、开除公职。乾隆本来拟对鄂善拟网开一面的，鄂善是满二代嘛，"汝罪于律当绞。汝尝为大臣，不忍弃诸市"，这家伙不识抬举，死不认账，让乾隆想保也不便保了，"鄂善乃言未尝受贿。上因怒责鄂善欺罔，夺职下刑部，又命福敏、海望、舒赫德会鞫，论绞，上仍令赐死。"

白喜白喜，官家白欢喜。这才是白喜真含义吧。

　　吃了人家一回丧宴酒，被撤了几个官僚职，还掉了几个官人命，处置太严了？乾隆举一反三，对这般借红喜白喜发"爬灰老子财"与"爬山老子财"（老子过世，得送八宝山嘛）者，出台一个规定："除亲友及同朝者仍照常庆吊外，其有交结富室大户，希图肥润等事，照不谨例革职。"

　　可惜这规定不曾严格执行，"旗员素隶各王门下者，（人情往来）本自不禁"，故，官人家红喜固是喜，白喜也是喜。

第二辑

湘军人影

中国如今是希腊，湖南当作斯巴达，中国将为德意志，湖南当作普鲁士。诸君诸君慎如此，莫言事急空流涕。若道中华国果亡，除非湖南人尽死……

曾国藩，笨如猪，勇如虎，学如海，德如山；胡林翼，少年孟浪，壮年安邦，英年早逝，百年芬芳；彭玉麟，不要官，不要钱，不要名，不要命；左宗棠，天资爽，霸气壮，棱角硬，打死仗，绝口不提言和事，千载独有左文襄……

一幅剪影，一个侧面，一枚特写，一帧小像，描出湘军形象，写出中国实态。

豆腐汤·于青菜·一品宰相

诨名之诨，何解？诨者浑也，浑浊之谓乎？诨者混也，浑蛋之谓乎？官场中人，有很多都有诨名，多半也是在诠释诨者浑也与诨者混也的。如伴食宰相（唐之卢怀慎也，"每事皆推让之，时人谓之伴食宰相"），如三旨相公（宋之王圭也，"以其殿进呈，曰取圣旨；上可否讫，云领圣旨；退谕禀事者，曰已得圣旨也"），还有蛮多蛮多官人，若得了一个诨名，便多半不是好鸟。

不过，诨名未必都是贬义的。《水浒传》里不说了，英雄三十六，壮士百〇八，都有一个好外号；江湖诨名有好汉，官场诨名也有好官。大清康熙年间有汤斌者，曾位至巡抚，"清世以名臣从祀孔子庙"，他就曾有一个诨名，群众呼其"豆腐汤"。汤公有俭德，衣食住行，一向从简，从不讲究，"其夫人及诸公子衣皆布，行李萧然。"汤公位阶算高了吧，夫人穿绫罗绸缎，儿女购名品名牌，貌似是当然的。然则非也，汤公，汤公夫人，汤公儿女，都不奢侈，哪谈得上奢侈啊，比棚户区出身好不了多少，"夏从质肆中易苎帐自蔽"，其马夫人，冬天穿的棉袄，烂絮都翻出来的。汤公全家，穿得差，吃的也是糟糠，"春野荠生，日采取和豆羹"，早餐豆腐脑，中餐水豆腐，晚餐煎豆腐。汤斌姓汤，"民间至以谚语，呼为'豆腐汤'。"有回，汤公夜里查账，查来查去，不对数，原来是其大公子汤溥叫人买来一只鸡。汤公大怒，斥行年三十余之公子当庭跪下，给背书《朱子家训》；训道：苏州物价这贵，你以为还是老家河南？想吃鸡蛋，滚回河南去（汤公乃河南睢州人）。

这不是汤公在演甚道德秀，汤公生活过得那般，不是装的，其生活过得差，乃是大清差劲，对官人有点刻薄，官人若单领正当工资，不谋取灰色收入，是难养家的。汤公便是如此，正俸之外，一无所取，故而生活过得上气不接下气，下餐难续上餐。除了春来摘些野草，冬来藏些红薯，多半时间便是萝卜白菜，以素当荤的，便是豆腐了。汤公俭德，群众知之，便给其起了绰号，叫"豆腐汤"。

不单是汤公生活过得苦，几与汤公同期的于成龙，日子也是紧巴巴苦嘀嘀的，"署中薪米不给"，几不能举火；晚清京官李慈铭叫苦，阁下还是月光族，他是"半月光族"，下半月无米下炊，便去当铺典当衣服；李氏苦是苦，还有衣服可典哪（衣服怎么来的？），于公却是"至无衣可典"，无吃的，怎么办？少吃吧，一天只吃一餐饭（日或不再食）。真的，是真的日子苦，不是骗你的，"随征满汉大臣、朝使者有时来过，径入卧内，或绕署周行，几案间蛛丝鼠迹，文卷书册，外无长物。"长物除了书与文件外，余者只有蛛丝，只有鼠迹，只有夜深还过女墙来的月光了。

于公非低阶，其官从知县做起，升知州，迁按察使、布政使，再升至巡抚和总督，还加了兵部尚书、大学士等衔。莫说要改善生活，就算要改了一些山河之地皮归自己，也不是太难之事，而于公却是一代廉吏，甘于清贫，不与他人比豪阔，于公"之任江南，骡车一辆，与幼子共乘之。在制府两载余，日食粗粝一盂，粥糜一匙，侑以青菜，终年不食肉味"。干部群众送了他绰号，叫于青菜。

豆腐与青菜，皆下贱，以之起诨名于汤公与于公，却让两公形象高大而伟岸了。豆腐汤与于青菜，名贱而品贵；曾国藩曾获了一个外号，其名贵，其实贱；其实贱，其品贵。曾国藩人曾称"一品宰相"，其诨名由来，也与汤公与于公是一样的。曾国藩位极人臣，手中权力大得很，要什么说一声，下面定然车载车送；要什么不用说什么，下面也是斗载斗量；莫说衣食住行，要衣、要食、要房、要车，就是要月亮，也会有人想着抛绳子挂月亮上去，去摘月亮下来的。曾公却是若非己之所有，虽一毫也不取。

　　曾公持有的生活理念是，"而食必珍馐，衣必锦绣。酣豢高眠，一呼百诺，此天下最不平之事，鬼神所不许也。"百姓生活那么苦，你这里穿的绫罗绸缎，吃的海味山珍，住的豪华别墅，开的是名牌轿车，这是天下最不公平的，庙堂容许你，鬼神不容许你。曾国藩对生活真不讲究，一蔬一饭，几衣几裤，能饱肚能御寒，够了。他家每次吃饭，端上桌的，就是一道，"绝不多设，虽身为将相，而自奉之啬，无殊寒素。"不是说可四菜一汤吗？曾国藩不达标呢，他家是一菜一汤，若有来客，也不上八大碗，仅是加一碗菜。每餐都是一道菜，便有人给他起了诨名，呼为"一品宰相"。

　　吃的穿的，皆为生活小事，却攸关为官大节。不是说所有生活寒苦者，必是为官清正人，而是说所有为官清正者，生活都不会豪奢到哪里去，他的工资福利注定他只能过家常生活。生活即政治。毛泽东曾从西柏坡赴北京，提出了一个赶考说。要保证考试合格，毛泽东提出的有两条："务必使同志们继续地保持谦虚、谨慎、不骄、不躁的作风；务必使同志们继续地保持艰苦奋斗的作风。"若说前一条指的是精神，那么后一条指的便是生活。精神状态不能傲慢，不能暴躁，这一条，好几年前怕是没做到——动辄滥使权力滥摆威风的，挺多的，现在好像少了些了。然则，生活愿意保持艰苦的，有几？与曾国藩同为湖南老乡的周本顺，却做不到"一品大员"，其赴任河北，请了两个湖南厨师，单是付厨师工资，便是上百万——这钱不是周本顺自己付的，是国库给的。

比吃，比穿，比住，比车，好像没几人愿过艰苦生活了，一个个都是室列珠玑，户盈罗绮，竞豪奢。生活是攀比不了的，官人工资就那么高，哪能过高端生活？这也不是说，可以吃肉，非得只吃豆腐；可以食有鱼，非得只吃青草；可以荤素搭配，非得只上一品。玩政治秀，做道德表演，也是挺让人恶心的。能过好日子，干吗非要过苦日子？

豆腐汤与于青菜以及一品宰相，他们非故意装苦，而是其生活水准与其工资福利相匹对，不利用其权力求非法之得来抬高衣食住行之档次。要而言之，"务必使同志们继续地保持艰苦奋斗的作风"之艰苦两字，其时代意义是，官人生活要与其家庭收入相当，如于青菜，"常俸之外，未尝受一钱，寸丝粒粟，皆取之家中。"这段话里，很家常却最警人的句子是："寸丝粒粟，皆取之家中。"

好官也要不怕骂

　　您挨骂了？向您致敬。您别以为，挨骂全是因为您做错了什么事；有时候（非李鸿章所谓"笑骂由他笑骂，好官我自为之"那时，而是您"好官我自为之，笑骂由他笑骂"这时），挨骂不是因您做错了什么，而是您做对了什么；挨骂得越凶，不是您错得太离了曲谱，而是您对得太该谱曲。

　　我这里说的情况是有时，大半时候人家骂您，确乎是您做得不对，比如，天光了还撒壶到身上（我们这里，这话有个引申义：快退休了，还出经济与作风问题等），活该骂你一顿饱的；比如，你跑到人家菜园子里偷了茄子、辣椒，盗了西瓜、南瓜，还把人家瓜棚架都摇倒了，活该隔壁阿嫂操着菜刀与砧板，跑到对面高地（也算是道德高地，谁言道德谁挨骂啊——您挨骂了，恭喜您，您是讲道德的——我想言道德，却只好避言道德），骂得阁下一佛出世，二佛升天。

　　这都是正骂，实是源自您该骂。不过世界是复杂的，有淑女也有恶妇，有醇儒也有犬儒，有谔谔之士也有无赖泼皮。老婆婆菜园子里豆角如璎珞，白菜如白玉，他偷了你不偷，他不骂你伪君子？杨朱说要人人都要有权利意识，墨子说个个都要有博爱精神，说得好，却挨臭骂："杨氏为我，是无君也；墨氏兼爱，是无父也；无父无君，是禽兽也。"做清官，是合乎全人类价值的吧，曾挨大批，世界全是贪官才好，封建社会才早倒台；却是因了清官，苟延封建寿命；现在没这么去骂清官，学会变了些口，骂清官清刻，骂清官清酷；官人之刻薄，源自其清廉；官人之残酷，源自其清廉——这么骂清官，与过去比，意思并没变（心是那么安的），只是口气变了，语句变了——嬉皮士之外的泼皮士，性非异也，善假语言也。

闲话休说，下面讲个好官挨骂的故事。要说明的是，这好官挨骂，与上面所说的挨骂，情况是与同有不同的（所以我说，上述所言，是闲话）。

大清刘熙载，世以耕读传家，是颗读书种子，"少孤贫，力学笃行，读书睹指识微，约言屡守。"道光时候考上进士，咸丰时候入直南书房，一举首登龙虎榜，十年身到京都栖，鲤鱼跳了大龙门呢，刘公却是没改劳动人民本色，衣食住行，还是像个老农民，"每徒步先至，大风雪未尝乘车，衣履垢敝。"不买公车，不坐公车，不搞特殊，多好；买的是地摊衣，穿的是补丁裤，也符合艰苦朴素价值观的吧。这个严格意义上的好干部，却是遭人奚落，挨人笑骂：哈巴，蠢货，傻瓜，土八路，老农民（他穿得那般朴素，惹恨啊，给其他官吏压力太大）等一系列带讥带辱的话语，一咕噜一咕噜，挨吐了一脸一身，"诸王子窃笑，称为'厨子翰林'。"

好品德不曾点赞也罢，反是遭辱，反是受笑，这社会癫了吗？礼失求诸野，太爷们价值观紊乱（他们被洗脑了，是非真不分了）或淆乱（是非本门清，却立意搞乱），不可怪；反是我们素来不正眼瞧的太监们，倒还残留着人间正道。太监们到处打油火，乱揩油，有回跑到刘熙载家，喂喂叫，人呢人呢，出来出来，"大呼门者，乃无一人。至厅事后，见一持斧劈柴者"，厅后面砍柴的，是南书房秘书刘熙载，"岁时内监多以酒脯馈直官求赐，至熙载宅，户无帘，床无帐，熙载方踞地爇薪，以砂铛煮粝饭。"太监们本是来敲诈勒索的，见了清官刘熙载，却也是良心发现，"刘公贫至此，我辈忍取求乎？"太监们还有良心啊——人确曾坏了，却还可救，根尚没朽，基本价值观还没坏透：对清官，还是认同的，还是尊敬的。而一些泼皮士见了（嬉皮士外，另一种士），不但不赞，反把刘公骂死。

刘公艰苦朴素，戒骄戒躁，清官甘于做穷官，咸丰见了，过意不去，将他外放地方，"特授广东学政"，竟然还有让老实人不吃亏的好领导？以后谁要骂咸丰，我打你。呵呵，骂吧，我们一起骂咸丰吧。这家伙见下属老实，见下属穷，不从制度上想办法，让干部活得有尊严，却把他安排到肥差上去，叫他贪污脱贫，叫他贿赂致富。混账。浑蛋。

刘熙载好官啊，人品真好。领导安排他任学政，没明说，你可贪污，你可受贿——这需要明说吗？领导这番好意，都领会不了，白吃了多年官场干饭。对的，教育或是清贫的，学政是肥差，教育局多是浊富的。刘熙载来任广东学政，无须另挖地三尺，只需前头乌龟爬烂路，后头乌龟照着爬，OK，不愁赚个盆满钵满。赚了一大把后，回家造别墅，建华堂，生二宝，带乖孙；还可规划：讨几房小，置几顶轿，刻几部稿。日子包过得饱，包过得好。

刘熙载真是好官，他不单是洁身自好，还加强吏治。到辖区学校搞检查，吃了人家，拿了人家，还收人家"误餐费"，统统禁了；教材外，开动机器，猛印各类教辅，高价推销学校，统统停了；考试经济，教育产业，统统废了；还有蛮多潜规则，暗金库，"熙载至，尽裁上下陋规。"独善善独善其身，众善善众善其政，既以人格保证个人廉政，又以制度保证干部清廉。您说，刘熙载是不是好干部、好领导？

您是这么以为的，奈何各级学政并不以为然。刘熙载清廉为政，不曾胸章满身，鲜花着鬓，反是臭蛋满背，唾沫满脸。您知道的，学政师爷们，别的没有，泼墨本领大——墨水足得很，骂清刻，骂清酷，骂作秀，骂捞名。

有次会上，有八个不同肤色的小把戏跑上主席台，抱着刘熙载的腿喊爸爸；好多报上（非政报，乃洋报）翻寻刘熙载往事，有说刘熙载与李师师有一腿，有说潘金莲那包毒死武大郎的药，是刘熙载给的……"胥吏患之，知熙载狷，故为蜚语刻洋报中（再进口转内销）。"请人歌颂，出价五毛；请人骂人，月资（平均）八千——八千为王啊，称八王？像群不像人，八与王兑换位置，便像了——什么像了？是了。

"知熙载狷，故为蜚语刻样报中"，果然抓了刘熙载软肋。众口铄金，人言可畏；很多人不怕枪杆子，却怕笔杆子；流血敢流，流泪却不敢了；流血是伤身，他愿；流泪是伤心，他怕。王安石不管你来枪杆子，还是来笔杆子，吾往矣；纵横数万里，上下五千年，王安石只有一个。多数人如刘熙载，却是怕了，"熙载见之果恚"，立志除弊政，有心做清官，到头来没得一句好评，头上、胸间、背心、腹部全是臭鸡蛋与唾沫，这不让人心寒灰心？这世界干得甚事（海瑞语）？解甲归田去，"即日乞病归。"

刘熙载乞病归后，赓续耕读传家，著了《昨非集》《四音定切》《说文双声》等，尤以《艺概》传名后世，刘公当了隐士或名士，算独善其身了，而他是兼济天下之逃兵哪——这社会或缺独善其身，更紧缺的是兼济天下。可叹者，刘公既是官场逆淘汰所至，更是舆论场劣币驱逐良币造的孽。对刘熙载们，当亮嗓给他鼓劲哪，做好官要有比做贪腐官更大的定力，不要怕骂（毛泽东有"五不怕"之论，还得加一个"不怕"哪）。顺便拜托，阁下您存点正气好不，您且留点清气在人间。

处分之后何分处

　　肃顺居晚清末季，曾发布过一句名言：满人皆浑蛋。肃顺这话，参照系是汉人。这话很负能量，其时却取得甚好正效果。大清立国，不管承不承认（事实是，口头非，当年杭世骏谏言当朝，不宜满汉分畛域，结果被双开），满汉有别，近乎国策。肃顺陡然一句"满人皆浑蛋"，对面意思是"汉人皆高材"。肃顺这话，不是人背后扯淡，而是当皇帝面喷语，皇帝也是颔首。这话一说，开启了大清中兴，如曾国藩，如左宗棠，如李鸿章，如张之洞，这些挽大清于将倒之人物，所以走上大清大局舞台，便是得力肃顺此言。

　　这话也只能肃顺说，曾帅就说不得。曾国藩要说这话，脑袋早搬家。肃顺说了没事，源自肃顺其时皇帝那里正走红，讲话可以放肆些——根本原因不在这，而是肃顺本满人，他这么是自我批评，他人来说，便是恶毒攻击——批评也是内外有别的。当然肃顺也身首异处，死得甚惨，跟他这话，没太大关系，乃是他与慈禧宫廷斗了。

　　肃顺这话对不对？有点绝对了。满人之中也不是皆浑蛋的，能人也有，可以屈指数——嘻嘻，非讽刺，是真话。比如大清满蒙一家，蒙古族曾是当自家人，蒙古族松筠便不错。松筠，姓玛拉特氏，字湘浦，蒙古正蓝旗人，历任驻藏大臣，军机大臣，陕甘总督，官至武英殿大学士。其官至大，出身却低，"父母贫困失养，流转至吉林商贩家，为之伺马。"牧马伢子，孤儿僮仆，其升官至一人之下万人之上，都靠自我奋斗，非由"我爸是李刚"，凭出色而脱颖，碰到一位蒙古将军，"过其地，觉其状貌有异，不类常人，召马主人，还以身价，携归，抚为己子。读书习射，读书骑射，皆冠诸曹。"由此进入官家法眼，一路飙升。

若说松筠六六大顺，一路顺风顺水，也不对。松筠仕途经济，也曾稍有坎坷，至少挨过两次处分。一次是"丁丑夏"，其时乱自上作——上天把大气候搞乱了，"畿辅大旱"，半载未见滴雨，天和干人事，人事便求天，"上下诏求言"。说好可以提建议的嘛，奈何松筠"以直梗称"，其谏言直指皇帝，"公以上疏谏阻东巡"，逆了龙鳞，发了天子之怒，"上以其故违祖制，应置重典"，最初起意是要"斩立决"的，"念平日廉直，以二品衔谪为察哈尔都统。"

这个处分受得有点冤枉。官场中人多半是受不得冤枉的，多半是只要人家受他冤枉，他受不得人家冤枉，一日受了些冤枉，便离心离德，反江反水。松筠却非也，他上了一折，叙其上疏因由，末了，说："自去年八月臣入都之后，日侍天颜，屡蒙谕及二十三年恭谒祖宗陵寝，彼时臣以连年雨旸时若，收成丰稔，固应举行斯典。今乃三辅旱象已成，或系祖宗眷顾，昭示景象，暂停举行，以为苏息岐、豳父老之意，未可知也。"此折并没太大牢骚，多是陈明上疏愿意，疏里自有忠诚表态，不曾有太多自污。忠皇之外，由可见松筠之忠民：皇上，您要举行东巡之典，不是不可以，若民众多打了三五斗，搞点歌舞，勉强行。然则，今年天那么旱，京郊人民饭都吃不上，您到处去旅游，是不是有点不合适？

松筠此疏，确乎有忠君之意，不过民本思想也是很坚毅的——前者，官人当有，不能一有冤枉，便生反叛，说句实话吧，没有一个领导都会完全正确，永远正确，一贯正确，领导一日不正确了，便须反他了吗？还是把他当个人看吧；后者，尤其是官人须备：永远都要站在鸡蛋一边谋事干事，在皇恩与民意之间，宁可得罪皇恩，也不无视民心。松筠前次谏言与此次上禀，都是民意至上，至于得罪皇恩，苦亏自己（挨了降职处分），也不辜负民意。

若说松筠挨的这次处分，错不在他，是领导错了，那么另次挨了处分，领导是对的，他是错的。谁不犯错啊，仕常犯错，士不犯错？领导常犯错，下属不犯错？清官也可能犯错，耿直之臣也有犯错时候。松筠这次犯错，所犯非政治错，乃技术错。

嘉庆二十五年（1820年）三月初八日，皇帝启銮往东陵致祭，行至汤山，出了一件大事，皇帝随身带着兵部大印，不见了，大清之印，是挺厚重的："各部院行在印信，均用清汉文尚方大篆，银质，直钮三台，方三寸三分，厚九分。"这印居然丢了，上穷碧落下黄泉，两处茫茫皆不见，寻了一天一夜，都寻不到了，印之权柄，此印遗失，仿佛是核武器之钥匙丢了——帝王出行，随身所带之印叫行印，其行印有钤发火票，调动军队，批发军需之用，正是请用之时，竟不知去向，自是非同小可。

让您失望，兵部失印，说来没太多内幕秘事（士欲借此事来演绎者，您可失望了），乃是书吏吊儿郎当，让小蟊贼偷做废品卖。虚惊一场，却暴露管理大问题，"虎兕出于匣"，谁之责？典守者之责。这事一路追查，有些人耳朵都给揪脱了，"拧耳跪链，严加追问"，这个倒霉的挨严审的，是直接管理印信的库丁，事后追查被挨处分的，有很多管理者，受处分者有一大串。松筠也挨了降职处分。他时任兵部尚书，理当自行保管印信，竟委之捷报处司员，该司员又委之书吏，书吏不知轻重，乱放君印，以致失窃。松筠由部级，断崖式受处分，"谪本旗骁骑校"——校官啊，大概是团级了。

这处分受得大。挨了驴大的处分，心灰了？意冷了？破官破摔了？抑或是心生反意，要转队了，要转反对派了？官人里面，不管是因冤枉而受处分，或是吃冤枉而受处分，有些便在这么转心转意的。松筠好像不是。受了处分后，他二话不说，"公即持襆被向印房值宿"。家不回了，从家里拿了牙膏牙刷，拿了被垫被子，去印房站岗去。"有阻之者"（是吧，是吧，大清转队者挺多的吧）：傻啊，受了那大处分，你还管公家事？回去带孙子（松筠时时寿七十古来稀），宾馆打牌去，青楼听戏去。松筠听得这话，正色道："军校之职，提铃值宿而已。予虽曾任大员，敢旷厥职乎？"

挨了处分，忠于岗位之心，不曾稍减；挨了处分，坚守责任之意，不曾稍降；反之，忠诚心更增强，责任心更上升，松筠为官家人，你不觉得他非常合格？这般公务员，不是合格，而是良好；不是良好，而是优秀。审察官人，对事业之忠，对职业之诚，少看其顺风顺水升官际，多看其蹭蹬落魄居下僚时——其时能忠于职责，忠于分内事，多是靠得住的。"未浃旬，今上即位，仍复原官。"

其他官人降职复出，不足道，松筠复出，且再升职，我举双手赞成。

正义的层次递进及其成本叠加

吃瓜群众有正义，吃瓜群众的正义很有力量。

下面这事情，便是吃瓜群众之力量呈现，正义的。

嘉庆庚辰，陕西渭南县，发生了一桩案子。案件发生的社会大背景是，大清之贫富差距，不能以道里计了，富人是烈火在烹油，穷人是烈火被油烹。

大清富豪叫柳全璧，完成了原始积累后，玩起了虚拟经济，专门放贷了，一万块钱，春节放出去，除夕夜有十万收成。他不怕收不成，他请得起黑社会。白社会不行，黑社会便行。

有朱某者，春耕时节吧，借了柳老板一些钱，具体多少，不晓得；到了五月初夏，柳老板便来催款了。谷子还没灌浆，黑社会马仔们可不管，挥拳的挥拳，踢腿的踢腿，舞棍的舞棍，捅刀的捅刀。人命是什么？不过是几块肉码起，一口气出进，并不太中用，经不起敲打。"因索债事，（柳）将佣人朱某群殴死。"

虽然说，柳老板在行凶时候，气焰嚣张：给我打死，打死他，我花百万块，打死你，像打死一只狗。然则，真的打死了人，人命关天，柳老板也是急了，上蹿得紧（没下跳）。

虽然说柳老板上蹿得紧，然则，还果然如是行凶时节之叫嚷，花百万，打死人如打死狗，"乃重贿县令陈搁"，贿确有点重。批一块地皮，要十万贿；了一个人命，价格肯定贵，百万样子。有了百万，陈县便来给摆平："诬为朱某自行跌伤。"是他不小心摔死的，连人道主义丧葬费，都不用柳老板出。这案子就这样了（已完案矣）。

一条人命就这样如一只狗？朱某有妻，有秋菊般刚烈，老公被人打死，一个说法都无，"朱妻子不甘，上控抚院。"朱妻背负"冤冤冤"横幅，当了职业上访户。地方也想了办法截访，却挡不住朱妻上访之八寸泥脚板（寒门女，想三寸金莲而不能——只能是泥脚板）。

衙门没法子，或者说，要用法来堵悠悠万民之口子（法子，法子，以法来堵嘴子，这就叫法子）。好吧，顺民意吧，再审吧。你说徐县要回避？好吧，那就回避啊，"改委他县令姚洽另审。"回避制度都用上了，法子蛮公正吧？

什么叫另审？法律意义上的另审是什么，柳老板不知道。柳老板知道的是，这事，得另外破费了，一百万了结不了。这不是姚县令漫天要价，而是其价得漫天撒。需要摆平的人，更多了，"柳复广为通贿，巡抚朱勋，布政使郑廷桢，皆有所染。"百万，给你遮天，那是县令价，知府价呢？布政使价呢？巡抚价呢？

柳老板花出去的价格，已远远地超出了当时预算的命价。有甚办法？这事，柳老板也只能硬着头皮，走下去了。柳老板舒气：我不过是钱没了，你那边，是命没了。柳老板细细算账，他想他还是赚的。

柳老板是这么算账的，衙门人是这么执法的，官商合力，导致结果是，朱妻又死了。朱妻其时有孕在身，即将临盆。姚县掷签：你这个刁蛮恶妇，不是叫冤吗？请马上来法庭。来不了？捉来，就来得了，"朱妻方临蓐而命差役凌逼赴审，致伤风死。"

一次枉法掩盖另一次枉法，结果是一条人命又妄添一条人命。

朱家近乎是灭门了。朱家还有亲属，气愤不过，合辙朱妻脚印，踏上了喊冤路。喊冤，你喊什么冤？对刁民，不能客气，打，往死里打。这回，这个姚县，没叫嚷着：给我打，打死他，顶多一百万。老板打死人，才这么喊，才这么花成本；官家打死人，哪有花什么钱呢？果然打死了，"其戚马某屡控，姚洽复加严刑致毙。"

这个案子，已是第三条人命。

天哪，天哪，你是这么对待百姓的？又一个喊天的，前赴后继，来了。朱某之侄，叫着，嚷着，要为叔，要为婶，要为侄子他舅，讨说法。讨没讨了？没讨了。一、他也怕了，若也把名赔进去呢？二、反正呢，也不是自己太亲之亲，官家与老板出了钱呢，叫一叫，三万六；喊一喊，四万五，足了——死的不是他爹他妈，朝天喊几声，便来钱，划得来。"朱某有侄，已受贿私和矣。"

吃饭亲属，没鸟用，便显示吃瓜群众有力量了。朱家庄群众，看不下去了，"村民不甘，群聚诟之"，把朱侄喊到晒谷坪，臭骂他：你家几条人命，你换了几个钱，就不管啦？不跟你份爹的，跟你份爷的呢。这么得了几个钱，你就不管你家三口死于非命，这世界要你何用？"汝不上控，吾侪即分汝尸。"

这家伙，不知是怕分尸，还是其正义感被吃瓜群众唤醒了。吃瓜群众你掏一块，我捐两元，大家给凑了一笔路费，塞到朱侄袋里。月黑风高，朱侄踏上了漫漫长路，"入京上控。"

这回，正义终于来了。正义不是不来，你若对正义抱有信心，抱有决心，正义会来的，尽管是姗姗来迟。

朱侄京控，叩阍鸣冤，"御史王松年密劾之，仁宗命那绎堂制府成驰驿往讯，尽得其实"。案情水落石出，判决是："全璧抵死。"

案子已是第四条人命赔里头了。

还有呢？"洽、润等论戍，勋、廷桢降革有差。"官人人命倒在，官命没了——官人乌纱帽比携黑头命，还值贵的呢。

这案子，顺着推，你发现什么？逆推一下吧。

若不用京控，便获取正义，那么，正义成本要省：巡抚朱勋，布政使郑廷桢等，官帽子稳稳戴头上。

若正义到省到府，便可以获得，那么正义成本便省：朱戚不死。

若正义到府到县，便可以获得，那么正义成本便省：朱妻不死。

若正义自在民间，便可以获得，那么正义成本便省：贫民朱某不死。

富豪柳老板也不死。

撇开官家司法资源不说，一个案子反反复复，颠颠倒倒，那是需要大量人力与物力的。单是求取正义，一层层往上求，百姓付出成本会有多大？世界上最宝贵的是生命，穷人生命宝贵，富人生命也宝贵——正义以生命来殉吗？

正义，不会缺席，最终会来，可是，正义之诉求每递进一次，成本如何叠加呢？正义每迟到一个节点，这是一个多大的出血点呢？

你们不要高喊：正义，最终会来。

我们更加需要：正义，最初就在。

名利不双收

好官变贪官，惹学人找根子。找啊找啊找啊找，找到一个小朋友：找青蛙找到蝌蚪，找蝴蝶找到毛毛虫，便宣布诺贝尔级科学发现也，声称找了根子。甚根子？穷根子呢：官人出身农民，出身工人，出身无业游民，便是巨贪之因。怎么说？当年穷凶了，穷凶便极恶，虎兕出匣，饿狼进村，都是撑死算。

学者意思是，治国安邦这类活，别让工农兵来干，他们胚子不行，这活计得让与富人、贵人、富贵人与社会精英与士子专家（这话感觉哪里有点不大得劲，呵呵，学者恰是专家士子），他们见惯了金钱，滚惯了床单，吃相便好看，睡相更君主（打错字了？学者打的字是君子）带笑看。有道理是吧。

若不讲统计，单讲道理，好像不太好讲，道理有无八方，我无知焉，我知者，道理至少有两极。比如说，穷汉见食，一者，穷吃恶吃，不撑死不停箸，一者苦不苦，想想当年二万五，有吃了就够了，穷人最容易满足的；那富豪呢，一者是，满汉全席，哪样不曾吃过，小钱不入其贵眼；二者是，钟鸣鼎食，富日子过惯了，叫他过寡日子，他过不了，由俭入奢易，由奢入俭难，小钱不受，要弄大钱。哥哥，道理怎么讲啊？贪根是穷，还是富？道理讲不清。若真要讲，贪因不关人群与人种，穷者不贪有，贪更有；富者不贪有，贪更有。贪者，非穷根子，也非富根子，要说呢，也是不分阶层与阶级都顽固潜存着的欲根子。

扯远了，我要说的是鲍超其人其事。鲍超是曾国藩湘军里头第一猛将，若挖根子，找青蛙找到蝌蚪，此公出身羞与人言，当年穷得短裤都没得系，先前铁匠街豆腐坊当杂工，碛坝盐场拣煤炭花，在老家四川活不下去，跑来长沙打工。天府之国都没得钱拣，湖南这地更没得黄金，遍地都是黄土（活湖南几十年，这个您别来辩，我比您清楚）。鲍爷在长沙活不下去，称了二两猪肉（打工之所有收入），当回饱死鬼；买了一瓶农药，相约与老婆当茶喝。

鲍爷自然没死成。鲍爷买肉吃了？有人感觉不对劲，"往叩门，则户键矣，毁门入，鲍夫妇方对案举箸。"夫妻俩抱头痛哭，见者陪哭。穷人活不下去了，也要活，怎么活？当兵去。鲍超自此加入湘军，也因死过一回了，不怕死了，枪林弹雨不在话下，出生入死不再惜死，班长、排长、连长、营长，都司、游击、参将、副将、总兵，一路高升；转战湖北、江西、安徽、江苏、浙江、广东；官至提督，封子爵，卒谥忠壮。

鲍超有权了，确乎也就有钱了，贪性膨胀起来了，按曾国藩说法是"利心太重"。他一边勇猛作战，一边生猛贪钱。军饷本按人头发的，鲍超一是虚报人数，二是克扣银数；本来只有八千军马，他说有一万二；本来是每兵月薪二两（说明一个，此数非指实），他只发八成；战事正酣，他打个暂停手势，转向曾国藩要钱。呵呵，真给学者口实呢，穷凶极恶哪。哎，哪是穷凶极恶，分明是欲壑难填。

曾国藩对鲍超真个是蛮喜欢的，这厮作战起来，敢打敢冲，曾国藩多次给他报功，大清也不吝啬爵位，"着赏穿黄马褂，以示优奖"，谁想这厮名也要，利也要，好处全要。以腐败做统御术，这般司令是有的，还蛮多的，只有你给干事，听话，要贪你就贪吧。曾国藩理学名臣，不以纵腐来笼络人。鲍超那回又打报告来要军饷，同治元年十月初十，曾国藩在其报告上做了批示："来缄阅悉……缄称到饷二万，止能散给七日，殊不可解。贵军门不愧名将，惟利心太重，不足服众。闻近日催提各营截旷之银，汇送贵军门处，有此举否？"有人举报你，你截留挪用军费，索拿卡要军饷，有没有这回事啊？

曾国藩敲打鲍超，不拐弯，不含蓄，直言其"利心太重"。这话重不？定性之言外，还把检举信也说了出来（曾国藩还是注重保护检举人的，并不说谁谁检举），鲍超读到领导这般不讲情面之批评，脸不红红，汗不出出？曾国藩继续诲语敦敦："为统帅者，欲服将士之心，在不争将士之利。前于四月二十一日，密寄一函，曾言利之所在，当与人共分之，名之所在，当与人共享之。"

鲍超名利思想甚重，曾国藩不止这次敲打，前头几月，合围打青阳，鲍超又报功，同治元年二月初四在其报告上做批示，曾国藩没在作战方案上说什么，先告诉他，你又立功了，朝廷又给你名了："贵军门已于正月十七日钦差奉谕旨补授浙江提督矣，再行备咨饬各处，先此告贺。"然后笔锋转，"名位日尊岂有怕穷之理？常使在下之将官多占些便益，士卒多沾些恩惠，则人悦服。切不可处处打算，惹人议论。得了名就顾不得利，莫作名利双收之想。但立名扬万古之志，此是金石之言，贵军门当牢记，牢记。"

名利不双收，或是作家、艺术家之痛，名气那么大，利润那么小，杜甫、陶潜、蒲松龄，焚膏继晷，兀兀穷年，写出那么多心血之作，却穷得不能举火，也是伤心事。然则官人、商人呢？则是不能作名利双收想。文人要利，是没工资的（作协的除外），靠自个稿费谋稻粱，不写便没钱，稿费那低，名不副利，确是作家之痛。

官人非此间情形，官人有工资，有福利，有劳保，有退休金，按曾国藩说法是"名位日尊岂有怕穷之理"。官人按劳取酬，富贵不能，饿死不会，日子是过得去的。如作利想，如何牟利？便是贪，便是贿，便是腐，便是刮地皮，便是榨民膏，便是盗国帑，官人爱财，取之无道，已然违规，已然触法，清名还想要吗？要名不可要利，要利不能有名。要名要清名，不能要臭名，不能要形象工程名，劳民伤财政绩名，"但立名扬万古之志。"牢记，牢记。

不可靠他吃饭

桑木扁担轻又轻，曾国藩挑担箩筐上北京。箩筐里满是文武艺，去货什么？曾国藩点了翰林，跨湘江，过洞庭，雄赳赳跃长江，威武武越黄河，到得紫禁城，放下桑木担，却是有点傻眼，按曾国藩老家说法是，这事情，名声好肚里空，点翰林何等荣誉？却是填不饱肚子。

在清朝，翰林有红翰林与黑翰林之分，红翰林者吃香的喝辣的，日子过得悠然；黑翰林者穿粗布着烂裳，生活甚是惨淡。所谓红与黑，并非是翰林院内工资待遇有殊，而是内待外放致内外有别，若能被钦点去外地当学政做主考，穷困顿解，富贵立至；否则，那日子难熬，生活断炊。大清官员薛福成云："我朝颁禄，因明旧制。京员俸薄，不逮汉唐十分之一。"若无外快或不屑于贪贿，以"汉唐十之一"（与宋较，怕是百之一了）之正俸而居京都，其生活能好吗？"几不能举火"，锅盖都揭不开。

外间之人，何以知京官之艰辛日子？曾国藩点了翰林，他二舅预先抢话（还有其他舅，其他叔嘛）：我来给你扫地，给你提包，给你守门，"外甥做外官，则阿舅来做烧火夫也"，舅舅说这大的话，不折杀外甥？这是湖南人说话口气，开口貌似低，要价其实高，就是要曾国藩给舅舅找个好工作，谋份好差事。娘亲舅大，舅舅那"低边"开口，"明年我亲自送外甥媳妇（曾国藩的妻子）去北京"，外甥好生为难，话如何回？外甥也不客套了，一口回绝：

"京城苦，舅勿来。"

除却血脉亲情不提（说来，外甥还有义务去改善舅舅家境），曾国藩十年寒窗无人问时节，是谁在鼓励，在支持曾国藩读书呢？是爷，是爹，是舅，是叔，是婶婶，是姑姑。人发达后，要报亲恩，也源自当年血脉亲情，给他棉袄度冬，给他蒲扇消夏，那学费里或有亲人一个过年红包呢。二舅，见外甥出息大了，也想来京都，沾沾光，滋润好日子，其心不算贪，不太过分，一人得道鸡犬升天，叔与舅不能跟着升天？

舅舅要去京都吃外甥，理所应当，问题是怎么吃。曾国藩工资不高，收入甚低，是跟着去吃曾国藩工资，还是跟着去吃曾国藩权力？曾国藩算是大家庭，伯啊叔啊，婶啊姑啊，舅啊侄啊，都很多。曾国藩中翰林，启程去北京，他爷爷星冈公广发通知，召来大崽细崽，长孙蛮孙，开了一个家庭会议，权将炕桌上席当主席台，做了一个主题报告，中心议题是一个：我家好消息，孙子有出息，莫给他添乱，只给他支持。话当然说了很多（朝廷人也好，民间人士也好，领导讲话都蛮话痨的），核心句子有两句，一句是对曾国藩说的："尔的官是做不尽的，尔的才是好的，但不可傲"；另一句是对家人说的："宽一虽点翰林，我家仍靠作田为业，不可靠他吃饭。"

前一句让曾国藩警醒，后一句让曾国藩放松。从内心感受而言，我猜想曾国藩对后一句，尤其有感。一个人有出息了，便背负着全家之休养生息，这里不可或缺之义务，你不能麻雀子，尾巴长，有了出息忘了娘。这里也有不可背负之重，曾爷说出这番话，捻熄家中人过多过高之欲望，让曾国藩可以轻松起来。曾国藩平生对祖父自始至终心存感激，其生活习惯与人生态度，未曾稍忘祖父教诲，"余于起居饮食，按时按刻，各有常度，一一皆法吾祖吾父之所为，庶几不坠家风。"

"宽一虽点翰林，我家仍靠作田为业，不可靠他吃饭。"便是曾国藩之不坠家风。家里出了一个人，爷啊爹啊，舅啊姑啊，常对其提出要求，要把哥哥姐姐养起来，要把弟弟妹妹带出去，本家出了五服之亲，外戚没出三代之戚，都得帮忙。有工程得给他包工程，没工作得给他找工作；建房买屋，得打电话递纸条，作奸犯科，得亲自回来给通融；亲戚的亲戚，朋友的朋友，邻居的邻居，同事的同事，小舅子跑来说项，小姨子赶来提篮；研究人事，发包项目了，官人之兄之弟，之侄之甥，牵线搭桥做中介的，络绎于途，未曾断绝。

曾国藩出身农民，算是祖坟贯气，点了翰林，后来更做了总督与"曾相"，而其兄弟姐妹，仍是农民，决计要"跳农门"，其欲望有多强烈？而星冈公却教子孙"我家仍靠作田为业"，不让他们打曾国藩权力主意，以曾所掌握之公器公权，来解决公务员身份，来一家两制当红顶商人。星冈公深明大义建设家风，按曾国藩说法是，"懿哉至训，可为万世法已。"

一人得道，鸡仍鸣桑树颠，狗仍刨土上食，兄弟仍是面朝黄土背朝天，星冈公反复告诫，"吾子孙虽至大官，家中不可废农圃旧业。"曾国藩京都为官后，爷爷奶奶依然引车贩浆，老爹老妈依然作田纺棉，"自酒浆缝纫以至礼宾承祭，经纪百端"；若说他替亲人谋前程，也是上京都后，曾带老弟上京读书，以权力来改革亲友处境不可有，以读书来改变兄弟前程不可无——这是有出息者对亲人之义务。同理是，太平天国有乱，曾国藩没让弟弟们在家种田，还是跟他上前线，打虎亲兄弟，打仗父子兵，与承平时代为兄弟姐妹谋位置，不可同日语。

若说曾国藩初任京都，没解决亲人就业入职事，非不为是不能也，那么他位高权重，当了总督做了一方诸侯，却也同样是"不可靠他吃饭"。曾国藩领十万兵了，曾家媳妇，仍是在家纺布织棉，切草喂猪；戎马稍安，接了夫人儿媳子女到总督府，曾国藩为她们出台了一部"家庭劳动法"："饭后，做小菜点心酒酱之类。食事。每日验一次。巳午刻，纺棉或绩麻。衣事。三日验一次。中饭后，做针黹刺绣之类。细工。五日验一次。酉刻过二更后，做男鞋女鞋可缝衣。粗工。每月验一次。"爱人不当跑官买官之中介，儿女也不当跑步进厅之包头。据说，每天夜半，唧唧复唧唧，老妻当户织；时闻机杼声，不闻女叹息——家中老少，都劳动光荣，自力更生，丰衣足食，不靠他吃饭。

干部若有好家风，无灾无难到公卿。官员谋私冲动，是有圈子波的，第一圈当然是自己，第二圈是兄弟姐妹，第三圈是亲朋戚友，第四圈是左邻右舍，第五圈是同学故友，第六圈是乡里乡亲……以情感亲疏为浪波，一圈圈涟漪往外推，以情干政，因情谋私，是腐败之大"引力波"。跳出家庭，汝能持否？不仗私情，汝能持否？最好的人生，不是好开始，而是好结局。一人得道鸡犬升天，若以之为家庭好开始，不算好；一人得道鸡犬安然，才是好结局。一人得道鸡犬升天，转为一人失道鸡犬堕地，全家坐穿老底，不吉。

彭玉麟的初心

刘皇叔三顾茅庐，诸葛亮曾亮出参加革命的初心：奉命于危难之间，不求闻达于诸侯；孔明先生践行初心了吗？怎么说也兑现了一半：果然是奉命于危难之间（很多人只奉命于享福之间——什么去最艰苦的地方？他早逃之夭夭了），终究可赞；另一半"不求闻达于诸侯"，并没做到，封侯拜相，至死没身退，当了武侯——哎，我也不是来堵孔明先生嘴，老人家身未退，有故，功未成呢——霸业未图身先死，长使英雄泪满襟。

刘皇叔有个三顾茅庐故事，曾国藩也有，很多都有。我最近有个发现：革命事业若不要成功，有个三周律（亡，兴，亡）；革命事业若要成功，有个三顾律（请，请，请）：领导得屈尊纡贵，三请四拜，去拜请诸葛亮，去拜请彭玉麟。各位以为然否？不然，吾不以为然也。三顾律表达不蛮准确，准确当是：事业初创，三顾律才是对的；朝廷守成，还有甚三顾律呢？有之，也是反的：诸葛亮与彭玉麟得三拜华堂，四拜贵胄了——虽然禁曰不准跑官要官（这词得忌口，换口唤为"汇报思想"），但你一次都不去跑，天下不会掉面包。

曾国藩三顾茅庐，顾的是彭玉麟，老彭不曾高卧隆中，没谁听说他自比管仲与乐毅。曾国藩墨绖出山，于咸丰三年（1853年）组建湘军。大清干部多，不缺当官的；大清人才少，最缺干事的。曾国藩便去请彭玉麟，老彭其时，不是干部，在务农，又恰逢母亲亡故，正自居丧，他不肯出来，禁不住曾公反复申说大义，重复表达私谊，终答应了。

答是答应了，却有一个条件。条件？要给个师长旅长？要给华堂庙堂？要给车子、房子、妹子、金子、银子？不是呢，"臣本寒儒，佣书养母。丁母忧，闻粤逆之乱，激于义愤，慷慨论兵。曾国藩谬采虚誉，强令入营。臣勉应其招，墨绖从戎，初次谒见，即自誓不求保举，不受官职。"曾国藩一顾茅庐，彭玉麟即表初心，在家国层面上是：为天地安心，为生民立命；在个人层面上：不求保举，不受官职。

只干事，不当官？只卖自个老命，不领朝廷诰命？有这般高华士？不会是傻瓜蛋吧。曾国藩拇指往上蹿，蹿，蹿，恨不得拇指窜得齐天大伸，以示夸赞之诚，内心里未必不打鼓，不发笑。曾公官场混得也久，这般人见得太多了：举右手，拍胸脯，剁左脚，发大誓，手足并用，言脸相随，曰天下为公，为私雷打；云为国捐躯，为己毙我（此句非我杜撰，是有出典的，原福建省上杭县女副县长罗凤群誓言也：我若贪污一分钱，就将我开除党籍；我若受贿一分钱，就将我枪毙，并可以一直枪毙到我的孙子），猛发慨叹慷慨激昂，尽唱高调词调铿锵。是吗？比如这个罗副县长，便是忘了初心，受贿是几千万倍之"一分钱"呢（此处，我不将票子换算孙子——其言太恶毒了）。

彭玉麟表初心，初心表达还蛮激动，按他自说是"自誓"，表态到"誓"这级，那是语言最高级了（一诺千金解不了套，是天打五雷轰）。往往是其誓也高，其行也卑。彭玉麟是不是这样的，他是言出行随，誓高行高，初心初定，终心仍如初心定。曾国藩曾讥评大清大人物：李少荃（即李鸿章）拼命做官，俞荫甫（俞平伯曾祖）拼命著书。说来，曾公记得两个拼命的，还忘了另一个拼命的：彭玉麟拼命辞职。

不对啊，彭玉麟做了官，还做了大官呢，他是湘军水师创建者，近代海军奠基人。官至两江总督兼南洋通商大臣，兵部尚书，封一等轻车都尉。隆誉之外，不也当了高官？官，对于他人说，那是五子登科，那是福禄寿喜；对彭公来说，这是责任担当，这是做事之具。官即权力，权力可捞钱，权力可干事。要捞钱，要权力，要干事，也要权力。小人性非异也，善捞于物也；君子性非异也，善假于权也。权力，权力，彭玉麟当官，要的不是捞钱之权，而是干活之力。

彭公干活，不劳置喙，所建事功，功在中兴（大清有四大中兴之臣，曾左彭胡是也），可撰专著，此处要说的是，彭公拼命不做官。咸丰十一年季春，朝廷擢之任广东按察使，官书好几卷，呼他上京领命，彭公不受；是嫌官帽小？是年十一月，湖广总督官文上奏朝廷，荐其任方面大员，当安徽巡抚，他说我干不了，我只会指挥水师，不会玩行政那一套。这有甚干不了的？我家隔壁牛尿常撒裤裆的阿三，当了七品县令，威压威压的，回避肃静，升堂掷签，依儿哟，呀儿哟，干得呼呼吼，喂喂叫。李鸿章说过嘛：天下最容易的事，便是做官，倘使这人连官都不会做，那是头褪毛猪了（只要不曾褪毛，便会）——顺便说句，朝廷任命李鸿章做巡抚，是在拟任彭玉麟之后一年。

彭玉麟不是不会当巡抚，而是不想当，朝廷便收回成命（后面排着队伍，你给让出位置来，朝廷蛮高兴呢）。不过，此时朝廷正是用人之际（这话好听，不好玩，要人给卖命呢），还要彭玉麟当官。同治四年，朝廷下红头文件，拟命其署理漕运总督，这职务大，管得宽，掌管鲁、豫、苏、皖、浙、赣、湘、鄂，是人羡称的八省总督，富庶之地，江南半壁，江山都归其打理，想来爽歪歪哪。彭玉麟推，推，连推两次，推了肥缺。哈宝啊，你不要拿给我嘛。谁要谁拿去，我老彭不要。

乱局基本肃靖，天国或大不太平，大清大体太平了，彭公不再慷慨论兵，他要践其"不求保举，不受官职"八字初心，同治七年（1868年），他上书朝廷，请辞一切官职，舟遥遥要回家去画梅花（彭公画梅上万幅）："臣墨绖出山，创立水师，未尝营一瓦之覆，一亩之殖；受伤积劳，未尝请一日之假；终年风涛矢石之上，未尝移居岸上求一日之安。"我该回家了，"臣之从戎，志在灭贼，贼已灭而不归，近于贪位；长江既设提镇，臣犹在军，近于恋权；改易初心，贪恋权位，则前之辞官，疑是作伪；三年之制，贤愚所同，军事已终，仍不补行终制，久留于外，涉于忘亲。"前人栽树，荫翳众生，是谓后人乘凉，谢了你，且受我实拜；前人栽树，设杆收费，是谓后人发凉，谢了你，且留块空地。彭公非惺惺作态，作伪，作秀，卷起铺盖回家了——其初心是"予以寒士来，愿以寒士归"，其终心是"予以寒士来，终以寒士归"。其奏折中言，"臣闻士大夫出处进退，关系风俗之盛衰"。这话对极了，吃苦往后推，享福往前挤，这般风俗，不衰其世吗？绝不会盛其世。

当年自誓不求保举，不受官职，不但彭玉麟如此表过态，誓言如何如何的，你也听得蛮多，壮言沸耳。有的初心即伪，前头举手曰为人民服务，转个背则高声宣言"当官不发财，请我都不来"；有的初心是真，刚开始还算勤勤恳恳，兢兢业业，规规矩矩，干干净净，到后来，干了点事（其实也领了工资），膨胀起来了，贪位，恋权，作伪，忘亲，背民，捞钱，乱性，枉法，徇私，没有坏事不干了。初心不再，埋粪土堆；素心不存，冲下水道；壮心无有钻臭鸡蛋，忠心无有，堕污沟渠。"夫天下之乱，不徒盗贼之不平，而在于士大夫进无礼，退无义。"进无礼（礼法），有利（礼金）则进；退无义（正义），无意（意思）则退，这是其士大夫啊，便是国之盗贼嘛。

彭玉麟初定初心，中行初心，终诺初心，享年七十五，一把湘土（湘土者香土）埋忠骨，其友人黄体芳曾撰一联曰：

于要官、要钱、要命中，斩断葛根，千年试问几人比？

从文正、文襄、文忠后，开先壁垒，三老相逢一笑云。

千年试问几人比？三老当年相逢，或拊掌一笑。还能逢彭玉麟吗？一笑不能，只堪一哭。

晚清大虎兄弟帮

也别轻笑民国蒋宋孔陈四大家族，家族政治哪朝没有？《红楼梦》便是给贾史王薛做家传嘛，若说贾史王薛是小说家言，那晚清政治家族蛮多，若要凑个四来，也是容易的，比如曾刘李张，打政治麻将，便可凑一桌。

除了爱新觉罗外，晚清政治第一家当属曾家了。王闿运曾对曾国藩打耳语：江南半壁，老师可有意乎？广义来说，晚清半壁江山，都归了曾家门下，曾国藩平了太平天国，湖湘弟子满天下（左宗棠还只是满天山呢），都是曾家子弟兵；狭义点说，曾国藩当了晚清第一大臣，曾氏亲兄弟，在晚清政治格局里，分量不轻，曾国藩不说了，其弟曾国荃在政局里亦重量级，其为政履历也亮瞎人眼，先后任浙江巡抚、湖北巡抚以及陕西、山西巡抚，陕甘总督，继署两广总督。光绪十年（1884年）署礼部尚书、两江总督兼通商事务大臣，其中短暂任给国防部部长。光绪十五年（1889年）封一等威毅伯，加太子太保衔。

曾国荃职位跃升，官做得还算长久，跟老大曾国藩自有干系。不过说来，这对官场亲兄弟，阁下要非议，语调可以轻些。曾国荃大将功成，也是打出来的。他跟大哥闹革命，扫荡太平天国，也曾把脑袋别在腰带上，从枪林弹雨里出来的，打虎亲兄弟，卖了不少命（曾国藩二弟曾国华，便是战死的），天京攻克，曾国荃立了首功，升个官，也在情理。情理归情理，若无曾国藩给罩着，这个不蛮讲规矩的九帅，能一省几省一路坐去？难说。形容曾国荃，有八字语："挥金如土，杀人如麻。"顺序颠倒了，当是杀人如麻，才是挥金如土。先是打虎亲兄弟，后才是亲兄弟当大虎。

湖南新宁刘坤一家，没曾家显赫，却也蛮了得。刘坤一其在晚清也是位高权重的，1864年升江西巡抚；1874年，调署两江总督。1875年9月，授两广总督，次年便兼南洋通商大臣。晚清有几个"大臣"？南面归了刘坤一，北方归了李鸿章，刘坤一做这官时，李鸿章时任直隶总督兼北洋通商大臣。八国联军进京，刘坤一牵头搞了"江南互保"，慈禧向列强宣战，刘坤一说：要打，你们打去，我南方不参与。事后，据说慈禧并不怪罪刘坤一，对刘是蛮倚重的。

刘坤一有个侄子，叫刘长佑（年龄其实比刘坤一大），如今其名不彰，而在晚清，却是响当当人物，刘长佑先后担任广西、广东巡抚，两广、直隶和云贵总督，有好事者研究了，说他是整个湘军系统中成为直隶总督而到天子脚下坐镇的第一人。少年叔侄为弟兄，叔侄皆高居要职，是谁帮的谁？不是很清楚，但互相帮衬，那是指定的。自然，刘家叔侄齐齐上，谈不上是祖坟贯气，他俩也是打出来的。先参加了曾国藩的楚军（湘军前身）抗洪（洪秀全），出生入死，都曾死过几回回。

叔侄辈同耀晚清的，还有魏源家族，魏源有个侄子叫魏光焘（魏源族孙），与李鸿章、张之洞、刘坤一等同为晚清政府重臣。魏光焘新疆巡抚、云贵总督、陕甘总督，后任两江总督、南洋大臣、总理各国事务大臣。说来，魏家大兴，魏源帮衬作用多大？不好说，魏源在官场混得并不好，他所任之官，只是地市级（还是副的），魏光焘要沾魏源的光，或许只沾了其名望吧。这与官场裙带，关系不大了，不提。

相对言，裙带捆得紧的，或是李鸿章李家。李鸿章无须介绍了，要说的是他大哥李翰章，读书是乱谈琴的，二十八九才得了拔贡（李鸿章二十三四中进士），兄弟俩一起到曾国藩湘军干活，李鸿章干的是笔杆子的花活，李翰章干的是真金白银的后勤，官运也就来了，升，升，升，升到广东按察使、广东布政使，升到湖南巡抚、浙江巡抚，升到湖广总督、四川总督、两广总督。你说大哥李翰章升官，跟老弟李鸿章没关系吗？那你打死我吧，不到那时我才不信。

李鸿章兄弟多，子女多，龙生龙凤生凤，李鸿章生崽坐龙廷。确实，李鸿章子女（女不算，女婿算啊，比如张佩纶——张爱玲即是其后）都混得不错，其子李经羲1901年起任广西巡抚、云南巡抚、贵州巡抚。1909年升任云贵总督。李鸿章兄弟呢，除了大哥李翰章外，其他几兄弟当官不大，但经商搞得蛮大的。实行一家两制，怕是从李鸿章开始的吧？老四李蕴章因为有眼疾，看物看不大清楚，看钱却是大放光芒，他先后开了盐号（盐业专营，营业执照你能弄到？）、当铺、钱庄，还有房地产（都说房地产是第一暴利，都想去弄，但都弄不到——李蕴章可以）。李鸿章财算多的，据说与老四比，却是小巫了；大巫更有大巫，老五闷声发大财，半个芜湖归了他，是安徽首富，怎么富起来的？不晓得——官商联合共同造富，只要不曾查，致富路径往往就没谁晓得。

张之洞是如雷贯耳的，茶余饭后，人人都能说他一段，张之洞有位老兄，叫张之万，十分了得，光绪八年（1882年）正月，授兵部尚书，赐紫禁城骑马。九年（1883年）调补刑部尚书。十年（1884年）三月，奉旨入军机处学习行走，兼署吏部尚书，职务一年一转，不干满届就转职，那有多宠爱？看看他履历吧：十一年（1885年），任刑部尚书，协办大学士。十二年（1886年），赏穿黄马褂；十月，充会典馆正总裁。十五年（1889年），补授大学士，管理户部。光绪大婚，加太子太保衔，授体仁阁大学士。十八年

（1892年），授东阁大学士。二十年（1894年），以总办慈禧六旬万寿庆典，赏双眼花翎赐用紫缰。

张之万官位升得快，或是有因，他是道光二十七年的状元，后来张之洞升得也很猛，这其中没张之万在慈禧那里打耳语？张之洞能力自是了得，不是草包，但大清官场事功与文功好的，也许很多呢。很多人升到高位，都说是自己本事；给了位置，就有本事，没给位置，谁有本事？诸葛亮若是老死南阳，估计是以老农民葬山丘，其墓碑上写的是爹诸葛亮，撰不了诸葛丞相墓志铭。

晚清还有一家，翁家。翁同龢曾是光绪帝王师，在晚清也是举鼎人物，翁师傅有个哥哥翁同书，曾授安徽巡抚，但封疆大吏任上，与曾国藩闹了些矛盾，老曾参了他一本，参本是李鸿章起草的，本要下狱候斩。越明年，减罪流放伊犁。1864年，翁同书起复服军役，赴陕西围剿回民起义军，因军功得赏四品衔，逝后谥文勤。1866年初追复生前官爵。翁哥若无翁弟运作，他能胡汉三又回来？翁同龢因此与李鸿章结下梁子，处处掣肘，据说甲午海战，李鸿章想和不战，翁同龢却只战不和，翁同龢对人说：我就是想看看李鸿章如何战败的。

国家战与和，源自家族恩与怨？大清官位是很多的，但到了高官如翁李，不多了。六部九卿，指头数得过来；加上巡抚加上总督，也不多啊。越到高层，越在金字塔尖尖了，官路狭了，官僚家族狭路相逢，相绊脚的概率自然高些；上梯时，兄弟同心，打联手；下阶了，兄弟同忾，打援手，并不稀见。

永州是第几大洲

邵阳是世界第五大洋，永州是中国第几大洲？

国有疑难，不晓得问谁；国君有疑问，晓得问何绍基。

国君者，咸丰帝也，这个您知道，不多嘴多舌了；何绍基呢，且容哥哥我简介一下：何公，湖南道州（今道县）人，进士出身，官翰林院编修、国史馆总纂，历充广东乡试考官、提督，擢四川学政。这些官衔身份不算个鸟；艺术身份才真个大腕，何公精通金石书画，以书法著称于世，草书尤脚踢诸辈，誉为清代第一。

艺者，雕虫小技，不足为外人道（比如你介绍某某是诗人，某某定然跟你急：你才是诗人，你全家是诗人），何公被国君接见，纵不曾赏穿黄马褂，许紫禁城骑马，也足让人津津乐道五百年（大人跟我说话啦，说甚话：滚）。话说咸丰二年，壬子七月，"奉朱谕：何绍基著于二十六日伺候召见。"

这夜情形不说了，单表：辰正二刻，召对于勤政殿之东间；这东间情形也不描了，单述：君臣殿上策对：

咸丰问：尔是哪一月到京的？

何绍基对：臣是本月初六到京的。

咸丰问：尔是江西人？

何绍基对：臣是湖南人。

咸丰问：是哪一府？

何绍基对：是永州府，道州。

咸丰问：永州是直隶州吗？

何绍基对：是府名，道州乃是属州。

邵阳是世界第五大洋，永州是中国第几大洲？

永州是第几大洲，阁下若这么问，没什么可说的；阁下没读什么书，初中没读过也没什么；读了初中，天天捉青蛙阉猪，不曾读过语文课本"永州之野产异蛇"，又有什么呢？读过书的，当老师，吃粉笔灰土；没读过书的，当老板，吃王八羔子——这个这个，真没甚可说的。

咸丰皇帝没读过《永州八记》，又有甚可说的？人家出生出来，读的《帝王图鉴》，不读劳什子《诗三百》，说来还算务正业。不过，咸丰召对何绍基，正儿八经问"永州是直隶州么"，却让人发傻了，咸丰您何人？居然有此问。咸丰者，大清国君也，国君不晓得诚龙"君家何处住，郎住棚户区"，无甚讶怪；大清国君也不晓得大清有几个省，几个直辖州？清之省与州，比如今少，说来说去，不过二三十个吧（清朝据说分为十八省，五个将军辖区，两个办事大臣辖区，合起来也才二十五个一级行政区加内蒙古等旗盟）。永州是省级州，还是地市级？大清一把手，竟然不晓得。

咸丰不晓得今夕何夕，永州何州，不讶怪。咸丰有四无皇帝之称：无远见，无胆识，无才能，无作为。设若据此以为咸丰都无，什么都不晓得，此话也差矣。咸丰晓得的，多呢；他不晓得世界四个大洋，但他晓得北京有八大胡同；他不晓得地图有七大洲，但他晓得莲芬有八大姨："其时有雏伶朱莲芬者，貌为诸伶冠，善昆曲，歌喉娇脆无比，且能作小诗，工楷法，文宗嬖之，不时传召。"咸丰晓得雏伶朱莲芬，会围棋，会蹴鞠，会双陆，会小诗，会楷书，说来，这比后来民国将军张宗昌所知要多些。咸丰是四无，这个张将军啊，是三不知：一不知钱有多少，二不知姨太太有多少，三不知兵有多少。张将军跟女人睡，他晓得，女人叫什么，他不晓得；咸丰比张帅好些，跟女人睡，他晓得，跟哪个女人睡，他也晓得：朱莲芬啊。

何绍基觐见咸丰，有处不可忽略，当拎出来一说，何公被咸丰召对，其时是咸丰二年，壬子七月。咸丰老爹道光是1850年正月丙午日翘的辫子，咸丰是同月登的基，次年才改年号曰咸丰。算一算吧，不算咸丰当太子，当了解国情，就说咸丰当了天子，满打满算，也是三年多了，当了一把手三年，连区域内下辖几个地区，他都不清楚，这官，他怎么当的？

别怪。咸丰生于深宫之中，长于妇人之手，人家褪裤而置床，垂拱而治国，真无甚可怪的，他不如乾隆那般，六下江南而扰民，单是深居深宫，虚君实相，国事有宰相总理，或还是治国安邦好状态呢。

好个鬼。君是虚了，相是实在的吗？大清有个王文韶者，历任湖南巡抚，云贵总督，最高做到了武英殿大学士，"久官枢府"。大清无相，大学士即相，王氏便是相国大人，当的是光绪政府之宰相。世易时移，时代到了光绪，大清想关起门来爽，也爽不了，早被帝国主义坚船利炮打开了大门。好多年前，林则徐、魏源、曾国藩等人，开始瞭望世界了；好多年后，王文韶居相府，对世界所知几何？

"光绪某年，日斯巴尼亚遣使来华，要求缔结某项条约"，这事报军机处，首长恰是王宰相，报告呈上，"文勤阅之，怒"，发甚火呢？发爱国主义火："日本鬼子又来胡闹。"领导，首长，王相国，来者不是日本鬼子，是日斯巴尼亚呢，"日斯巴尼亚者，乃欧洲之西班牙国，非亚洲之日本国也"。你晓得？你晓得个鬼。这国国名"日"字起头，不是日本，那是谁？你们这些人，不晓得日本鬼字有多鬼："安知彼非因作无厌之求，恐我不允，变作他名蒙混？诚如君言，则西班牙何以又称日斯巴尼亚？彼可一国两名，日本又胡为不可。"

这个王文韶当国，有油浸枇杷核子与玻璃球之徽称，"枇杷核子固滑矣，若再加以油浸之，其为滑，殆不可以方物者"，这般八面皆玲珑，四方不得罪之人掌柄国器，能干甚事？八面皆玲珑，只能是国之八面不玲珑了；四方不得罪，只能是得罪国之四方了。不消说，王文韶与咸丰比，对国情所知要多些，他晓得永州是州，不是洲，他晓得邵阳是阳，不是洋，除此外，他还晓得什么？他晓得国君，不晓得国家；他晓得君主，不晓得民主；他晓得辖区人数，不晓得辖区人心；他晓得城区宾馆，不晓得城里宾客（古称人才为宾客）；他晓得玻璃球，不晓得地球；他晓得枇杷核子，不晓得打靶核武；他晓得红口白牙，不晓得西班牙；他晓得亚洲有日本，他不晓得欧洲有日斯巴尼亚。

大清之亡，学者都要显学问，东找西找，找百千种原因，寻千百种药方，著皇皇大著。大著固大著，说来或皆皮相，盲人摸象。有那么复杂吗？很简单嘛："知己知彼，百战不殆；大清不知己不知彼，百战便殆。"

强奸张之洞

　　光绪或发过狠话：时间在我这一边。或有告密人密告慈禧了：毒药在我这一边。是毒药毒死时间，还是时间毒死毒药？不说其中纠缠与瓜葛了。转述一个数据就可以：前两年，专家检测了，光绪龙体中砒霜含量是各位身体之2000倍。

　　"不容并立势昭昭，阁乐凶谋奉赵高，幸有老奴营救急，暂时收却笑中刀。"这老奴啊，在给自个评功摆好呢。急营救个鸟啊，你莫去营救或许"时间还真在光绪这一边"呢，你一营救啊，毒药便在慈禧那一边了。这不是乱说的。慈禧与光绪聊不来了，虽然，一个喊娘啊娘，一个喊崽崽崽，亲情亲密，会议也多在亲切友好的气氛中进行，谁晓得慈禧已经在给光绪配毒药了呢？

　　慈禧在给光绪配砒霜了。这话是不符历史事实的。精准说，这时间慈禧还没给光绪配砒霜，她只在给光绪配权力，"光绪己亥冬，孝钦后立溥儁为大阿哥"，这事宣布，天下震动，多大的事？政治地震的事。清朝大阿哥，相当于他朝太子哪。这事含义是，慈禧起心要废光绪，另立溥儁。

　　此乃帝王家事，干卿何事？皇家之下，皇帝不急，一大群太监急，这情景风起云涌，历史是重复再现的。往大了说，此为家国计，基础不牢，地动山摇，塔头不稳，也是墙倒众人推；往小了说，领导换了，我换哪里去？皇帝若将换山头，好多人将换此"山头"（喻体）去彼"山头"（本体）——得换坐姿为睡姿——直挺挺托体睡山啦。他急嘛。

咱们这些匹夫打牌的在打牌，洗脚的在洗脚——管他呢，对面结婚的，不干我鸟事（亲，你占甚份呢？）；对面离婚的，也不干我鸟事（卿，你也未必有机会），谁上谁下，不影响我打五块钱的麻将，十块底的三打哈，管他城头变幻大王旗（李鸿章夸大事实，云三千年唯有之变局，鲁迅先生居底层，晓得真实情况是：不过是换了一头辫子）。慈禧起意立与废，牛斗脱了角，马踢掉了脚，与你我无干系，却与那帝党的，后党的，光绪的，溥儁的，此诚危急存亡之秋也，长城内外，唯余莽莽（人人都忙起来啦），大河上下，顿时滔滔（水面平静，水下暗流汹涌）。

慈禧起了这心，几家欢乐几家愁。欢乐的，自然有，如慈禧，如溥儁，如一干落魄与落寞的（他是无端兴奋：比如哥哥我，每到换城头，总是莫名放歌，到头来，空欢喜）；悲愁的，如光绪，如李鸿章，如刘坤一，如一大群歪歪已经坐老板椅上的。李鸿章其时任粤督，刘坤一其时任江督，坐镇一方，割据半壁，听说慈禧要换皇帝，急得心口吐血，气得裤裆乱耸，"东南督抚电称死不奉诏"——抗旨者，不斩？自然也是会斩的。不过，抗君令者，命死（老命没了）；不抗君令者，运死（官运没了），等死，死官运可乎？嗯哪，官如命，何止如命？胜命哪。

"东南督抚电称死不奉诏"，据说是李鸿章起草的，"此电主稿者，李也"。牵头搞非组织活动，李鸿章胆真大。李鸿章胆子素来不大，跟洋人打将起来，多半做了缩头乌龟；而在这事上，胆子奇大，不知胆气何来（还是从官运着手，去问居心何在，可能靠谱）。这般事，风萧萧兮易水寒，壮士一去兮要拉几人垒泥丸。胆子再大，也要拉人壮胆，壮声色。李鸿章拉了刘坤一，是商量了的，刘坤一答应合纵连横，与李鸿章赌一把。

单有两人不够嘛。其时鄂督是张之洞，重量级人物；把张之洞拉来参加造反队伍，胆气不更豪壮？李鸿章与张之洞关系素来不咋样。闹过不少矛盾，比如"庚子拳匪肇衅，两宫巡守西安"，李鸿章背后大嚼张之洞舌头，向慈禧打小报告，说坏话："毋听张之洞书生见解。"这话传到张之洞耳里（官人多半如木雕，不太臧否人物，谁都有几个耳目的呢），"文襄大怒"，跳起来骂李鸿章娘："我是书生，他是巨猾。"此后便是："文襄门下，论及李文忠，往往痛加诋訾。"

李张关系这般糟糕与紧张，李鸿章如何去跟张之洞搞政治协商？李鸿章啊，关系铁的，未必想拉——总要有给他收尸菜市口的嘛，偏偏要拉张之洞——我死，你也要给我垫背。"死不奉诏"电文，草拟，签发，署名，不管三七二十一，李鸿章把张之洞名字写上去了，"然事前，固未商之于张"，不但是关系差，也"恐其持异议"，等到这电文已发出，而"始告之"。

慈禧换人事，后来不了了之，不全是"东南督抚死不奉诏"，也源自洋人也来干涉大清内政。大清有个老鼠循环怕（老鼠怕猫、猫怕雨、雨怕风，风怕墙、墙怕老鼠），民怕官，官怕洋人，洋人怕民。洋人不准慈禧换皇帝，慈禧先前吃过蛮多狗熊胆的，却曾吃过几回洋人哭丧棒与文明棍，虚胆早如尿泡。即时收回成命，不换光绪了。便有老奴报功：幸有老奴营救急，暂时收却笑中刀。你报甚功啊。你害死光绪呢。若那回不曾营救急，光绪哪会灌砒霜？职务或将不在，到底老命在嘛——时间说不定真在光绪这一边呢。

李鸿章这回赌一把，呀呀，呀呀呀，赌赢了，李鸿章之职务一再升，张之洞呢，也不差啊，也是灵犀透顶，舒服极了。李鸿章没经张之洞自个宽衣解带，李鸿章强行上了他，事后李鸿章笑嘻嘻，逢人，不，逢亲（逢人且说三分话，逢亲逢心腹才说五六分）便道："老夫此举，不待香涛同意而即行之，实不啻强奸香涛一次也。"强奸的，李（李鸿章）心忒忒；被强奸的，张（张之洞）意昏昏。事完美，不告官去；事搞砸了，便递诉讼状。强奸这事，弄得好，就是这么爽，就是这么身心舒泰。赵匡胤黄袍加身，被下属强奸了一把，叫过苦吗？"成贵妃于梦龙，幸皇后于飞燕。然乃启鸾帐而选银环，登龙媒而御花颜"，不叫苦，叫春呢。

　　阁下喜欢听这些故事，我再说一个。这题目是"强奸张之洞"，这回说的，得加个字：叫"强奸犯张之洞"，说的是："张之洞督鄂，巡视纺纱厂，驺从出文昌门大街，有宏兴茶楼者，少女当肆，姿容甚丽"，说来话长，简单说说，张之洞见了这位美少女，眼睛都直了，下边人便将这位芳名素云者，"夜入督署"，张之洞，张皇之洞。您知道，张之洞精神大异常人的，据说一日不那个，便过不得的，一日都是通宵达旦，夜以继日的。素云其时人道未开，又正值天癸至，微葩嫩蕊，哪能禁得起恣肆采撷？可怜少女，硬是被这个老家伙，糟蹋蹂躏，"后得疳疾而亡，即后墙舁出。"

　　张之洞有"习气大全"之称，这般流氓习气与行状，险气破我胸脯，谁肯把你揪扯住？谁都没捉他，他德外潇洒法外逍遥。有人还给他编佳话，洞房里面是天癸见红，"外间盛唱《烛影摇红》"。强奸犯张之洞，犯刑事罪，人呼烛影摇红；张之洞被强奸，犯投机罪，人称顶戴飘红。你是气死，还是妒死？大臣张之洞怎么就这么吃香走红呢？

曾国藩也曾要钱不要脸

道光十九年（1839年）吧，这年四月，曾国藩面朝大户，春暖花开。四月，清明时节雨纷纷，曾家祠堂来邀人，邀请曾国藩去松陂（具体何地，待考）扫墓，题词，写对联啥的，老曾喜滋滋去，怒冲冲而回，在那发了一顿大脾气。

理学名臣有甚脾气要发的？原来是这家大户，说好要给扫墓钱、题词金与对联润笔费的，待曾国藩写完了，眼睛瞟，没见谁手掌伸裤袋里去掏；上席了，酒都快喝完了，没见谁去卧室枕头底下去掏；曾国藩走路了，走到村口了，拱手拟道过了，还没见谁从上衣口袋掏钱包。曾国藩发脾气了：别说我跟你们一笔写一个曾字，今天我十笔都不跟你们写一个曾字了：拿钱。我跟你们姓什么曾？我姓钱。

曾国藩祖宗都卖了，姓钱不姓曾了，缘于他这回真上火了，老账新账一起算了。老账是，他老爹前年来松陂祠堂送匾，这人家答应给钱的，没给；今天，这人家又喊曾国藩来，又扫墓又做墓志铭的，本说好价格的，却从落笔到上桌，从餐毕到道别，都没见一分钱影子，曾国藩上面气成猪肝色，下面气得两粒玩意儿掉成线："是日，松陂祠未具贺仪。又前年父亲至此祠堂送匾，伊言当送钱来贺，后食言。今又言贺仪待八月送；又前日要余扫墓，情理不顺，余盛气折之。"

好一个盛气，盛气必凌人嘛。松陂祠这小户（也有可能是大户——小气之大户，也是小户吧）人家吓住了，曾生一怒气，赚钱六万四，"松陂请人说情，送押钱六十四千。"又是赔礼，又是道歉，虚文之外，全是实惠。赔什么礼？赔钱便万福。

前年曾爹爹送匾，说好的价钱，这户人家要赖了，曾爹爹也放过一些话来，等于空炮；这回，曾国藩来扫墓，这户人家又先谈价，也想要赖，曾国藩发了一顿脾气，这户人家不敢放屁，赶紧放钱过来。这其中有甚道道？莫非曾国藩是湘乡地界一身青皮，一个泼皮？

曾国藩一生都是文弱书生，打架发狠，是不太在行的。松陂祠堂这人家，先前盛情请曾国藩，后来又怕曾国藩盛气，源自曾国藩今非昔比，曾国藩不再是"捉青蛙阉猪"的笨学生了，而是已金榜题名的新科进士翰林公。呀呀呀，曾国藩是马上要当官的，那不先来拉关系？且借题词啥的，送个人情。曾，曾，曾，我们都姓曾嘛，一个宗族的，一起来扫个墓，也要钱？黄土下面睡觉的，不也是你曾国藩太公老太公？这人赖皮，怕是这么想吧？哪晓得曾国藩放狠话：我不姓曾，我姓钱。呀呀呀，这人便吓住了：谁敢得罪官家？哪怕这人是准官人。

松陂祠这人家喊曾国藩去，价钱是先谈了，却并非"润笔"，而是"贺仪"。什么贺仪？考上大学，人家来送人情？鬼。是什么鬼贺仪啊，是打秋风——我考上了进士，我要到你那里来进钱。嗯，进士，在明清时节等于进钱。亲戚要给他贡钱以进；家族要给他贡钱以进；官人要给他贡钱以进；在外面经商开厂办公司的老乡，也得喊他去酒店搓几顿饭，玩几天牌，游几个风景区，未了，封十两百两银子，外加送几盒茶叶几瓶酒，贡与现进士、准官人。

这是潜规则？显规则。只要考上了举人尤其是进士，便以这身份，到处去要钱，不给钱不行，不给我就要"盛气折之"，谁敢不给？都给得很快。毛泽东曾在1919年"湘江大事述评"中，曾记其盛："这位毕业生，得了喜报，他便坐着轿子（若家里没轿，便要新制），红顶帽，马蹄衣（多半新制），轿子背后悬着'中书科中书'等样的灯笼，向亲戚故旧的家里'拜客'。亲戚故旧得此一拜之后，'荣莫大焉'地跑到这位毕业生家里去贺喜。至则这位毕业生家里的头门上，又悬着一块写着'举人'或是'拔贡'字样的小匾，红底金字，更是好看的了不得。一场酒食，各自散归，这便叫'做酒'，又叫'打把食'，又叫'打秋风'。"

毛泽东所叙者，已是晚清，只是现举人进士、准县长市长打秋风之余绪，举人进士不太值钱了，在曾国藩那会儿，比这更厉害得多。曾国藩中了进士后，衣锦还乡，荣归故里，把没把薄如掌的四书五经教材（您别以为古人读了多少书）与厚如山的人教版、湘教版资料（教材薄，资料厚，古今同）一举秦火，未详，不过呢，曾生把书本丢到爪哇国去了，却是真的。有人考证了，曾国藩"自十月，抵家"后，在湘乡老家满打满算待了296天，而有198天没在家里。哪儿去了？打秋风去也。

第一家去岳父老子那里，要向岳老子报喜，顺便显摆，也蛮在理。不过，这次见女婿来了，岳老子洵欣悦又犯愁：您老，种麦子去啊，来来来我家，喝一盅，没甚喜事，我那臭女婿京上回家了；您老挖红薯去啊，莫莫莫，先莫去，先来我家喝口水酒，喜事？毛呢（湘方言，没呢），曾国藩那臭小子考上进士了——您看啊，岳老子那高兴。愁的是，喊人来家喝酒要钱的；这钱小钱，还要打发女婿崽是不是？正月十六，曾国藩在岳父那里，收到"轿钱四百六十文"。——之前，岳老子还请来隔壁村里的文工团，唱了几天戏呢。

曾国藩在岳老子那里开张大吉，开门见红，由此拉开了其四处打秋风的拜客之旅，从岳家出来，十九日，到庙山家祠；二十日，"走各处坟山扫墓"；二十一日，"祠内经管请外姓人吃酒，四十余席。"一天都没空，天天在"走亲戚"，三日小结算，裤袋里叮咚响，叮咚叮咚响，单是二十一日，收"轿钱三千二百文"。

曾国藩拜客，其路线图大体上是，由内及外，由近及远，由亲及疏，由亲及官，由官及商，士农工商，只要是有钱的，心里盘算盘算，算下来，可能给钱的，曾国藩几乎是无一遗漏，都去了。如去岳父家后，到湘乡荷叶家祠，收获甚丰，"公祠钱二十千，卷子钱三千文，夫子一千五百文，宗孔请题主钱四千文。"收取这些钱，很多起了个漂亮名词，如修族谱，如挂匾金，如收学生束脩，如发卷费，如题主钱。

到亲戚家，能打几个秋风？有些不过是送只鸡，送只鸭，送块腊肉，如湘乡一人请曾生"吃个饭"，送的是"点心四匣，茶叶一篓，鸭子一对"。曾国藩也不客气，来者不拒，收下了，其收下之理由这是"土鸭子"吧，味道好呢——嗯，食品好不安全，能吃上正宗土鸭子一对，多好；到衡阳，贺五爷送"小菜四坛，酒二坛，鲜鱼两斤"，曾国藩大小通吃啊。不过呢，曾国藩还是希望不收鸭子收银子，故而他多走官家与商家。

老板最有钱，找来湘乡老板花名册，一一去造访吧。凡是老乡在外经商集中之地，曾国藩都去（一两个老板之地，不去了，划不来），什么行业都不管，烟店、当铺、布店、纸行、酒厂、茶厂、煤矿、金矿、房产、地产、绸缎庄、内衣会所、铁匠铺、银器店、烟酒专卖店……不分行业，不分亲疏，不分其有原罪与现罪，不计其钱之来路，也不管其钱之去路，只要是挂多上老乡之老板，他都去。比如曾国藩曾来到我们邵阳（时称宝庆），拜访了四十四家湘乡店铺——什么概念啊，湘乡老乡在邵阳开店的，会有多少？估计上了一些规模的，也是这数目——这还是城内的哪，还有城外四十六家，合起来是百来家。曾国藩算了，在邵阳城内老板家，斩获十六千九百文，平均每家是三百八十四文；城外老板家，收钱三十六千六百文，平均每家七百九十五文（城里老板更小气哪）。在邵阳能待几天啊，估计是沿门报喜，一天走好几家（一天入店门之多，比丐帮少不了几家），叙旧都不曾叙，没时间叙，拿钱就走。走到新化，拜访了凌兴隆、胡德昌、戴永隆、孙义盛，"十五早请酒，席极丰盛。"席丰盛，不感动；感动的是"且恭。又共送钱十二千文"。

商家有钱，官家更有钱，老板大方，老爷更大方。曾国藩钱收了蛮多，袋子兜不了，便回家，把钱堆屋里，把肚子掏空，便又上路。比如第四次由湘乡到宝庆，由宝庆到武冈，由武冈到新化，由新化到安化，千里长征只为钱。武冈"刺史杨莘田邀饮"，吃了喝了，洗脚按摩了，未了，还兜了。又到知州杨超任府内，"请酒极丰，又送席"，席多少？二十两，乖乖，这只是知府一个人送的，另有两位佐贰，一人送八两，一人送二两。"饮知县（新化县）胡廷槐署内"，酒喝完了，要走了，要赶脚第二家了，知县送君送到资江边，往曾国藩裤袋里，鼓鼓囊囊，塞了个信封，里面好多好多钱。

曾国藩从考试后南下回家，再到拜客后北上出仕，近三百天，其中大半时间，都是以叙旧以走亲以拜访之名义在圈钱与捞钱，一次一次又一次，按张宏杰先生考证，共四次走出去打秋风，第一次是去岳父欧阳沧溟家金溪庙，路不远，20多里，斩获不多，大概是岳父家几个小钱；第二次是年二月十一日出发，到永丰、梓门桥和湘乡，只三五天，走了百三十路；在家待了五天，又开始其士丐之行，到衡阳，到耒阳，这次时间较长，路程较远，跑钱跑了近五百公里；第四次是七月出行，往邵阳方向走，到邵阳，到武冈，到新化，到安化，历时一个多月，奔趋千二里，历时长，行程远，自然要钱讨钱也最多。

要言之，曾国藩进士之后做官之前，他以其老家湘乡画圆圈，南至衡阳，北到长沙，湘西南到武冈，湘西北到安化，大半湖南，路都走遍了，钱都乞遍了。走一家，收钱有多有少，或是百余文，或是二十两，看上去数目都不算大，然则，这些钱都是蛮值钱的。张宏杰先生曾给算了："道光期间，一斤猪肉是五六十文，鸭蛋每个二文多，普通瓜菜如黄瓜每斤二文上下，葱每斤五文，桃子六至十文一斤。至于一亩良田只要三十两银子。这样说来，曾国藩的拜客收入，可以买五十亩良田，或者四万斤猪肉，可谓巨款。"

　　曾国藩拜客，到处要钱，四处众筹，斩获不算少，想来知足了吧？他要上京出仕了，一路吃吃喝喝，白吃白喝，还白拿白要。兄弟你出门，要带钱、带卡、带身份证，曾国藩出门搞串联，带个进士身份，一切搞定。是年十月十六日，从老家湘乡县城出发，不奔车站不坐车，先去县府捞金去，收入不错，共收钱三十二两，其中县令严丽生送十六两；十一月六日到长沙，共捞了七十七两，其中巡抚送十六两，按察使十二两，粮道十两，长沙知府六两。十二月十二日，到了武汉地段，"着人往武昌，打探在省各官。"叫人去武昌拿来官场花名册与全省各级各部门主要领导电话簿，拿来干吗？你想呢？你懂得。在汉口收到抚台、藩台、臬台与布政使按察使礼仪甚厚，武昌城还有老乡老板呢，加上官人加上各家"卦店"，一共是一百七十一两又六千九百文。"正月十二到河南省城"，莫急于上京，先玩玩，"拜客耽搁四天，获百余金"，"百"字精确，"余"字呢？"余"字内涵是五六十两：巡抚八两，按察使与布政使各十六两，粮盐道三十两，陕西道三十两，灵宝县令二十两。有个叫杨积煦的，没钱，送了曾公面一匣，鸭四只，地黄二匣——莫怪人家小气，人家虽是知府级别，却是候补，估计是捐的官，钱早捐空了，他还这么送礼，算讲感情是吧？讲甚鸟感情啊，叫曾国藩到京给他多美言美言吧。张宏杰先生给曾国藩统计了，这次进京，曾公所得是二千两左右。合起来比前四次还多得多——还是官家有钱哪。

不是曾国藩人品差，是钱瘴。考上了进士，成为准官人，到处打秋风，是当年社会风气，这风气非潜规则，还是公开的公行无忌之显规则。大家都这么拿钱的，都这么去讨钱的，曾国藩只是随大流，跟大风，同流合污而已。大家都这么干的，便对吗？再如何之显规则，也是蛮丑陋的。比如大清曾有陋规，有官员陋规、幕友陋规、吏役陋规之别；从行业看，又有漕规、盐规、河规、关规诸名目。还比如什么别敬、冰敬、碳敬，还比如有什么贺仪、奠仪、耗散……这些都是公开的，都是公行的。公开的，公行的，便对吗？

准官人曾国藩一路打秋风，一路拜贵客，与官人收取贿赂有甚区别？大家这么大方又热情地送钱，冲什么去的？冲曾国藩人品？冲曾国藩读书发狠？曾国藩人品此时并不曾修炼到家；读书发狠的，比曾国藩更多，没见谁送读书人钱去。这钱送得那么快，送得那么多，无他，冲曾国藩马上要做官了。

曾国藩先前见钱不见道，见利不见义，后来才见道不见钱，见义不见利。曾国藩回想当年疯狂讨钱，也难掩其羞，"我自从己亥年（道光十九年）在外把戏，至今以为恨事。将来万一作外官，或督抚，或学政，从前施情于我者，或数百，或数千，皆钓饵也。"这些钱，不是白送的，是待他做官后，要加倍还的，"渠若到任上来，不应则失之刻薄，应则施一报十，尚不足满其欲。"你到了地方做官，曾经送钱给你的，见你做了官而来你任所了，你还不还礼？不还，那你名声则臭几条街了；还呢，以一报十，也未必能满足他。曾国藩深悔旧行，"以后凡事不可占人半点便宜，不可轻取人财，切记切记。"

现进士与准官人乱捞钱，有时还算得上敲诈勒索，在大清风行之盛，让人骇曰。或者曾国藩未必是最疯狂的，疯狂有更似曾国藩者，虽然打着

"尊重知识，尊重人才"幌子，却也掩盖不住"公然贿赂，索拿卡要"之实质。就人品可讥言，未必输与官品之可讥，学界腐败未必输与官场腐败；而其中尤可批者，是大量现任官人参与其中行贿，以公款预贿进士之未官者，康有为曾抨之："故得第之始，则丧廉寡耻，罗掘于乡里，抽丰于外官。"可是，进士成准公人之前，揭露其疯狂捞钱与猛批其贿赂公行者，揭露者有几？批评者有几？此事曾大行其道，今人却难知其行——吾未知何因，是不是现进士尚未公人之编，还在公知之列？公知骂公人都往死里骂，公知对公知大概是不骂了的。

曾国藩的私家车

曾国藩任职京都，那些年日子过得不好不坏。京官都是穷的，李慈铭天天叫苦，逢人便道"干部，干部，抵不了人家一只鸡妇（您别想歪了，敝地称母鸡者）。"曾国藩没那么矫情，日子还算过得去，房子越住越宽敞，车子是越坐越高档。至咸丰二年（1852年）七月离京，"车三辆，一大一小一水车，牲口三个。"牲口是，一头驴，一只骡，一匹马。

说起来，牲口也是车辆。张果老倒骑驴，以驴待车；倒骑驴，闹闹名士，可以；到得京都，及为京官，便蛮掉格了，阁老竹杖芒鞋往京都走两步瞧，会有多少人斥叱嗤耻其不成体统，大失体统，坏我朝廷体统；骡子也可代步，其时京都过的是慢生活，笃笃悠悠骑一头骡子上班，也蛮爽，只是骡子形象欠佳，挨人骂。骑着骡子上班，笑你一声骡子，等于骂你一声杂种，语意轻，落意恶，人生有不可承受之重。马是最好的，骑上去飒爽英姿，威风凛凛。紫禁城里去上班，能准吗？东华门、西华门旁和午门前的左阙门、右阙门外，立有石碑，有满、蒙、汉、藏等六种文字下禁语，"至此下马"和"官员人等至此下马"。后来文件有松动，内外文武大臣，或还有老弱病残，经皇上特批（准骑证，归皇帝一人颁发），"特恩赏在紫禁城内骑马，用资代步。"那时曾国藩还没那么威武，入得皇上青眼，不曾"特恩赏在紫禁城内骑马"。曾国藩那马，搞旅游时可能"用资代步"，上班时恐怕是骑湖南骡子。

骡子名声不好，没办法啊，买不起轿子啊。曾国藩在京都当科长处长啥的，多半是乘"11"号车上班的（他真买不起车）；道光二十七年（1847年），曾国藩升任内阁学士兼吏部侍郎，副部级了，事务多了，"余现尚没换绿呢车，惟添一骡。"在此之前，"前三月买驴子一头。顷，赵炳坤又送一头。"驴子骡子，买买送送——人家送他，他送人家，到出京那年，共养三头，加起来值钱164两；车子买起来容易，养起来难，买车（牲口）160多两，养车是300多两，一倍多。

挺怪的是不，大清副部长级，还骑驴、骑骡子上班？没配公车吗？大清朝廷真可点赞啊。且慢动您金手指。大清确是不给官员配公车的，但大清给政策，给养廉银。工资不高，养廉银相当高。地方要员不说了，他们那里养廉银外，还有种种陋规，征税中的"火耗"也可捞一把。京官穷些，不过地方官有各种孝敬，收入甚丰；京官也有养廉银啊，乾隆十四年（1749年）下发文件："吏、礼二部堂司各官，向未议养廉，着加恩于三库饭银盈余数内，各赏给银一万两，分赠养廉。"一万两银子，少说相当如今四百万，羡煞人。

四百万在京都或还真不能好活，单是住房一项，会让人吃紧。不过其时京都，住房开支算大，好在其时观念蛮新，官人都没怎么想一定得买房，租房很好。租房真挺好。曾国藩当副部长，年俸155两；加恩俸和禄米，一年在510多两；另外还有误餐补贴（时称饭银），每年100两；不算养廉银，也是年薪七八百两了。曾国藩在京都，搬家八次，都是租的，租金都不算高。比如他曾在绳匠胡同租房，每月二十千文，贵是不是？不贵，"屋甚好，共十八间……此房房屋爽垲，气象宽敞"，非地下室，算别墅了。道光二十年，曾国藩升翰林院侍讲，他又另外租房了，"有房屋二十八间，月租三十千文"，且，"极为宽敞"，算起来年租多少，251两，是其年正当收入的三分之一吧，比例确乎有点高，可是他还有那高的养廉银啊。

曾国藩收入不错，可是日子还真过得不算太好。原因是，古之官人，一个工作，全家跟着。一个家庭十几或几十口人，都靠其一个人吃饭；朝廷打了养廉银算盘后，其他什么事都不管了，包括请秘书，包括买车子，包括请司机，包括请勤务员，江山一笼统，账都打在其中；外地亲朋如今大抽风，也无公款吃喝一说，都是自己埋单。这么一算，那钱还真不够用，李慈铭常叫苦，他每月都当"半月光族"——工资发后半个月，便得典衣服、典书画、典老婆嫁奁度日——一半是矫情，一半是实情。

实话实说，京官有那多工资福利，过平常日子不是问题。问题是，他们都不想过家常生活，总是要摆威风，讲排场。李慈铭叫苦典当度日，却也见他天天上馆子，去夜总会，甚"聚宾堂"，甚"万福居"，甚"便宜坊"——便宜坊不便宜。京都有位吏部尚书陈宏谋，跟着他吃饭者，"食口六十，用度艰难"。爷娘子孙加起来，会有那么多？想来，虽无蔡京包子班编制（蔡京家，做包子分工相当细，其中专有工种"缕葱丝者"），但秘书、丫鬟、苍头、保镖，至少是双配置吧，说不定其司机，编制是一个司机班。

曾国藩日子过得算好，一大原因是不太讲排场。不太讲排场？排场也是讲一点。曾国藩住房一次比一次敞亮，一则官越当越大了，二则人口越来越多了，三则脸面越来越讲了。别的不说，他家私家车有三台，加上驴子、骡子、代步车，家里交通工具真不少。人口多是事实，没排场成分？老婆一台，老公一台，儿女一人两三台，富家车子多又多，恐怕其中超出实用者蛮多。

曾国藩交通工具来源者二：一是自家买的，二是别人送的（公家分配是没有的）。比如他买了一头驴子，赵炳坤又送了他一头；曾国藩一台水车，一台蓝呢车，来历如何，无考。估计是自家买的，而其绿呢车呢，确定是人家送的。曾国藩一路高升，升到可以配置绿呢车了（大清有点耍流氓，你又不分配，管什么车型号车档次啊），而他仍然是坐他的蓝呢车（估计是相当蓝领车）。他自己不觉得掉格，同僚觉得掉分儿哪，"季仙九先生放山西巡抚，送我绿呢车，现尚未乘，拟待一二年后再换。"这话想来不是作秀——他不是发往报官之新闻通稿，是道光二十九（1849年）六月初一，写给自己家人的家书。

曾国藩有高级轿车不坐，坐大众车，获赞不少，"他虽然权倾朝野，但简朴自律，自己一再缓坐绿呢轿"，这"实殊不易，无疑给后世留下了一面镜子"。不坐高档车，就获此大佳话，源自曾国藩高品质？估计误矣。这般佳话，估计来自坏话太多吧。内阁学士尹壮图之爹，与儿子在一个单位上班，"与阁学同期，父子同直"，他俩做了一件平常事，就是同一辆车上下班，"常共载一车"，就这事，诸城刘文清公常叹曰：尹舍人可谓以清白遗子孙矣。"不往社会效益之环保上扯，尹氏父子同一辆车，省油省司机，还加强了亲情力度，怎么就可以获取"清白遗子孙"大佳话呢？无他，是当时讲排场，摆威风之官人太多。官场坏话太多。

曾国藩不坐绿呢车，从经济上来说，确乎是省钱的。蓝呢车二人小轿，绿呢车四人大轿了吧，一下子就要增加两名司机开支。轿夫地位低，工资福利不能低。自然，很多人没钱也要大胖脸，住棚户区欠饭吃，不妨碍其买法国香水购会所美容卡；欠一屁股债，也不妨碍他到处借钱，要买现代买蓝鸟飙一飙车。曾国藩赢得了绿呢车资格，也有了绿呢车，他也不坐，还教育子女"必宜常常走路，不可坐轿骑马"，实在是把面子不太当回事的，排场观念有一点，不大。不有不行啊，排场文化那么盛行，谁挡得住？鬼怕车，人怕舌——人家舌头嚼多了，背心戳穿了，你不讲究吗？曾国藩私家车与其他人比，不多，与你我比，算多吧——也是人家嚼舌头嚼多了，他抵不住。不用买，他买了；不用买那么多，他买那么多了。

高赞曾国藩缓坐绿呢车者，还忘了其车来历。他是山西巡抚送的呢，这不是受贿所得吗？曾国藩接受潜规则，是其时其理学没学好？曾国藩后来官当大了，若再有人送他绿呢车，他肯定拒绝，鲍超曾大包小包，送他礼包，曾公一一退回；当大官之曾国藩，很少见他收礼；当小官之曾国藩，常见他打秋风，常见他收受红包礼金。固然有大官收入高了，理学越学越好了，也要注意"影响"了；另有大因是，他不用靠排场来赢得尊严，赢得身份了——小官出行，不靠装备充脸，被人瞧不起；大官随时随地，都是别人恭敬如仪，越是低调，人越尊重——小官低调，人视低贱；高官低调，人视高尚。人情如此，叫人何不争着讲面子，讲排场？打肿脸也要充回胖子。

曾国藩这些车，离京后，他做了处理：

"车三辆一大一小一水车，牲口三个，问西顺兴可收用否？约共值二百金。若萧家不要，或售与他人，不可太贱。大骡去年买时（托临川买的）去五十金，小黑骡最好，值七十金，马亦值四十金。与其太贱而售，不如送人（若价钱相安售亦可）。

"马系黎老伯借用，即可赠黎家。大方车或送罗椒生，或送朱久香皆可。此外二骡二车，请袁、毛、黎、袁诸老伯商量，应送何友即送之，骡子送杨临川一个亦可。"

曾国藩也是爱钱的，处理这些车子，想卖个好价格。曾公爱钱，却非钱痨，赚不了几个钱后，准备把车子都送人了——有些车包括牲口，是别人送他，他也送人，有些还有是自己买的，也送人，可见曾国藩要钱，也是要人品的——也可见曾国藩面子观，金钱观与人品观，曾都有些问题，后来却多半被观念给矫正了——三观正确了，曾国藩也就正确了。

"曾剃头"不剃"伪官头"

大概是在咸丰同治年间，有傅锡恩者，不知江西何方人，也不晓平生行状。鄙人兴趣高昂，百度百遍，也人肉不了他。好吧，名字都是个符号，算他是大清国一吏吧（以下干脆称其傅一吏）。傅一吏一路递送状子，往死里告李清臣。李者何人？也不知，百度一下，他倒出来了，却是宋朝人，显然与此人不相干。李清臣李清臣，"你"是大清之臣，其大名代表性蛮强嘛，就叫李清臣吧。

可以推知，傅一吏是官家人，李清臣不用说也是官家人——名字就取为臣嘛；又可推知傅一吏之级别或低于李清臣，若说傅是县长，李清臣大概是市级领导。傅一吏告李清臣，罪状甚多，有"勒索逼凶各情"，贪污腐化啊，杀人放火啊，罪皆归李清臣；罪挂民事与刑事，估计是傅一吏乃刀笔吏故也，若非刀笔吏，其状也请了刀笔吏捉刀，那笔如刀，太锋利了。傅一吏以"勒索逼凶各情"状告李清臣，多半是幌子，最厉害的是另加了一罪："此案据傅锡恩呈控李清臣等前充伪职"，在伪政府里当过官，到了新政府（大清政府算是死过一回的了），还不把他给枪毙啊。

所谓伪职，指的是李清臣在洪秀全手下当过官；推想来，并不在太平军任军事将帅，而是在太平天国所控制的地方任行政领导。太平天国巅峰时刻，江南半壁全在洪秀全掌控之下，细推算，如李清臣伪政府任职者，有多少？

十万几十万吧。吊诡的是，原告傅一吏诉讼被告李清臣曾任伪职，他自己呢？嘿嘿，"粘钞内复有何赓尧指控傅锡恩父子一室三帅，勒派乡捐归己之诉。"傅一吏家，有三人出任伪职呢（可见伪职之多）。甲告乙，丙告甲，戊己庚辛壬癸又状告乙丙——你咬我，他咬你，我咬你和他，大清广大干部，进入了互咬模式，"看来只为一伪职大题目所误耳。"

"看来只为一伪职大题目所误耳"，这是曾国藩说的，其时曾部堂为两江总督，状子告到他案头，具体情实曾部堂并没了解，那么大官，来审个案，也不现实，曾总督只管大体方向，其批曰："逆匪窜踞之地，何处不有伪职？强者固助贼为虐，便其私图；弱者亦姑且顺承，苟全性命。但不苟派乡里，搜求富室以媚贼，便是好乡官；其义不从贼，尽室先逃暨甘白刃者，有几人哉？"

或谓，人若入官，全说鬼话，是吗？公知之愤青语，不可全信，比如曾国藩此处为官，此处所说，无有官腔，全是人话。江南半壁，"何处不有伪职？"不是出任伪职者，都是该关该杀之政治犯，他们之中固然有坏蛋，如借头上那顶乌纱帽，横行街头，鱼肉乡里，清空富贾之家，小半送"伪政府"，大半留自家仓，这些伪县长、伪市长该关该杀——不在伪政府任伪职也该刑处嘛。另有些官吏呢，不论出任伪职，而是真职，都干该干的活，干良心活。这些人谁说该抓起来？百姓也都是伪百姓呢，那些愿意为大清跳河受戮者，有吗？有几个；不曾"尽室先逃暨甘白刃者"，都该杀无赦？

曾国藩曾有曾剃头之称。太平军初兴，曾国藩自京都回湖南老家奔丧，守制，受皇帝令，墨绖出山，初在湖南搞团练，其时湖南兵荒马乱，牛鬼蛇神，强盗恶贼，国之不详，妖孽都出来了。曾国藩本寄寓湖南，算官，也只是客官，理论上没权力管理地方事务，而他反客为主，在湖南大搞严打，为盗者，为娼者，为贪官污吏者，"总以清查本境土匪，以绝勾引为先务。遂设一审案局，与湘人约：凡捆送会匪、教匪、抢犯来者，立予正法。前后杀戮二百余人。"乱世重典，大开杀戒，只要有人告这人是土匪、教匪，那人是会匪、洪匪，捉来后审都懒得审，咔嚓一声，便割其头，故，曾国藩者，人称曾剃头。

曾国藩或是有劣迹的，也曾视人命为草芥，到后来太平天国被镇压后，曾国藩老而不昏聩，不以杀人为英雄了。左宗棠问曾国荃"老九一生得力何处？"曾国荃答曰："挥金如土，杀人如麻。"可见当时很多官僚非人，以杀人为乐，以杀人多充好汉的。曾国藩却是放下屠刀，不曾成佛，也曾成人了。一场太平天国运动，江南十室九空，有统计说，江南劫数过后，人口数较劫前少了一个亿，尸骨累累，人命如鼠命还不及。见此，即使曾做过曾剃头者，也不忍视，大清已经胜利了，何忍再杀？这些人非别人，乃大清人，更是中国人。

曾国藩慎杀，不杀，当然有政治考量。马上杀敌，下马治国，既是统战之策，更是政治伦理。而在此前（也不排除此后），从项羽到张献忠，每攻一城，便屠城，一个不留全杀光，所谓农民起义英雄，其实是杀人魔王。曾国藩镇压太平天国后，放下战刀，也放下了屠刀。屠城之类事，是极少的（若有，也非曾国藩令）。故战后，曾国藩对那些以伪职为状者，并不开杀戒，要惩处的，不是政治犯，而是刑事犯、贪污犯，"如确有田产器物可指者，追还故主，银钱衣服架空之数，概不追究。其鱼肉良善，为众论所不容者，重则立毙杖下，轻责予以枷责，谕令受害者永不记仇，犯法者咸与维新，两造气平，则争端息矣。"曾国藩此处政策，分别情况，不以伪职论处，单以贪腐与欺压百姓论罪——他已脱离了茹毛饮血之政治魔头气息，初具现代政治家气象了。

官人之缺陷都是人本身之缺陷，官人之恶性乃是人本身之恶性。傅一吏状告李清臣出任伪职，其心甚恶。你以为他真是在讲政治？真为"清一色"之纯洁大清着想？实际情形可能是，傅一吏曾与李清臣有个人恩怨，他官在李下，以前奈他不何，此处恰好可借官府之刀以杀自家仇人。对此，曾国藩洞若观火，"上年河南捻匪未猖獗时，绅民互认为团，互指为捻，假造枪杀情节，官吏震其题目，不与立时剖析，以拖延含混了事，卒致民气不平，酿成巨祸。云南回汉相杀，其初时亦是虚架题目，互相告诘。"

政治是放大人之恶性，还是抑制人之恶性？只要政治一放任，人之平庸之恶，将如洪水泛滥，将如泥山崩塌，一发不可收拾。恶之政治，爱假借平庸之恶，放任自流，泛滥成灾；善之政治，抑制人性之恶，将其关在潘多拉盒内，若放任其犯恶，作恶，恶行天下，闹到最后，政治本身也不稳了，难收场了。曾国藩以为，河南捻军动荡，云南回汉互杀，都是放任人性之恶，给大清国结下的恶果。

曾国藩不支持傅一吏诉讼李清臣，便是要抑制人性劣根性。他不仅针对这案子，一案一办，而是推而广之，出台了一项政策，不准滥杀伪职。为使政策好懂易记，"本部堂所刊《解散歌》"，其歌白纸黑字，"有'不杀伪官'之条"，官府不能让人性之恶假借公共权力，以了私仇。曾国藩是曾剃头之时，或行恶政；到后来，他初具成熟政治家气质，始行善政了。

人少力量大

"凡治大事，以员少为妙。少则薪资较省，有专责而无推诿；少则必择才足了事者，而劣员不得滥竽其间；少则各项头绪悉在二三人心中手中，不至丛杂遗忘。多则反是。总之，为事择人，则心公而事举，为人谋事，则心私而事废。该局冗员稍多，以后大小事件，须各有专责，一一吹竽，则渐有起色矣。"

这是曾国藩一则批折。以公文主题论，曾帅算是乱批。人家之请示报告，又不是汇报机构改革议程，人家汇报的是财政报销事情。曾帅没太管发票，倒是讲发展去了。公文当一事一议，发票与发展不是一回事啊。

曾帅这件批折，时为同治四年三月十六日，批复对象是江宁布政使万启琛，万氏其时兼任江宁善后领导小组组长，他集中主要时间，集中主要精力，在抓这项善后处置中心工作；其工作性质，大概相当于抗战胜利后，国民党派往各地的接收要员。太平天国被剿灭后，其"伪资产"处置便是大问题，动产不动产，都丝毫乱不得。抗战后，国民党接收要员满天飞，人人都带着钦差大臣帽子，伸手"伪资产"，不但人家不动产如楼堂，收归自己门下，而且其动产如小妾，也收归其胯下。抗战胜利后，国民党赢得的隆誉与民心，被这些接收大员，弄得不可收拾，一败涂地。

蒋介石曾自称，（曾国藩）"足为吾人之师资"，其他处师法如何，不知；而在如何处置"伪资产"上，不曾学到手。曾国藩对处置"洪匪"之伪资产，先立了章程。比如南朝四百八十寺，多少楼台属"太平"，曾国藩则定规矩："寺院之田，果有契串或邻里周知，而该僧众又有力耕种者，均应饬令领回，不必概行归公。"曾国藩处置战后，列出好多条例，如"第三条编查保甲"，如"第八条挑浚河井"，如"十一条招复缎业"，如"第十三条清理田亩"，如"十四条清理公产"，这十几条，多条关系民生，多条关系吏治。此处说关系吏治者，吏治"曾几条"，刹车了很多接收大员接"伪产充公"而发横财——官员不发横财，官府便有直誉（正直之隆誉）了。

接收财物之报销，也是规矩之一，万启琛将此事专题汇报，可见曾帅所立章程，对此有律条，财物报销，不得擅专。这规定执行得甚好，这不，这回万氏将材料汇报上来了嘛，曾帅之批是："据禀已悉。嗣后按月造报，则眉目易清，应省之处，亦可随时裁减。"

报账事，曾国藩就说这几句，突然转了话题，絮絮叨叨论起了机关人事。"凡治大事，以员少为妙"。妙在何处？妙处有三：一者，减少财政负担，来干活的都是要吃饭的，吃饭的多了，倒不太干活了。蛋糕就那么大，如何分？分不了，便去民间割蛋糕，宋朝便是这么玩的，宋朝冗员之多，历朝之最，最后玩不下去了。二者，曾国藩以为，人若少了，不是不能干活，而是逼着各级衙府去找干才，找来的人，便能干事，会干事，干得成事，一句话，机关人少了，有能力的人便多了，人人有事干，事事有人干，能吏各自吹竽，合唱便少杂音，更让"劣员不得滥竽其间"。其三，人少了，办事效率便高了，你干这几件，我干那几件，自"不至丛杂遗忘"，各自生蛋，不来捣蛋，各干各事，各负其责，板子打起来，也找得到屁股；不然，白花花撅起一操场屁股，打哪个？

曾国藩此折，不曾苦口说财政报账，而是婆心力论机关人事，非空对空，炮仗乱放，他是甚有针对性的，缘起"该局冗员稍多"。该局指的是"善后局"，太平军被镇压后，"敌人"不再生乱，生乱的是"我们"，曾国藩的秘书赵烈文曾痛陈，"城中各军尚纷乱不止，兵勇互相掠夺，时有杀伤。"城中各军不是太平军，而是胜利军之湘军，这让赵烈文格外痛心疾首，对天呼号："这些人何以对九帅？何以对皇上？何以对天地？何以对自己？"连连问，太发人深省了，曾国藩也是悚然而惊，听得此语，见此乱局，他便在各地增设了"善后局"。

善后局如何善后？善后局能善自己之后吗？善后局不用打仗，只管分账，诸多接收大员，口头没说，心头都是这么想的，分账即分赃，故，都一个劲地往里面钻，肥差啊，致使善后局人满为患。曾国藩说话，可能有所保守，说该局"冗员稍多"，当然这也可能属实，善后局刚成立嘛，苗头初显嘛。苗头出现，便得警示，方可防患未然。这便是曾国藩撇开财物报账不说，重点来批示机构人事。撇开已有规矩的小事情，抓住苗头性的大问题，蒋介石曾经立志学曾国藩，可以肯定地说，他没学到精髓，倒是我们可以"足为吾人之师资"。

曾国藩此折，啰里啰唆说了好几条，若让我来概括，便是五个字：人少力量大。这与俗语"人多力量大"相矛盾，其实不矛盾，机关人少，人少力量大；民众人多，人多力量大。这是辩证法。机关人多，民众人少，那就是坏事了，一点力量也没有了。十羊九牧，官多民少，一个正职，三四十个副职，人浮于事，人多烂事，这般府衙有力量吗？其情形便是：不补台，单拆台，不搭台，单倒台了——宋朝便是这么倒台的。反之，机关人少，都花精力去琢磨事，没多少时间去揣摩人，事便干得好，干得成。这叫作人少力量大。

机关人少，民肩便负担轻，民心便人心顺，天下归心，归心之天下人越多，力量便越大，全民拧成一股绳，试看天下谁能敌？这叫作人多力量大。

大难来时谁先飞

山下旌旗在望，山头鼓角相闻；太平军围困万千重，军心蠢蠢欲动。曾国藩领湘军驻军安徽祁门，人仰马翻，战事正酣，恰在这时节，曾国藩收到了一位叫蒋一桂者之请示报告。这蒋氏是江西人，职级从九品，在湘军大概是连副、正排类角色。您别拿豆包不当干粮，蒋氏也是吃朝廷粮的，耗军饷的。

炮火纷飞，硝烟弥漫，蒋氏突然交了报告，摆到曾国藩案头，报告大致意思是：值此国事蜩螗战事胶着之际，江西与安徽音信不通，情报已断。卑职是江西人，愿冒着生命危险，冒着敌人炮火，赶回江西老家去，当一名侦察兵兼通讯兵。赤胆忠心，可鉴日月，呈请曾帅，万望批准为荷云云。

大清有这样的好官员啊，是不是该扯块红布，做件旌旗，以激励其忠心报国，以奖励其勇于担当？曾国藩读了蒋氏这报告，掼到地上，踢踏踢踏，走到报告边，踩，踩，踩，踩了几脚。未了，奋笔疾书，给了一个批复："不过欲至江西省就近料理家属眷口，而乃借坐省侦探为名，殊属巧言谲辞。"说什么披肝沥胆，道什么沥胆披肝，算了吧，哄谁呢？哄鬼啊。"江西之道未梗耳？可请中丞每日发一信，可饬中丞司道及粮台每日发一票；江西之道果梗耳？坐探委员之信，又岂能独来乎？"江西道路被隔绝了吗？你看看我能不能每天发一封信过去，你看看我能不能每天叫后勤部门发军粮与军火过去。江西真断联系了？他一个人能如麻雀飞来飞去？你们来哄我啊，哄鬼去吧。

曾国藩这批复是对一位中丞说的。蒋氏报告，以层级论，尚未有资格直呈曾督案头，是层层上报，报到曾国藩这来的。曾国藩读了这报告，名在骂蒋某，实是连中丞一起骂了：你中丞不是猪脑子吧，蒋某这点花言巧语，心里头那点小九九，你没看明白？什么到江西去做侦察兵，是要跑回江西去老婆孩子热炕头，哪是要争当什么英雄，纯是狗熊一个。

　　曾国藩眼睛是蛮毒的，能通过好看的纸面，看穿人性的底面。这也不算大本领，漂亮的鞋子，面上都是光鲜的，里头谁不晓得有脚臭呢？很多人，不晓得是装哈，还是真笨，对官人巧言谲辞信以为真，以其豪言当壮心，以巧语当忠肝，白白受其骗了去。

　　临阵脱逃，拉出去枪毙。蒋氏临阵脱逃了吗？没有。他只是起了当逃兵之想，并没付诸行动，不可军法从事。那么，曾国藩对蒋氏又是如何处置的呢？"乱世流离转徙，谁无身家之念。"曾国藩心头怒火，压了下来。战争，是把老命系在裤袋上的干活，谁家无老？谁家无少？蝼蚁尚且偷生，是人谁不惜命？曾国藩有时坚心如铁，有时也忍心如棉。

　　然则，革命真不是请客吃饭，尤其是在非常时期，如非和平时代若战事爆发，和平时代如抗洪抢险，如街头如教室火灾救火，哪能对官人个人之私念过分宽容呢？曾国藩对蒋氏所恨者是，"但宜以实情相告，不宜以机计相尝。"你想家，你不干了，可以；但你别说假话，别说大话，别来欺骗组织，别来欺骗群众。

　　天要下雨娘要嫁人，要走让他走吧。走可以，但要把制服脱下来，要把编制让出来，要把工资与福利停下来："应即撤去差委，听其所之可也。"解除了干部身份，你爱干吗便干吗，你爱去哪便去哪，本部堂不拦你，不挡你前程。一面要保持干部身份，占用干部编制；一面又吃空饷白耗民膏与国库，那是不可听其所之可也的。

"乱世流离转徙，谁无身家之念？"曾国藩自己也是多有身家之念的。祁门之战，是湘军战事中几次保命大战之一，太平军冲锋蛮猛，最近时刻，太平军之长矛，差不多戳到曾国藩指挥部屋瓦上了（只隔二三十里了），战斗到最危险之际，曾国藩也曾悲观，他甚至想到自杀。不过再怎么着，曾国藩也没想到当逃兵。无他，曾国藩乃朝廷命官，身份在，职责在。

有人说了，曾国藩被围困在祁门之前，他大儿子曾纪泽恰在祁门来探亲，父子团聚，也曾有身家之念，还念念不忘，还念念不舍。祁门被围得最紧最险时刻，曾纪泽没打去湖南当"侦察兵"的报告，曾国藩却把大儿送出了祁门。这是什么行为？人家要逃回江西，你曾国藩给臭骂了一顿，你是如何放你儿子逃出战场的？差矣。此话差矣。曾纪泽被曾国藩送出军事重地，原因很简单：曾纪泽并非"从九品"，什么官品都没有，纯老百姓一个，无责任也无义务困守祁门。说来，曾国藩带领子弟兵南征北战，东征西讨，在这支子弟兵队伍，也是有他亲兄弟的，如曾国荃，如曾国葆，如曾国华，战事再如何激烈，也没见其兄弟开溜，其中曾国葆病死军中，曾国华马革裹尸，战死沙场。

战事一开，子弹不会长眼睛，曾国藩何以不叫曾国华跑回去？战事一开，子弹不会长眼睛，曾国藩何以又让曾纪泽跑回去？原因蛮简单：曾国华是朝廷命官，曾纪泽是老百姓。这就是说，大难来时，大灾临际，到了最危险时刻，老百姓有权力先跑，而朝廷命官却须枪在人在、堤在人在、火灾水灾未灭，干部必须在。你不想冒这个危险，你不想承担这个责任？可以，那请你脱下你的制服，开缺你的位禄。

曾国藩若让曾纪泽留守祁门，与祁门共存亡，那曾国藩真高大上了——他没有，是不是他不高尚？高尚，当赞；不高尚，不必批。高尚是干部额外奉献，可以不强制；职责是干部固有底线，必须强制——大难来了，干部不可逃离火线。

湘军站墙子

"到安庆城下扎营，宜深沟高垒，墙子以落雨不塌为佳。壕沟不必多，只要深要斗。有一层靠得住，反胜于二三层靠不住者。每早三成队站墙子，不特防贼来扑，且规矩习于平日，各卜勇自然人人起早，人人不懒散。"

这是咸丰十年（1860年）闰三月二十四日，曾国藩批给彭毓橘的一份批示。彭氏者，湘乡人，不止是与曾国藩老乡，还是亲佬表，这佬表与其老弟曾国荃还是同龄，打仗子弟兵哪。曾国藩批给其表弟之函，下面还有两段，兹不引；引的这段，寥寥不百字，却见湘军战略战术。湘军战术者何？说来也无甚神奇，不过是，深挖墙，广积粮，站墙子，养成习。曾国藩对挖墙，要求不高，只要稍胜豆腐渣工程，OK。在给朱品隆等人之批示里，曾国藩反复强调这点："到安庆城下，宜深沟高垒。墙子亦讲究基址，中间宜牵以柴梗，虽久雨不塌为妙。唐桂生向善做墙子，或可令各营效之。壕沟只挖一道，宜深宜斗。一道果靠得住，其好守反胜于二道三道也。"

冷兵器时代，深挖一条壕堑，还或真可以让战士睡沟壑；到了导弹钻穿钢筋之后现代，城里挖再多的 X 防工程，大概单是意在立工程项目，引来国家拨款吧。在曾国藩时代，这办法笨是笨点，却有效。嗖嗖嗖嗖，毒箭射来可穿鲁缟，未必可穿土皋。这法子移后几十年，仍是蛮管用的。蒋介石围攻苏区，前几次陈兵十万几十万，都是铩羽而归，后来"效法曾胡"，碉堡林立，寸寸推进，差点毕其功于一役了。

不过这办法，终究不显高明，与科技强军战略不太搭界。李鸿章初到曾帅府上，师傅叫他学习"曾子兵法"，他先是去了师叔"吉字营"，那是曾国荃带的队伍，嫡系啊，湘军主力，据说是蛮善扎硬寨打硬仗的。李鸿章去了，观摩了，虽好好学习了，却还天天不曾向上；职务未曾天天向上，那么姿态就当天天向上啊。李鸿章观摩回来，对湘军军事战略与作战技术，赞不绝口，高，实在是高，步步为营，稳打稳扎。高，深挖洞，这法子高。夸得让曾国藩笑眯眯，欲掩其笑，而掩不住，只好挥挥手，让李鸿章退出曾府，曾帅才好纵声大笑。

曾帅背着李鸿章兀自笑。曾帅背对了李鸿章，李鸿章也背对了曾大帅哪，李鸿章背后也笑了："吾以为湘军有异术也，今而知其术之无他，惟闻寇至而站墙子耳。"有甚神奇？不过是敌人来了，头缩到脖子里去，做缩头乌龟嘛。李鸿章后来组建淮军，尤看重武器装备，弄了一支洋枪队，既有时势变异之故，也怕不太瞧得上曾帅那土法子吧。

层层推进，步步为营，但求稳胜，不求速赢。这是曾国藩军事思想之精髓？所属部队军令，是不是都领会了？唐义训与朱品隆大概是领会了。比如在安徽屯溪，唐义训率军出击小股太平军，新闻战报自然是大书特书，夸为大捷，"拔统领唐义训于重围。迭克黟县、徽郡，又大捷屯溪、岩市，以解徽州围；大捷孔灵，以克绩溪、祁门。"其实呢，不过是杀了几只鸡，撸了几只鸭，得令班师回朝了。

大军压境，太平军吓着了，脚底抹油，脚踏风火轮，四处奔逃，此时宜将剩勇追穷寇，扩大胜利战果嘛。唐司令不追，报了个捷，就打道回府。怕被敌诱了深入？前面哪有布口袋之敌啊，是唐司令不战了好不。新闻报道大版面祝捷，曾国藩内部通报却是严词相诘："屯溪、篁墩之贼，并非大股，亦不凶悍，桂生近日打仗太不得力，未能痛剿一番。"

这般批评，也不单是对唐义训，有朱品隆，也曾是曾帅亲兵，警卫营长角色，曾国藩把他放出去锻炼，好立功嘛，他作起战来，跟唐义训也是一样一样的。朱品隆在同治二年打了个小胜仗，打得太平军屁滚尿流，战士乘胜追击，欲全歼敌军，赢取完胜。不料后背鼓声起，砰砰砰。鼓角争鸣？退堂鼓正响，冲锋陷阵之战士们只好掉转头，转身回跑。跑回来拟捷报了。曾国藩看了战报，分析了敌情，将朱某骂了一顿："两日之战，总不切实痛快，譬如去病者，略施表散之方，而无猛攻之剂，则病终不能去。目下皖南之贼，人多而不悍，势散而不整，实系衰弱无能，易于攻打。"赢弱之军，仓皇崩溃，再加把力，可以全予击溃痛歼，朱某乘胜追了吗？没追；乘胜打了吗？没打。

是保存实力，还是意在稳打稳扎？唐义训受过曾司令好几回批评，旧习不改。能打胜仗，出兵打一下；大胜仗，能打，也是不打的，只是"出零队，打油仗"。前头说过屯溪之战，曾司令骂了他一顿，后来还是这般做派，曾国藩又发红头文件通报其作战不力（没发新闻见报，大概是"此件发至师旅级"）："该军近来打仗全不勇猛，畏手畏脚，何能做事？俟朱军到渔亭，该镇应合同痛打几仗，乃能退贼。"

朱品隆与唐义训皆曾国藩嫡系，他们能打仗，能打胜仗呢，却是"稍胜而即收队，稳则稳矣，于贼毫无所损"。能打大胜仗而不打，是脑子进水，不能深刻领会领导意图？左宗棠看得清楚：这非部下不卖力，而是曾国藩本来这样想嘛："朱、唐本庸才，非堪一路之寄者，既无能战之实，又怀怯战之隐。公复虑其战，而以'勿浪战'申儆之，宜其不战也。"

原来是内部通报外，还有内部讲话。内部通报：骂朱与唐作战不力，当奋勇杀敌；内部讲话呢：你们不要乱战啊，打不赢就跑，打得赢打一下子也跑。这是曾帅打游击战，拟积小胜为大胜？

曾国藩骂属下将领，左宗棠骂曾国藩。这么你骂我，我骂你，骂得蛮开心是吧。不晓得曾国藩内心底处做何想，想来，他部下朱品隆与唐义训领会领导意图不是不深刻，估计是太深刻了：宜将剩勇追穷寇，追了穷寇还有剩勇否？

打仗嘛，工作嘛，慢慢来，莫性急。事情越重要，越被领导看重，你就越不能急着干完。这事情，这工作干完了后，还放领导心尖尖上？曾国荃围攻天京，围而不打，多半是以土枪土炮，时不时放他几个爆仗。嗯，他在干活呢。其实曾九围天京时节，李鸿章已鸟枪换炮，组建了洋式装备新式武装，就是不到天京前线来。何故？一者，李鸿章一来，抢了头功去，曾国荃功何在？二者，这仗这么快，打赢了，打完了，曾国荃哪儿去，摆哪儿？

老鼠灭了，猫之去路，若能做宠物，定是好的。若主人没那心思，或有那心思却没那实力，以后要想出有车，食有鱼，恐怕难了。老鼠在，则猫在；猫若在，则须留老鼠在。猫的智慧是，捉了老鼠，他常常戏老鼠的，捉了放，放了捉，能捉三只，只捉一只。工作轻松多了是不？既有老鼠吃，主人也可能扔过来一条鱼哪。

宜将剩勇追穷寇，追了穷寇烹剩勇。太平军内讧，湘军不能不胜利了，果然便胜利了。无仗可打了，镇压太平军已不是大清国压倒一切的工作了。工作重心要转移了，剩勇果然是剩下的了，多余人了。湘军还继续站墙子吗？不了，站墙角了。素来是，"狡兔死，良狗烹；高鸟尽，良弓藏"。哈嘛，若要良弓不藏，不让高鸟尽嘛；若要良狗不烹，不让狡兔死啊。

问题是太平军自毁江山，曾大帅不胜都不行了。曾国藩蛮聪明的，高鸟尽，不妨良弓藏；他想的是狡兔死，不能良狗烹。劲敌死，曾国藩马上解散了湘军，故良狗未烹。良狗不但没烹，还尽享宠物狗之宠。那劣狗呢，湘军被解散了，一部分入了大清体制，喝了些甜的，吃了些辣的；一部分被老曾镇压了，闹事呢；一部分护清战士入了反清之哥老会。

左宗棠死骂曾国藩

晚清有一大不解事，湘军大帅左宗棠整日里刺刺不休，大骂湘军老帅曾国藩，死骂曾国藩，骂死曾国藩，骂得曾国藩要死，只要谁去找左宗棠，去找他打牌的也好，去找他签字的也好，他先把你捉住，按到椅里不让起，听他骂一番曾国藩，"皆云文襄见宾客无他语，不过铺陈西陲功绩，及历诋曾公文正而已。"苏州市长（时谓道台，尊称观察）潘季玉，老大远从苏州跑南京去请示工作，一入左帅府，便把他按凳上，骂曾国藩了："刺刺不能休，令人无可插话。"直到左帅端茶送客，潘市长一句话都没汇报；那就改日再去吧，"乃甫入座，即骂曾文正公"，从上班骂到下班，从开餐骂到餐毕，"言尚如泉涌也"，饭局完了，可以汇报工作了吧，左帅要中午睡觉觉，养足精神，下午好来骂曾国藩了。

这确是件费解事，曾左同为湘军大将帅，何以大水来冲龙王庙？一个湖南人是条龙，两个湖南人是斗鸡公，三个湖南人是螃蟹进了笼。左宗棠骂曾国藩，莫非是湖南人这德性？说来，曾国藩对左宗棠有救命之恩，有荐举之情，当年左宗棠得罪了满人樊燮，樊氏参了左宗棠一本，说左宗棠蔑视满人，朝廷发了话来：若果有这般情事，可就地正法。正是曾国藩一班湘军，竭力运作，才保得左宗棠一命；左宗棠保了命后，也是曾国藩疏举他做了浙江巡抚。左帅之皮囊生命与政治生命，或可谓都是曾国藩相与的，左宗棠却这么对待曾国藩，天理何在？人品何在？暗使绊子倒也可想，何以这般不顾场合不避亲疏，乱骂恩公？未免非礼非义了。

　　周玉柳先生曾在其大著《曾国藩的领导艺术》里，提出过一说，曾左之间的分裂，"也许是一种安排，一个计划，一个保全湘军的措施，是两位湘军统帅所唱的一曲双簧，因为只有两人的分裂，湘军才是安全的。"在周玉柳看来，鸟尽弓藏，兔死狗烹，大清死敌洪秀全被打败后，余下的敌人是谁来着？还是洪秀全？不了，正是大清功臣曾国藩了。曾国藩手握重兵，而这重兵都是湖南子弟兵，曾国藩功成之际，便是其命悬之时。曾国藩是大清救命之人，瞬间转为大清的心腹之患。大清雄猜之时刻，湘军却是狗咬狗了，那最是为大清所乐见，若湘军还是铁板一块，军民团结如一人，那曾国藩与左宗棠，不是韩信，便是蓝玉，莫说一等侯、一等伯爵高帽子找不到北，那项上头，也得到乱草岗喂狗去了。

　　周玉柳先生此说，确乎新鲜，又挺有道理，问题是其中"也许"一词不太服人，我曾对周玉柳先生说，阁下大胆假设，固然可以，不过还得小心求证，方让人感觉君论是从史出的，而非史从论出。周玉柳后来又著了《左宗棠绝活》，正在这说上，用了些力气，举了些新证，再次支持了立论。

　　曾左闹矛盾，最厉害的是天京攻克后，曾国藩喜之不尽，向朝廷奏捷，奏云冲天一炮，将太平天国炸了个稀巴烂，轰了个底朝天，斩了草又除了根，不但洪秀全被击毙（其实洪秀全在天京被攻克前，早死了），而且其储君洪福瑱也被"楚人一炬"，烧成了草木灰。这捷报奏得大，大清十多年来，为剿灭"洪匪"没睡一个好觉，如今大患已除，其欣喜为何如？谁想到，同为湘军大帅的左宗棠，却来捣蛋，来乱搅局，让他不但不能得奖，反面临大处分，他向朝廷上了一折，说曾国藩谎报军功，冒领徽章："昨接孝丰守军飞报，据金陵逃出难民供，伪幼主于六月二十一日由东坝逃至广德，二十六日，逆酋黄文金迎其入湖州府城……"江东弟子何谓卷土重来？现在还在卷土。慈禧接了左宗棠此报，立马下谕，大批曾国藩捷报所云之伪幼主之死"茫无实据"，捷报所云"斩杀净尽之说，全不可靠"。慈禧此间措辞，何乃汹汹？更是明示杀机："并将防范不力之员弁从重参办。"湘军将士拼死拼力，取得攻克天京之胜，功尚未领，命已悬线。

后来证明，左宗棠所参，确是对的，伪幼主确乎没死。问题是左宗棠纵使了解了其中内情，何以要用这般"告密"也似之参奏方式？他可不可以先去函曾国藩，提醒提醒？左宗棠骂曾国藩，不是这一次，上次曾国藩父亲死，曾国藩从江西回家丁忧，想起在江西受的一窝囊子气，他把剿匪担子一撂，爷不干了。连请假手续都不履行，不来剿匪了。左宗棠当时不也可以参奏一本，参他违反皇国纪律；参他私自离开战斗岗位，犯上渎职大罪？左宗棠确乎是以此罪来问曾国藩的，"但谓匆遽朝命，似非礼非义，不可不辨。"若要向朝廷争功，卖友求荣，这也是好机会，而左宗棠这次却非以参奏，而是两人通信。两人闹了个不愉快，其中有几年不通音信。然则这回，左宗棠却以这般参奏，给曾国藩挖了墙脚，打了一记热耳刮子。曾国藩对左宗棠这一辣手，气愤不已，你做初一，我做十五，你参我，搅我好事，我也参你一把，让你先受皇国"从重参办"。曾国藩也检举左宗棠杭州一战也曾放逃过太平军："杭州克复时，伪康王汪海洋，伪听王陈炳文两股十万之众，全数逸出，未闻纠参。此次逸出数百人，亦应暂缓参办。"

你参我，我参你，你揭发我，我揭发你。湘军两只大狗，互相咬起来了。朝廷甚反应？蛮高兴啊。看来湘军起来造反，可能性不大了。大清果然不再做声，既没"从重参办"曾国藩"防范不力之员弁"，也没处理左宗棠杭州之战让洪匪"全数逸出"之罪。后来听说左宗棠逢人便骂曾国藩,更是欣然,乐见两人闹翻,随两人你踢我的脚,我顶你的角。

曾左是不是唱双簧?直接证据是难找的,他俩并不曾到茶馆里坐起,共相谋划。曾国藩对左宗棠先出手咬他,他先前或不理解,后来见了朝廷问罪文,也便领悟其中道道,曾国藩干脆不跟左宗棠玩了,又是多年"不通音书",像小孩子玩家家,两个"结仇"了。两人结仇,功高未震主,性命得两全。

左宗棠一直死骂曾国藩,直到骂曾国藩死。周玉柳先生找了个证据,可证左宗棠骂曾心迹,曾国藩死后,左宗棠对曾国藩之后人剖心:"弟与文正论交最早,彼此推诚许与,天下所共知;晚岁凶终隙末,亦天下所共见。"两人有隙,就是要让"天下所共见"的,左宗棠不论谁来,逢人便骂,是骂给朝廷看的。

顺便说一句,周玉柳先生《左宗棠绝活》立了很多新说,比如李鸿章何以甲午海战何以败于日寇,一大因是李鸿章这人是缩头乌龟,碰到难办事,先缩了头。说来很对。比如左宗棠收复新疆,左宗棠之所临北极熊之俄敌,其恶输日寇吗?其势强于抗日吗?左宗棠力敌俄罗斯,乃是自做一口棺材,抬着棺材进新疆,李鸿章何曾有这意志力?左宗棠死骂曾国藩,朝廷被他轻轻瞒过,也是源自朝廷晓得左宗棠公忠体国,还有那个性。

左宗棠遗恨失归琉球

日本霸琉球为冲绳县，将国王尚泰及其世子掳去日本，禁了起来，琉球国内哀鸿一片。情急之际，赶紧向大清求救，有谓琉球英雄林世功者，曾长跪东华门七日夜，"为一死泣请天恩，讯赐救亡存国"，大清正是中原多事，太平天国刚刚平息，尚没喘过气来，英法联军又已进犯，纵使林世功自杀彰心迹，大清也下不了决心；林世功之后，琉球国多次遣人来大清，向李鸿章，向总理衙门恭亲王奕䜣"奏表陈情，以救琉球"，留给历史的却是一声长叹。

琉球归心难遂，琉球国王尚泰打发向德宏等人，曾向左宗棠求援，向德宏是国王尚泰之姐夫，他薙发易服，扮作商贩，秘往福建，其时左宗棠以钦差大臣督办闽浙军务，向德宏拜见左宗棠，如逢救主，"劾包婿之哭，希垂救援"，左宗棠对国土与主权有非同一般的母鸡护雏之心，这与其他重臣是不太一样的，"尔时文襄公哀其窘色，动义概而忭雄心。"慷慨激昂，答应先将情况汇报给朝廷，然后等中法战事平定下来，再全力操办这事，"允法局定后，尽情陈奏，悉心斡旋"。向德宏听了左宗棠这一许诺，顿时泪飞如雨，"敝国父老子弟一闻此言，皆以手加额，如大旱之望云霓。"

这还真是找对了人，左宗棠给了琉球国不一样的信心。向德宏诸人找了朝廷多位重臣，大清重臣，自然大都是一把鼻涕一把泪，而有些不免有些支吾慢应。李鸿章自称是大清裱糊匠，勉为其力，干了很多和稀泥事，只是遇到难事绕道走。我的朋友周玉柳曾在其大著《左宗棠绝活》里，比较了左宗棠与李鸿章的施政作风，言李鸿章是缩头龟，夸左宗棠是湖南骡。甚有识见。李鸿章遇战事，能躲便躲，不能躲了，硬一下头皮开战，他是一鼓便衰，不待二鼓。庙堂占据着这般重臣，能办得甚事？

后人体谅李鸿章难处，弱国无外交，当然也不无道理，却也不能过分给他开脱重臣之责。左宗棠收复新疆，其面对的强敌俄罗斯，论凶心与凶器输与日本吗？李鸿章自己也说："俄在西国为最强，其与中土沿海沿边交界三万余里，更非英美德法可比"，而中国"粤捻平后，遣将裁勇，而饷源愈竭"——甲午海战，李鸿章不也说缺钱吗？"无饷则无精兵无利器。淮军协饷亦十去其四。上年奉部议饬裁一万余人，又分防南北两洋，势可谓强耶？不但南北洋兵势不足，黑吉两省，既乏将帅，更乏劲兵巨饷。"李鸿章说他领导的淮军不行，左宗棠领导的湘军也是兵疲师老，"左公意在主战，未免不知彼己、不顾后艰"，故李鸿章得出结论，若新疆开战，"断难与俄抵敌"。

左宗棠呢，不信这个邪。其时，左宗棠也是一饭三遗矢，廉颇老矣，他却自打了一副棺材，抬着官场进新疆，不也一举收拾河山了？国无事而好战，国之不祥；国有事而怯战，国之不保。对付强敌，经济实力，政治能力，装备军力，一样都不能少，而主事者之意志力也是不可或缺的。意志力不能无限夸大，但意志力也不容小觑。主帅抬着棺材冲锋，与主帅装着财宝开跑，便一样开战两样结局；军事准备也大不一样，以实战做来备战，与以虚战去应战，胜负会一样吗？

琉球国被日本侵占，国民过得苦不堪言，"敝国臣哭其君，子哭其父，妻哭其夫，兄哭其弟"，其痛如此，琉球国便找到左宗棠，"文襄公一片热肠"，给了向德宏等不一样的希望。左宗棠"不忍置琉球于度外"，许诺中法战争一结束，便再打一副棺材，"大伸挞伐，张我国威"。得到了左宗棠这话，琉球国国民十分振奋，也发出号召，地无分南北，人无分老少，拟将箪食壶浆以迎王师，里应外合赴死抗日。可是天不假人，"孰知法局略定，公竟鞠躬尽瘁，骑箕逝矣。"人间或又生左宗棠，朝廷却再无左宗棠了，琉球国一片哭声，左宗棠已逝，琉球国复国无望了，"呜呼，敝国之不幸至于此极耶？"

左宗棠逝世消息传来，该国痛哭流涕，向德宏等专作了一篇《琉球国陪臣祭文》，开首即是："维大清光绪乙酉年九月初二日陪臣国紫巾官向德宏等谨以庶馐清酌致祭于天朝太傅文襄公之灵"，痛悼左宗棠，"揽涕操觚"，情有难忍，"宏等剖心泣血，沥情上诉我文襄公之前，所冀在天之灵，鉴苦衷而垂呵护，诚幸甚也。"可惜左宗棠哪能再生？向德宏有国不能归，有家不能回，困守福建，于1891年客死福州；四年后，甲午海战爆发，李鸿章所创的北洋海军，溃不成军，几乎是全军覆灭，天朝都国将不国，琉球国复国，也便遥遥无期了。

历史无法假设，若左宗棠不死，琉球会是如今样子？制度已确定，国家便靠人来定了。主国者人不同，世界也会不同，纵如美国吧，伊拉克战争碰到小布什，是一个样；碰到奥巴马，会是一个样吗？庙堂之高椅子上，坐的是左宗棠，还是李鸿章，政治格局是大不一样的。

第三辑

晚清面相

清朝有西山十戾：熊（多尔衮）、獭（洪承畴）、鹗（吴三桂）、狼（和珅）、驴（海兰察）、猪（年羹尧）、蟒（曾国藩）、猴（张之洞）、狐（西太后）、蛤蟆（袁世凯）。

晚清有四大学术：岑春煊不学无术，张之洞有学无术，袁世凯不学有术，端方有学有术。

清末有三大杀手，谓为三屠：士屠张之洞，民屠袁世凯，官屠岑春煊。

凡鸟偏从末世来，形形色色都是才，千年变局局局乱，哭向清陵事更哀。

让人惊奇，让人唏嘘，让人感慨，让人生哀，说不清的大清人物，唱不尽的晚清悲歌。

因为本性难移，所以江山易改

同治十年，扬州城内。

"二十四桥明月夜，玉人何处教吹箫。"二十四桥大白天，李帅陈处教绑人。

扬州城灯红酒绿，红男绿女，搂搂抱抱，舞得正好。却是四月十四日大清早，一群人流氓打扮，领头的叫李世忠，汹汹然进逼陈府，陈府主人叫陈国瑞，此时是，酣畅梦中美人缠，鸳鸯被里起伏间。正在佳处，却叫哐当哐当，然后就像放一声大鞭炮，卧室门被一脚北腿踢开，北腿过后，便是南拳，但见头上落拳如雨，要将其从床里拖出来。光光身子如泥鳅，抓都抓不牢，如何揪？大清辫子平时就像猪尾巴，猪尾一般有弊无利，这时却派上用场了，李世忠一把揪住陈国瑞辫子，直往外拖。您见过两妇女打架吗？李、陈辫子保护战，便是村头两泼妇，喊喊叫叫，在演全武行。陈国瑞非孬角，一身是劲，李世忠亦非书生，也是劲头大。可怜辫子，被扯断了一把，丝丝血，从脑膜顶汩汩渗出。这一情节，非虚构，曾国藩也是认可的，"陈国瑞所供逼写家信，索取钱财，并另禀扭拖之时揪落头发一绺，均属可信。"

陈国瑞周公梦里，一边美人如梦，一边春秋大梦，不曾防备李世忠偷袭，便做了李世忠的一碟小菜，任由宰割，被绑架到船头，也不晓得李世忠欲将其运往何处喂鱼，自是惊慌如丧家犬。陈府大清早的，闹出如此大事，家人如何不晓？陈国瑞之侄子，有叫陈泽培的，听说这事，便大嚷嚷喊：救我叔，每人五百数。扬州城内流氓烂痞本多，打架可以挣钱，正对其路，陈少爷一声喊，"扬言捉获李世忠者，立予重赏"，数千人（这数目，非我虚构，亦曾国藩认定）汹涌而至，"堵塞江岸"。李世忠早先人多，不过数百，如今是陈少爷人多，多至数千。一场流氓戒斗好戏，由李世忠开局，此时达到高潮。结果是：陈国瑞被救回，李世忠仓皇奔逃。李世忠是跑了，他四个老婆呢？二个被掳去，二个被抛入滚滚长江，落江而亡。

这场龙虎斗，是什么斗？算黑吃黑吧。先前李世忠与陈国瑞，两人居扬州城，也曾一张桌子喝酒，一座青楼泡妞。陈国瑞凶悍，屡次到李世忠家要钱要物；两人到得青楼，见扬州女一号，本来是李世忠捷足先登的，陈国瑞却是活生生从碧纱账里，抱得美人，一把掳至另一房间，兀自快活。李世忠眼巴巴，单在隔壁听春响。种种情状，窝积于心，叫李世忠起杀心。只是捏捏自家手臂，也算是粗胳膊，与陈国瑞那大腿比，终究稍逊几筹，故平时，有好酒，喊：陈公，来喝一盅；有美女，喊：陈公，来玩一回："陈国瑞初与李世忠相遇，要金鱼，要山石，要戏班"，李世忠都是双手奉送，一脸笑：陈公慢用，"李世忠佯为结纳"，他服吗？"隐图报复"。两人青楼里莺歌燕舞，密室间刀光剑影，酒桌上把酒言欢，酒桌下把脚使绊，"遂有十四日突至陈国瑞寓中捆缚赴船之事"（曾国藩所叙）。

李陈这场龙虎斗，是黑吃黑？红吃红呢。李世忠非社会闲散人员，陈国瑞亦非街头流氓牛二，都是大清帝国的高级干部。说来，李世忠比陈国瑞还高一级。李世忠官至江南提督，堂堂一品大员；陈国瑞稍低一级，也是二品总兵，相当于省军区司令，级别都不低哪。两人一起嫖过娼，更一起扛过枪，不过嫖友情，靠不住；战友情，也不深。在曾国藩湘军里，两人常是你搞我，我搞你，搞得乌烟瘴气。对了，他们两人出身也是差不多的，最先都是太平军里悍将，后来识时务为俊杰，反水入了湘军。坦率说，两人打仗都有一套，脑袋都别在裤带上，打冲锋，都是不要命的狠角。

先说李世忠吧，本名李昭寿，河南固始人，身份是流氓无产者，没出道前，这村偷鸡，那村打狗，人家结婚，他去蹲墙角，被人打出家门，便占山为王，当了土匪，捻军兴，参捻军，当了个小头目；次年兵败，投靠道台何桂珍，跟何桂珍一起南征北战，打太平军；太平军势胜，他便取了何桂珍之首级，做投名状，转太平军去，何桂珍是曾国藩老朋友，曾何感情甚深，此处不提。单提这个李世忠，又见太平军成不了气候，又取了其头领首级，转队湘军。实事求是说，他在湘军里，算一员猛将，杀起过去战友太平军来，不眨眼的，为大清立了不少功劳，故而位至江南提督，进入大清高干行列。李世忠哪有国家信念？其打仗也并没信仰，虽为官兵，却与土匪没甚区别，太平军他打，老百姓他也打——百姓家的鸡鸭鱼，牛羊狗，房车女，见了，便一并占用。曾国藩理学名臣，忍了其杀好友之痛，天天教育他不拿百姓一针一线，他哪听？只是朝廷正是用人之际，曾国藩不曾枪毙他，还起用他。

洪秀全翘辫子后，太平军一败涂地，南京被攻破，曾国藩第一忧心的是，"狡兔死，走狗烹；高鸟尽，良弓藏"，不让大清来烹他，他自己烹了自己，裁撤湘军。皇帝要来烹我这走狗，我先烹了你这走狗，为了自家性命计，皇家未来烹，走狗先自烹自。李世忠拥兵自重，不想裁撤，曾国藩那回给李世忠发了一令："今与贵军门约定三条：一则三月内，将勇丁遣散完竣；二则四月半以前亲来安庆谒见；三则只准赴本任及固始两处，不准留恋旧县，把持利权。"你说，曾国藩对李世忠防忌多深？曾国藩一般不说狠话，对李世忠却是说得特狠："此三条如不一一做到，不待他人参劾，本部堂定行奏参，治罪贵部下之名散而实未散者，皇上亦必派兵剿杀也。望善自保全，勿贻后悔。"你不听话？看我杀了你。曾国藩说这般狠话，可见李世忠平时行状，让曾国藩内忌之深。李世忠先前还想抗拒，见曾国藩话说到这程度，也便兵剑释兵权，带着一品官员待遇，到扬州城做了寓公。

再说陈国瑞。这厮也非好鸟，字庆云，湖北应城人，"国瑞性嗜杀，日以屠狗为事"，十三岁，被太平军抓伕，"相从战阵，便有勇名"；十六岁，"自拔于太平军，投降总兵黄开榜"，打仗是杀人事，他一有杀人便兴奋，"国瑞从征，每战必冲锋，善以寡敌众"。这家伙归顺朝廷，入了湘军，流氓习气总是改不了。曾国藩书生带兵，其第一本事是搞理学嘛，他以当理学政委著称的，而对陈国瑞，曾公也常自叹气，他做思想工作，自称能手，却怎么也做不了陈氏之思想："文正恶国瑞之犷也，欲摧其盛气，而磨砺陶成之。凡批牍数千言，大旨奖其长而其短。历举其罪恶十余事，俾速自悛改，且明白禀覆。并劝其去钦差字样，勿与莫康两君同札，勿扰民，勿梗调，勿私斗，勿虚报勇额。"陈氏改了吗？改个鸟，有弹劾称之："骚扰百姓，凌辱州县，吸食鸦片，喜怒无常，动辄杀人，不听调度，动称造反。"让曾国藩哀叹，"是真不可教也。"

李世忠与陈国瑞半斤八两，都不是好东西，比较言，李世忠更阴，陈国瑞更暴，李世忠更狡，陈国瑞更凶。暗斗，李世忠赢陈国瑞；明斗，陈国瑞胜李世忠。当年还是并肩与洪秀全作战，两人便恶斗，"先是陈国瑞在清淮时，尝截留李世忠营中饷盐值银巨万，又杀世忠部将之攻下蔡墟者，取其军械，而诬其勾结通苗沛霖"，虽然李世忠级别比陈国瑞高，却也"不敢与较"，只是阴谋之，两人冤不冤，都居绯都扬州，"欲泄宿憾，而阳与之饮"。李世忠搞了一回阴谋，突然袭击，发生了四月十四那天之劫人事件，陈国瑞之说法是，

"擒国瑞以出，声言解往金陵，听总督曾侯处置"，实际是，他准备回河南老家，绑架一把，叫陈家拿赎金来。只是又没搞赢，陈国瑞之侄子带人至，李世忠偷鸡不成蚀把米，娇妻美妾，撸的被撸，沉的沉河，"船中尚有二女，于纷呶之际，怀金宝赴水以死"；李世忠本人呢，"始于船底掖出之，饥惫几无人形"，狼狈死了。

事件过后，吃亏多的李世忠，一状告到曾国藩（被告陈方，本来就不想走正常诉讼，曾国藩处理陈国瑞之侄子，其中一罪便是："陈泽培如果欲设法救援伊叔，或向扬州文武各官求救，或径赴本部堂衙门申诉"，他都没有——后来曾国藩处置是："陈泽培纠众酿命，应先革去监生"），曾国藩气得要死，怎么办呢？怎么着，这都是他部下，还是高级干部呢，"本部堂斟酌至再，格外从宽"，陈国瑞："奏参以都司降补，勒令回籍"；李世忠："李世忠等应即悔悟敛迹，保全末路"——此件发至省部级（县处级，就别发了，出丑哪），"仰将此给付两人阅看，本部堂一面据此具奏，并通行各省，以彰公论。"

大清两个高级干部，干出这端下三滥事来，真无话可说。曾国藩处置虽然不免官官相护，"昔年之事（有：'试问李世忠，咸丰年间掳财杀人之事，不知凡几'——曾国藩语），只能一笔勾销，不准再提"。这叫保护性处分，到底也是给其警示了一下，文件里还留下话："如再怙恶，当即处以极刑。"

再不外滋事了吗？这两人没参加湘军前，到处滋事；参加湘军后，到处滋事。此事后陈国瑞再次溜到扬州，次年弄出人命案，发配黑龙江，不几年死在齐齐哈尔；李世忠回到老家，作恶多端，开赌局，贩鸦片，如黑社会头头帮人讨三角债；1881年，横行乡里多年之李昭寿，抓了贡生吴廷鉴，将吴廷鉴打得半死。又没打死吴廷鉴，只是打得半死，算什么事啊。本不算事，奈何大清早想办他了，此事算大事，安徽巡抚掷签拿了他，"斩立决"。

　　李陈两人发生这般事，让朝廷脸面摆哪里？一个是一品大员，一个是二品大将，干出流氓土匪行径，这不是两人之间矛盾，而是大清政府脸面啊。曾国藩听说这事，其反应是："今据禀称扣留陈镇在船等情，仍是从前骄纵之态，阅之不胜诧异"，这是什么事啊，"骇人听闻"（曾国藩语）。问题是这两位高干，不但"从前骄纵"，而且"如今骄纵"，更还是"后来骄纵"，其暴虐，其贪腐，其起衅，其"无赖行径"（曾国藩语），随其职务升迁，丝毫未改。曾国藩教也以思想工作教了，吓也以国法皇规吓了，恩也以皇恩浩荡恩了，都没用。在职的，乱贪；退休的，乱搞。大清干部都是这素质？

　　曾国藩曾与其秘书赵烈文关起门来闲谈，谈到大清国祚长短，赵秘书悄悄言：不出五十年，大清一定完蛋。曾国藩听了这话，先是默不作声，后来点头如啄米。曾国藩与赵烈文这个判断何来？有何根据？果然如此，未出五十年，大清亡了。后人道此预言，不是将此话当八卦，便是以为曾国藩会看八字。好像曾国藩是街头那些闭着眼睛，摸骨相，摇竹片者。曾国藩是瞎子阿曾吗？不是的，他是看到了大清干部之素质，支撑不了大清十二世而至百二世。政策确定之后，干部便是决定因素；政权确定之后，干部是决定因素。李世忠、陈国瑞之流，那么流氓，那么烂疮，那么下三滥，却也当上大清高干，这政权能保多久？不出五十年嘛。

　　于李陈这类货色言，江山易改，仍然本性难移；于大清这类政权言，干部本性难移，定然是江山易改。

李鸿章让天之功

诗云：

北平无战事，天京战犹酣。

曾鼠打地洞，李马放南山。

谦让皆云德，谁知竟是奸。

红炮冲天起，白骨摆地摊。

话说同治三年，北平无战事，何止北平无战事？南平，东平，西平，都没甚战事了，同治二年十月，李鸿章收复了苏州；三年二月，左宗棠攻克杭州。太平天国大势已去了，唯剩下孤岛天京，如瓮中鳖，待人来捉。捉鳖手是湘军另一猛将，湘军"军长"曾国藩之弟，人称九帅的曾国荃，九帅是曾军主力师，曾国藩安排其他偏师打外围，安排亲弟弟攻天京，呵呵，也是打虎亲兄弟，上阵父子兵嘛。

其他地方已无战事，同治皇帝喜得跳，胜利在望，无须太努力，努力一下就OK了。同治也是太想胜利了（此心可想，战事未曾终平，他采战起来终不落心啊），于是急电一封，发与曾国藩："金城大而坚，围攻不易。诚恐各营将士号令不一，心志难齐，曾国藩能否亲往督办？俾各营将士有所秉承，以期迅速奏功。"

曾国荃攻南京，哪里是"各营"？分明是一支部队。部队都姓曾，五百代都是一笔难写一个曾字，何况曾国藩与曾国荃是一胞所生？"号令不一"，这话何说？"心志不齐"，此话何来？曾家军不听曾国荃的？曾国荃不听曾国藩的？同治下的这圣旨，莫不是在挑拨离间？

同治倒不是这意思，他是太想革命胜利了。他发这作战电报，意思是叫曾国藩把李鸿章调来天京，把左宗棠调来天京，三军合击，直捣黄龙府，三军事后尽开颜。同治心急，蛮好理解，天京打围战，已打了两年多，李鸿章打苏州只用了两三个月，这天京不解决同治睡不着觉啊。李鸿章打苏州打得那么快，并不是他金叵罗，指挥倜傥，颠倒淋漓意，而是李家军武装到牙齿，部队装备早已鸟枪换炮，已是洋式装备，不但有洋枪（李家军有一支洋枪队），而且有洋炮，洋炮轰兮轰他娘，一轰轰倒半边墙；洋炮轰兮娘希匹，威加海内兮咪西咪西。洋炮是厉害的，曾国藩以前是从不相信武器，他相信的是精神与意志，每次做报告都是"我再强调一点"："在人不在器"。后来看到李鸿章一炮轰兮轰他娘了，这才晓得要发展武器："炸炮轰到之城，实可骑马而登，胜于地洞十倍。"曾国藩后来爱上了洋务运动，也是洋炮威力更新了他观念，解放了他思想——这是后话，不提。

将李鸿章洋枪队与洋炮营调到天京来，一炮轰兮轰他娘，还怕天京土城墙？同治没这么直接说，明话是叫曾国藩亲自去督战，暗话是叫曾国藩将李鸿章、左宗棠都调来，一发发炮弹打进南京城，搞炮海战术，比一个个战士冲进黄龙府，快捷多了，快多了，捷快了嘛。搞人海战术，要多牺牲多少战士？

同治脑子进水时候多，这封作战令却不算进水。曾国藩服从皇令吗？他倒是听旨的，问题是李鸿章不听令啊。曾国藩将作战令发与李鸿章，李鸿章回了电："廷旨有令敝军会攻之说。鄙意苦战日久，宜略休息……"苏州是打下了，可是部队也要休息休息啊，发扬连续作战作风，写写新闻可以，作作报告可以，真这么搞，哪里搞得？我的部队刚打了恶仗，也要洗把脸，睡个觉，养好精，才能蓄好锐，何况夏日炎炎，炮弹易发热，不好使（洋枪连发三四次则红，多则炸裂）。话说得没错，冠冕堂皇得很。李鸿章刀笔是蛮厉害的，最会做花样锦绣文章的了。大家都知道有个著名文案故事，曾国藩先前部队一战一败，十战十败，他往朝廷写汇报材料，写的是屡战屡败，后被改成屡败屡战，背后捉刀手，正是李鸿章——他正当曾司令文字秘书呢，刀笔很了得的。

李鸿章不来天京合围，曾国藩调不动，同治在北京急死了，这回作战令绕过曾国藩，直接指挥到军到师到旅团，圣旨口气严厉得很："李鸿章所部兵勇攻城夺隘，所向有功。炮队尤为得力（皇上也晓得武器哟西哟西呢）。现在金陵功在垂成，发、捻蓄意东趋，迟恐掣动全局，李鸿章岂能坐视？着即迅调劲旅数千及得力炮队前赴金陵，会和曾国藩围师，相机进取，速奏肤公（肤者，大也；公者，功也）！"

圣旨下得明确，蛮严厉，李鸿章听不？不听；去不？不去。李鸿章回电，说部队倒是休整了一下，战士体力确也恢复了，只是，情况有变，"臣因湖郡贼氛尚炽，实为苏省切近之忧，应先派劲旅进规长兴，协取湖郡。俟湖州克复，门户稳固，然后分兵会图金陵，方无后顾之忧。"李鸿章刀笔再见功夫。将在外，君令有所不受。我这里敌人还没彻底肃清，左宗棠围攻长兴，我得就近去协战，把这里的敌人彻底、完全消灭干净了，我们再同心同德，齐心协力，一举攻克天京。话硬是说得漂亮。

李鸿章硬是不出兵天京，是他怕死？是他坐山观虎斗，然后再渔翁得利？李鸿章不怕死，他虽则是淮军，到底属曾国藩节制，打仗也不是没打过。李鸿章不愿协同作战？看到友军在那死战，他不愿拔刀相助？非也，左宗棠攻长兴，他不也主动向皇帝请缨，也去"进规长兴，协取湖郡"吗？（左宗棠其实也不要他来，说他来是"越界立功"）

李鸿章愿打，愿帮，就是不帮曾国荃打？嗯，是的，什么敌人他都愿去打，谁的友军他都愿意去帮，他就是不帮曾国荃。

他与曾国荃有甚过节？没有（小矛盾或许有，大冲突真没有）。他是想害曾国荃？不是。他想的是帮曾国荃。可以这么说，李鸿章此时不听"县官"同治帝之令，他不听"现管"曾国藩之令，圣旨、军令都敢违，这一切都是在帮曾国荃。帮曾国荃什么？帮他立功。"且沅长劳苦累年，经营此城。"曾国荃在这里打了几年，眼看将打下了，我李鸿章带一支炮队来，一炮轰兮，轰死他娘了，那攻克太平军首都的首功，算谁的？皇上说了，叫大家"总以大局为重，不可少（稍）存畛域之见"，若"和衷共济，速竟全功，扫穴擒渠，同膺懋赏"。奖金大大的有，每人担箩筐来担就是；功勋章多多的，每人戴颗大的，但李鸿章不要"同膺懋赏"，他愿曾国荃独个获"首功"。

首功，首功。古时记功，确是以首相记的，除四害，以老鼠尾巴算数，记工分；除敌人，以敌人脑壳算数，记功劳；扔一颗脑壳到桌上，记一功，扔百颗，千颗，万颗，恭喜您，万骨枯了，你就成了大将大帅了。曾国荃后来被封为太子太保，一等伯爵，就是他一人独得金陵首功之故。

曾国荃立了这首功，实实是用不少首级换来的。曾国荃虽是曾家主力军，但其装备比李鸿章差远了，李鸿章鸟枪换炮了，曾国荃依仗的多半是战士们底下的那杆鸟枪。天京城墙不只是六朝金粉糊的，也是多少朝铜铁垒就的，异常难攻，曾国荃靠战士们下面那杆鸟枪，鸟被炸飞无数，城墙不稍损。曾国荃想的法子是地洞战，老远开挖，挖个地洞到南京城下，然后装满炸药，去南京城放炮仗。

地道战想起来挺浪漫的，很灿烂；实际不是那回事，实际是特浪费，特惨淡。曾国藩叫他老弟别打什么地道战了，地道战太费力，死人太多，"地洞一事，前十月五日，已浪费药数万斤，近日又有一洞将发，又将浪费数万。"挖一个地洞，挖深了不行，挖深了怎么去炸开城墙？挖浅了呢？挖了一个几个月，把草根挖断了，那一线草便枯黄了，一线草是黄的，黄成一线，旁边却是青草，这不是向太平军报告军情了吗？"贼酋李秀成登陴遥望，见其上草色，辄知有地道。"李秀成站在南京城上，看你挖，看你打地道战，待你挖得差不多了，他"薰以毒烟，灌以沸汤"，湘军哪里跑？一炮打下去，黄土全盖下来，嗯，比泥石流还厉害啊，湘军只好一起举行了集体葬礼。挖了大半年，用去炸药十数万近，牺牲工兵两千有余。南京城呢，却是毫发未伤。

不有李鸿章洋枪洋炮吗？把他调来，哪要这么老鼠子打地洞？不，谁也别来，这功劳必须是我曾九帅的。天京城，不用枪，不用炮，我只有用人，要把这城墙拱倒，曾国荃立军令状，军令状里都是豪言壮语，这话多壮烈啊，多气魄啊，多伟大啊，多英雄啊。嗯，曾国荃便是这么干的，战士死得越多，红旗不染得越红？翎子不染得越鲜艳？反正天京城已是瓮中捉鳖，走不了，用人堆，可以堆倒天京城！没错，曾国荃百败一胜，最后胜利属于了他，几个月后，他放了个大炮仗，那炮仗放得大，整个天京城都摇动了。这事大家都晓得，不说了。

要说的是李鸿章。李鸿章何以要抗曾国藩的军令，甚而敢抗圣旨？抗圣旨可能是真的，抗曾国藩却是半真半假。谁打下天京，功劳都是曾国藩的（所有成绩都是领导正确领导的结果嘛），这点没错，但李鸿章打下的，曾国荃打下的，对曾国荃而言，那区别可就大了。现在来看曾国荃的态度。曾国荃心迹没全集可读，要读其心之蛛丝马迹，可看《曾国藩全集》："何必全克而后为美名哉？人又何必占天下第一真美名哉？"战天京，战得特别苦，曾国藩一是心疼老弟（天京久攻不下，其弟肝火旺得不得了），二是顾全大局（其大局观要强些），三是怕皇帝怪罪吧。从此信可推知，曾国荃是坚决反对李鸿章来帮忙的。曾国藩是希望曾国荃打下天京，还是希望李鸿章？我们看到的是《曾国藩全集》苦口婆心规劝其弟，没收入《曾国藩全集》的呢（湘人袁树勋曾见曾国藩删日记，常见其将家书底稿躬自删改）："弟若一人苦挣苦支，不愿外人来搅局，则飞速复函。余不得弟信，断不轻奏先报。"哥俩双簧，李鸿章洞如观火，他也要来帮着演。曾国藩命令是下达给了李鸿章，那是给人看的，给朝廷看的。李鸿章抗命不遵，人见其硬骨，曾国藩见其妩媚。李鸿章乖，真乖。曾国藩后来一直培养李鸿章，将其送上青云，既是看到了李鸿章之才，更看到了李鸿章之乖。

曾国荃贪天之功，李鸿章让天之功，贪让之间，功成一人事费百倍。百倍不是虚数，是实数：前几天我看报纸，报上有人算了账，贪官若贪一百万，那国有资产损失的是一个亿，一个亿，恰是百倍啊。一个贪官何止贪一百万？现在共有多少贪官？共贪了多少钱？算算损失了国资多少万亿了。官人确是这么换算的，国库损失亿万，万亿，只要钱进了他袋里，管他国库怎么空；只要功勋章戴在了他胸前，管他多少人掉了命。这话扯远了，不说。

李鸿章不争曾国荃之功，关系自然好了，自然也等于跟曾国藩搞好了关系，他还获了让功之高誉呢——莫谓官场只有争功夺名是恶生态，让功也是生态恶呢。有诗为证：

大炮轰兮轰他娘，他自按兵看秋凉。

国事人命谁最重，官场关系第一量。

千亿山河纵打碎，百万袋装喜洋洋。

谦争进退乘除算，小亏大赚李鸿章。

清朝岗位差

官家生活，锦衣玉食，钟鸣鼎食，大清官家留与后世人民观感，便是市列珠玑，户盈罗绮，竞豪奢。这观感也不是无来由。比如大清官宦那桐，其家居也：舞楼榭台，广厦万间，"台榭富丽，尚有水石之趣"——这话太文艺，无实感，换统计数据是，那桐京都宅邸，占地25亩，大小套间300有余。其日常也：《那桐日记》自记，"生活既按部就班，又富足滋润"，山吃海喝，无有竟时，不是他赴人家酒局，便是人家赴他家宴会，今天是"到同兴楼小吃"，明天是"赴福寿堂之约"，后天呢，"到福全馆吃饭"——张宏杰先生给他统计光绪二十二年三月间，便有十九天，待在酒局饭局。其文娱也，不仅有家养戏班，更从外面请文工团，京都各类文艺团体，稍有名气者，都到过他家唱过歌，跳过舞，演过戏，什么四喜部，什么同义班，什么富连成，"寿子年晚饭，招宝金、宝玉两歌妓"。

"朱门酒肉臭，路有冻死骨"，官家与寒门贫富差距，差若霄壤，怪不得舆论冒火，广场生气——舆论引领仇富仇官，是有根据的。一粒老鼠屎打烂一锅汤，千粒万粒老鼠屎，这汤哪还喝得？吃瓜群众，喝汤人民，都想把这汤给倒了。哎，我说的是，清朝一小撮官员之奢侈生活，不仅使得最广大群众过不上好生活，也连累了众多大清公务员"被富贵"，在市民眼里，只要是公务员，不论官阶高低，职务大小，岗位肥瘦，都是出有车，食有鱼，住有厦，穿有衮，人人饮甘餍肥，个个脑满肠肥——你还嚷嚷着加工资？要食你肉寝你皮。

大清官员，真的很多是被富贵的，蛮多厕身衙门者，有你想象不到之贫寒。戴璐其《藤阴杂记》云，有张衡者任工部司官，算是司局级吧，每日三餐上顿不接下顿，"贫不能举火"；李慈铭天天叫苦，自称靠典当度日，若自个叫穷不算穷，那么李见同事家贫得"毛骨洒悚"当是可信的："贫瘁不堪，门庭萧索，屋宇敧漏，使令不供，人有菜色。"官家叙官家有不可信的，市民记大清官家呢，你不信不行了，有《都门竹枝词》专描京官，"轿破帘帏马破鞍，熬来白发诚亦难；粪车当道从旁过，便是当朝一品官。"此非小吏焉，竟是一品大员；京都更有民谣唱："上街三大厌物，步其后有急事无不误者，一妇人，一骆驼，一翰林也"，都是令人讨厌的，何谓？翰林坐不起车，又摆架子，路上磨磨蹭蹭，添人民堵。大清弄不到外快，捞不着油水者，穷至何程度？"京官寒苦，尤世所无……部曹借捐官印结之人，殆皆饿死"。

饿死？官家有饿死的？张之洞曾给官人算过一账，京官用度，即十分刻苦，日须一金。岁有三百余金，始能勉强自给。长安居不易居，一天最低生活保障须一两银子，那么官人工资多少呢？以曾国藩为例，曾大帅初任京都处级干部，年薪45两，乾隆元年起，给予京官特别照顾，开双俸，再加45两，合90两，另外，每正俸银兼支米一斛，计45斛，年总收入是125两，离365两之最低生活保障，不足三之一。你若无其他来项，不饿死才怪。当了大清五十年公务员的名臣朱珪，身死之日，众人往吊，"卧处仅一布被布褥，其别处则残书数箧而已，见者莫不悲感。"

一个在九重天，一个在十八层地狱，大清吏员贫富差距之大，所差者何？推想来，有三大差别吧，权力差，级别差，岗位差。权力差，自然居首，那是腐败性差，而级别差，岗位差，却是制度性差——是级别差大，还是岗位差大？不太好说，大清一品官，若立志做清官，也是轿破帘帏马鞍破，粪车当道从旁过。

清朝岗位差，是相当大的。那桐是权力差，岗位差，级别差，都占全了；权力不说了，这厮最会以权力捞钱，其皇族说他，谁都不认得，"只认得钱"（摄政王载沣之弟载涛语）；而他当年刚入官场，权力并不大，级别也不高，出身虽好家境尚寒，然则，他刚入公务员队伍曾任贵州司邦印，贵州多寒苦之地啊，却因是户部系统，靠山吃山靠水吃水，靠财吃财靠政吃政，靠财政吃财政，吃得满肚子冒油。那桐专官甚多，什么"户部山东司主事"，什么"派充左翼税务委员"，什么"俸饷处总办，饭银处差"，几乎都在财政这线跑，财政这线者，几乎都是安排满族子弟的，虽有个把汉人，到底是满人天下——好单位，你进得去吗？

让你想不到的是，任职大清兵部是相当清寒的，礼部也是，工部也不太行，"各部之中，以户部为优"。大清工资制，除正俸银米外，在京文官另有公费（月费）、饭食银等补贴，其中饭食银差距甚大。王文韶曾记，光绪四年，兵部可领饭食银是448两，礼部可领是67两，户部呢？其在光绪五年领的是1075两，是兵部近三倍，礼部近20倍。任职过湖南巡抚的骆秉章，曾在京都工作，一年才领38两。在户部工资外，其与其他部门收入差，多大？二十个在礼部搵食，才当得了一人在户部工作。这还是小巫。大清曾搞了制度性买官卖官，时称捐纳，买官费先归户部收取，靠钱吃钱，王文韶在光绪五年，曾分卖官所得之肥，数目惊人，是24123两。这钱非大清政府制度，却是大清财政小金库所分，换言之，便是部门集体研究的，也算是准制度嘛。公务员工资差不多，年收入皆几十或上百两；部门差与岗位差，打个算盘，其差如何？或无千倍差，而百倍差是固定的。比如王文韶这年所分额是二万四千两，而兵部侍郎其年从中所获，仅区区一百七十三两。

官员正俸，史上高者，唯有宋朝，其余各代，都不算高，明清两代，都低而又低，然则明清若普调官人工资，阻力重重：一者，其时万般皆下品，唯有官人高，又无教授，又无商人，虽有士、农、工、商四民之称，到底都是农民，官人再苦，不会比农民苦，换言之，官人平均收入，在社会整体之上，官人加薪，也便失去道义基础；二者，历朝房地产也不太压迫人，加薪也不太紧迫。时转后代，五行八作兴起，商人学人雄起，其比官人收入高了多少？而官人还在社会平均水平之上吗？官人加薪，物议纷纷，舆论不许，衙门里官人也怨，揪出一个官来，动辄亿计；纵使不揪贪官吧，不也有蛮多官人腰缠十万贯，骑鹤下扬州？

您有所不知，权力差，级别差，部门差，还加上地方差，差高官员把差地官人给屏蔽了，官家衙门百十，也是月儿弯弯照九州，几家欢乐几家愁。官家与官家之三大四大差别，大矣哉，有人贫寒彻骨，有人富贵冒油。官人被官人所拖累，也已久矣。

清朝奴仆多自杀

话说某天，乾隆搞突然袭击，一把手高度重视作风建设，亲自去暗访各部门值班上班情况。首先一站，便是来大清第一要地军机处。还好，还好，多半没溜岗——若有一般干部溜岗的，乾隆也不晓得（皇帝崽多，崽名喊不出，崽数记不全；机关官多，官名喊不出，官数摸不清）。

一切都在和谐友好的气氛中进行，未料，乾隆惠风和畅顿转暴风骤雨，他在那里敲桌子了：松筠，松筠，松筠哪去了？陪同人员脸色急转直下，惨白半晌，方禀对：松首长请假了。请假？向谁请假？为甚请假？大清请假制度如何，我还真不晓得，按理呢，大清部门负责人要请假，当向皇帝打报告的；军机处要地，其首长哪能不向皇帝报告的？"上忽问曰：'松筠何事请假？'"

"向谁请假"，这个问题很严重；"为甚请假"，这个问题更严重，这问题缠绕着大清建国两三百年，到了梁启超那时候，尚没了局。甚问题？这便是大清奴才制。

松筠是乾隆时候一位要员，文品，人品，官品，都不错，简直都还可称得上高，"松筠廉直坦易，脱略文法，不随时俯仰"，是性情中人，也是蛮有骨气之人——"不随时俯仰"嘛。出身蛮好，蒙古正蓝旗人，故而能位列九卿（松筠当那大官，跟文品人品关系可能还不密切，跟其出身旗人，关系更紧些），先后任兵部、礼部尚书，乾隆这次来突击检查机关作风建设时候，松筠已任军机大臣，算是一人之下万人之上了。

松筠出身蒙古正蓝旗人，这是其升官之本，却也是其受辱之根。乾隆来军机处查岗，松筠请假了，便是源自其出身旗人，"因该主有白事，松筠照例前往当差。"松筠出身蒙古正蓝旗，身份蛮好，出身蛮贱，其爹是旗主家奴仆。龙生龙凤生凤，老鼠生子打地洞，奴仆生子帮揩粪。松筠原来旗主家丧了考妣，他"照例前往当差"。

当甚差？乾隆发话，叫人去看看松筠到底在干吗（汝往视之，如无甚要事，可命其早日销假）？这位大臣去了，回来向乾隆汇报：松首长啊，脱了制服，穿上孝服，操根棍棍，在那里敲锣打鼓（至则松筠摘缨冠，身白袍，坐大门外司鼓）。我不晓得清朝办丧事，敲鼓人是何等人操役，在我老家，这是二傻子活计——和尚道士咿咿呀呀念经，敲鼓那二傻在一边，有搭没搭敲边鼓。

想来，各地丧考妣习俗略同吧，松筠大门外司鼓，也是大大之贱役。"满军机传旨讫，次早面奏人情。上大怒。"怒什么？不成体统，简直不成体统。堂堂大清国军机大臣，到人家丧事委员会下当一个最下贱的司鼓手，成何体统？"上大怒，谓该旗主有意侮辱大臣。"该旗主有意侮辱大臣吗？非也。这是大清传统与制度：一日为奴，终生为奴。你若是奴才出身，则不论你后来学问多高，地位多隆，碰到原来主子，你永远是奴，生生世世脱不了奴籍。松筠请假去替原来主人操贱役，乃"照例前往当差"。

各朝各代，奴仆地位都不高，与娼优、皂隶同属社会最下层；大清奴仆与各朝不太相同的是，其他朝代还容许"从奴隶到将军"，到了"将军"后，地位与原来主子或还倒个个，原先他跪主子，现在主子反跪他了，最少也是平起平坐吧。大清不同，你位列王侯，你官至九卿，见了原来主子，纵其故主沦落为街头小混混，你还是其奴才。松筠当了军机大臣了，故主家办丧事，照例，仍得继续为之当长工当短工。"旗奴之富贵者，甚畏见其贫主也。"

松筠这次请假，替故主办丧事，大失大清体统，乾隆甚怒，专门替松筠下了个文件，"即日降旨抬松旗，免其奴籍矣。"松筠是脱了奴籍，这政策惠及了普天下之奴仆吗？只是特事特办，皇恩不浩荡，只降大官方。乾隆过去又百十年，延至梁启超时代，奴人永是奴籍，并没改变，梁启超自承他老梁家，便是这样主子永为主，奴才永是奴的，"例如吾乡及附近各乡皆有所谓世仆者。其在吾乡者为龚姓，其人为吾梁姓之公仆……其职务则，一、梁家祠堂祭祀，必须执役；二、凡梁家各户有喜事凶事，必须执役。"

"予见主子之于仆隶，皆非复以人道处之矣，饥寒劳苦，不之恤无论已。甚者父母死，不听其缌麻哭泣矣；甚者淫其妻女，若宜然矣；甚者夺其资业莫之问矣；又甚者甚者，私杀而私焚之，莫敢讼矣。"吃不饱穿不暖，那是小事；奴仆父母死了，不准其奔丧；这不算，奴仆家其妻其女，都是主子泄欲之具；这还不算，主子砍死烧杀了奴仆，都不敢也不能告官打官司。

自然，奴仆地位被视为草芥，并非只是大清，历朝皆然，而大清尤恶者，是继承并强化了"奴籍制"，奴仆通过读书，通过当兵，通过经商，通过办企业等等通过个人奋斗改变命运的机会都无，大清奴籍者，便对人生十分绝望，一日奴籍，世代奴才，他们活着还有甚想头？所以，在大清，形成了一种独有的奴仆自杀现象。康熙初年，大臣朱之弼曾说，大清六部九卿家，每年自杀的奴仆，数目吓人，"八旗家丁，每岁以自尽报部者不下二千人。"京都有多少旗人家？每年自杀的家奴是二千多，这还是"报部者"，更多的肯定是不报部的，若一一给统计，那数目更吓人，"人虽有贵贱，均属赤子"，人命都是名，人权都是权，奈何富贵人可视贫苦人为草芥，随意将其杀死与蓄意将其逼死呢？大清自杀现象，康熙据说也看到了，"朕见旗下仆婢，往往轻生，投河自缢，必因家主责治过严，难以度日，情极势迫使然。"

　　大清奴仆自杀极多，真如康熙所谓"必因家主责治过严"吗？家主责治过严，恐怕还非主因。主因者何？奴籍制也。家主责治严，乃家主之责；奴籍制始终不除，谁之责？康熙之责嘛。若除了奴籍制，自不会有家主责治过严了，奴仆都不会自杀了。康熙、雍正、乾隆至慈禧，个个都会揽利卸责——造成社会大问题，都是别人，从来不认为是自己。

者回新妇礼难成

张铁生也曾参加高考，大字墨墨黑，满纸试卷里，小字不认得，"而奭手持试纸，竟日不下一字。"曳白居然也成了英雄，惹天下人笑。笑得最厉害的，或是教授吧，教授才高三斗，学富五车，知识淹博，学养精深。五十步笑百步，笑者可笑；一百分笑零分，笑者正笑，笑死你，你也不好作声。

一百分笑零分，笑者正笑？好吧，那来考考你吧。有日，史学家白寿彝被一个电话召去，说是开会；开甚鬼会？是考试。老师考学生考史地生、数理化，那也考考老师数理化、史地生吧，据说白教授只在卷子上写了三个字：白寿彝，便拂袖而去——现在也被人尊崇为白卷英雄的。还据说曳白的，不止白公，有好事者统计，北京来参加考试的613名教授、副教授中有200人交了白卷，其中自有拒考英雄，多数呢考试蛮认真，只是题目不会做，考试结果是，有53人考试及格，占考试人数的8.6%。在上海，复旦大学参加考试的104名正、副教授中，7人及格，7人拒绝答卷，也当了白卷英雄。

你笑死人家？让人家来笑死你。大清也曾考过教授，起因是报复性开玩笑？教授考学生，学生曳白，教授发笑，那也来考考你教授，大清搞的"教职岁考"，是不是这个起因？难考。政策的理论起点是：欲要学生读书，教师得先读书；要给学生一滴水，教师得有一桶水，是不是这个原因？也难考。

学生一期考两次，期中一次，期末一次，两学期共四次；好吧，一年教师考学生四次，三年五年学政来考教师一次，不为过吧，"教职当岁考之年，定例亦当考试一场。"一考谋取铁饭碗，刘老师已不读书。教师们高考考了一回，大学毕业考了一回，这两回后，刘李张王先生，赵钱孙李老师，你喊来统计局搞个统计，还有多少老师在读书？月儿弯弯照九州，几位老师在埋首，几家夫妇去罗账，几家麻将在桌头。师爷只教书不读书，大清是为此心焦心忧？还是看师爷一年两个寒暑假太好耍，故要想些法子来折腾老师？

大清岁考，先前是蛮认真的，准考证身份证，一应俱全；考试桌子摆放，监考制度建设，也是像模像样。老师们考考考，考得出了一身汗。大清考试，不考理化生，单靠一篇作文。老实说来，这是合适的。你叫一个理科教授，尽考些文史哲，他怎么做题？初高中学过？那些纯粹是敲门砖，考完后，早丢到爪哇国去了——那些知识，教授在教学与研究中，用得着吗？丢了个干干净净，别怪教授。

大清考试，只考申论，只考作文，这还考不及格，那不好说了：第一，你小学、中学、大学，都学这个，考这个，没超考试范围；第二，你现在在教小学、中学、大学，都教这个，考这个，也没超出你的手艺范围；考语文老师考数理化，不该，考下你作文，也不可以？很多师爷真不可以，咬笔杆，摸脑壳，通宵达旦咬，夜以继日摸，望着试卷，黄鼠狼咬死头牛，不晓得何处开剥。做歪诗一首交卷，诗曰："突闻考试实堪惊，此事当年害学生。今日临头识此味，从今开始学新人。"此诗若何？知识不正确（文科教授，押韵都不会嘛），思想倒是蛮正确的。别的不说，合时论焉。

思想蛮正确吗？"资产阶级攻击我们工农兵学员知识质量差，这些教授的知识质量又是如何？"教授这诗的意思是，我读书不行，同学们你们读书也可以不行算了，考什么试啊；老师考不及格，学生也不用考试及格，你不行，我不行，大家一起都不行，你莫读，我莫读，大家一起都莫读书吧——读书越多越反动呢。

　　大清有没有这种逻辑推演？好像没有，他们貌似只是敷衍政策，监考的，考试的，都是考得好玩，怎么说呢，走过场吧。"向来学使者优恤教官，大都临期散卷，迟数日交卷。"试卷发下来，监考老师搓麻将去了，留下一二个人，守在路口，逢上边督学来了，赶紧打电话给监考老师，叫他们嗟余听鼓应（付）官去，走马考场去哄人；上面来督查？督查个鬼，刚到地界，便接到宾馆，玩三打哈了。

　　几天考一篇作文，呀呀，羡慕嫉妒恨哪，学生半小时内得写八百字呢；开卷考试呢，老先生。老先生也考不了，"教官中老者居多，多不自作，托学中能文者代为之。"请枪手贵不贵？不贵，"三钱卷子三钱笔，四宝青云账乱拖。"为何这么便宜？您以为那些青皮后生作文蛮认真？不过是，百度，下载，打印，交卷。老先生晓得青年教师，劳动价值含量不高，故付费不高，三钱卷子三钱笔；还赖账呢，四宝青云账乱拖。

　　这般考试，考个鬼。不如不考，要考就要考真实水平，"咸丰葵丑，江西万藕舲尚书视学浙江，忽改为扃试。"把老先生们关起来，闭卷考试，这下吓死宝宝了，"于是年老荒疏诸公，皆大惊恐。"考试经济顿时升温，付费高了，"先期于同寅中择年少未荒者某代作，某代书，互相订定，庶时到不致曳白。"真认真啊？吓你的。"学使亦虑内中有不能完卷者，乃合优生与教官为一场。"考桌靠紧，一位博士生带一位老先生；老先生连舞弊抄袭都不会？没事，"若老师目昏手颤不能端楷者，准将草稿交优生代卷。"呵呵，都目昏手颤呢。先把政策搞得相当严，后把政策搞得相当松，意何为？猫逗老鼠？神经病？阁下有所不知，政策先严后松，最可招人颂万岁的，"于是欢声雷动"。

大家众筹感谢费，领导请大家吃大餐（自是公费买恩），"饱餐而散，可谓将军不负腹矣。"

考试是这么好玩，貌似不像是考试，是给大家提供聚会聚餐机会。可是，牢骚必须发，不发对不起万尚书。此话怎讲？各位有所不知，万尚书对老先生考试大放水，大放马，上面若晓得了，或有斧钺加焉；若考生到处乱说，说考试是耍把戏的，万尚书便或获罪了；要说得说考试蛮严格，把老先生考糊了，第一，可证自己有水平，第二，可证领导很认真。故而，考生都是蛮配合，蛮严肃、蛮认真地来配合造假的。秀水县老先生陈皋言，便作打油诗："接谈散卷久通行，谁料今番忽变更。高踞考棚方桌子，俯求优行老门生。牢宠一日神都倦，安枕三年梦再惊。共说阿婆都做惯，者回新妇礼难成。"

原先只考学生，阿婆做惯了，这回当回学生、当回媳妇，晓得其中艰辛吧？老师们别的或不太在行，发牢骚讲怪话甚是当行，撰了很多解构这个考试政策的打油诗，还如，莫笑区区职分卑，小京官里最便宜。也随翰苑称前辈，好认中堂作老师。四库书成邀议叙，六年俸满放同知。有时溜到军机处，一串朝珠项下垂。

不晓得这般考试纯走过场，清政府自觉无聊，还是大清师爷们会解构？者回新妇礼难成，下回考师更难成。是政策本扯淡，还是执行政策太扯淡？——让教授感到为难的事遇到了教授，多是行不通的。

苟利国家未尽生死以

　　曾读过一篇翻案文章，文谓"师夷长技以制夷"首倡者，不是魏默深，而是林则徐。只是翻遍林则徐文集，都找不到这话，倒是魏源著作里，白纸黑字摆在那里，这作何解释？翻案者说，这话本是林则徐写在《道光洋艘征抚记》奏章里的，但林公怕这话冲击力过大，皇上受不了，×××，连打几把叉，给划掉了。天朝做世界大哥很多年，却嚷嚷叫着要皇帝低下头来向夷狄学习，皇上不捶桌子掷签子将林公拿下？故而自己不要这著作权，让与魏默深，立意是让政治策论，先转学术自由。

　　我对这论存疑。疑师夷长技著作权是可以的，问题是作者将疑案，斩钉截铁给了定谳，说魏源当年是幕僚，是林公秘书角色，秘书秉承的是首长思想，首长出思想，秘书出文字，以此推断，"师夷长技"这话当是林公的。这就搞笑了。若说首长出嘴巴（到台上念），秘书出文字，这话，我信；但思想皆出自首长云云，这话到嘴边，麻烦您吞肚里去，免得闹笑话。

　　不过这位翻案作者，其中说的一个道理，我信。他说师夷长技这话，林公本来要谏言皇上的，但怕皇上对林公灭天朝威风长夷人志气来脾气。这道理是站得住脚的。只是道理在，未必等于事实在。一对正常男女结婚，逻辑可推断一定生崽，但是生儿还是生女？是生出你来还是生出他来？说不准了嘛。

　　没有事实的话，尽量少说。而下面这事，却是有史档可翻的。林公虎门禁烟，成于斯，败于斯。派林公去广东禁烟，文件是皇上签发的；后来事情闹大了，皇上一推二五六，说是与夷开衅全是林则徐不会办事，一掌把林公谪戍伊犁路八千。为皇家做事，真不好做。

林公遭遣，身在江湖，心忧家国（称林公爱国，是真爱国，不是那些一旦受苦，便去家国之邦，从此恨国者——我也是蛮怀疑这些人当年之爱国心的，最少其爱国太功利了）。忧国忧民，痴心不改，比如他曾经写了一封信：

"彼之大炮远及十里之外，若我炮不能及彼，彼炮已先及我，是器不良也；彼之放炮如内地之放排枪，连声不断，我放一炮后，须辗转移时，再放一炮，是技不熟也。求其良且熟焉，亦无他深巧耳。不此之务，既远调百万貔貅，恐只供临敌之一哄……"

以今天眼光来看，林公此议不算高论，师夷长技，"无他深巧"，只是师夷之器之良与技之熟，便OK。林公这话，卑之无甚高论，可是，放诸百五十年前，却是石破天惊了，"即既远调百万貔貅，恐只供临敌之一哄"，将国朝《尚书》《春秋》《易经》《诗三百》，全征集到前线来念，除了供敌人爆笑外，一无所用。林公这话，如今到广场读来，都感觉生猛无比，何况当年在黑屋子里大叫呢。

林公这话呐喊一声，未必能够警醒当年睡狮，但喊都不喊，连警醒的可能都没有。林公这话是嘀咕着说的，不是呐喊的。他说的是悄悄话，是遣戍伊犁后，写给朋友的一封私信。写完后，不是叫朋友上交皇帝，代为建言；也不是叫朋友递给报馆，启蒙百姓；相反的呢，一再嘱咐朋友，千万莫外传，不足为外人道也，至嘱至嘱。

斯论是警世钟，上可警醒天朝，下可启蒙黎民，依此治军，可强军；依此治国，可强国；依此济世，可复兴中华，于国于民百无一害，利国利民全是利好，林公为甚藏着掖着？

有时论说，士人是社会良心，良知全属士子，一入仕宦，便是蠹虫。这话，未免是士人自高身价，将身价抬高，好向社会要价也（开讲座，那出场费从此高了很多）。天朝里头没有良知？都是昏聩之徒？都是平庸之辈？不然。比如林则徐，吃的是天朝饭，穿的是天朝衣，坐的是天朝椅，把持的天朝印章，他的眼光与天朝完全一致吗？也没有嘛。天朝固然颟顸人多，但脑壳清醒的不会少。他们公开场合，嘴巴闭得紧，下了主席台，到了茶馆里，其见其识，或许未必比你激进，却不会比你低下。甚或因其既知朝，又知野，既知内，又知外，其理其论，更稳妥，更具可操作性。士子居庐山外，可识大势，但其局限也是有的，知大势只是知大概而已；脑子醒着的局内人，大势大概都了然，其信息量更多呢。

林则徐既晓大势，也晓大概，其论切中肯綮，却又遮遮掩掩，不肯振臂高呼。嘴巴应该嘚嘛，一嘚不行，嘚两嘚；两嘚不行，三嘚可以唤出扶桑来嘛。而林公却不肯发大声。上面已经说过，林公第一怕的是皇帝。中华当老大帝国当惯了，虚骄两气病入骨髓，要皇帝放下身段来向夷狄学习，你不要命了？有第一，则有第二，那第二怕，怕谁？不是别人，恰是士子。自隋唐开科，读书人以科举为身家性命，天朝现存制度，是他们鼎锅，他们都要靠从这制度里舀饭来吃的，若改了祖宗成制，那不要了他命？林公所处当朝，清流特厉害，皇帝斧钺没砍死人，清流的唾沫能淹死人——枪杆子杀人，厉害，笔杆子杀人，也不弱。笔杆子若将林公判为卖国贼，林公是受不起的。蒋廷黻的《中国近代史》有入心之评："他（指林则徐）让主持清议的士大夫睡在梦中，他让国家日趋衰弱，而不肯牺牲自己的名誉去与时人奋斗。"

林公当去与皇帝奋斗，去与时论奋斗，哪怕赴死，也当是如归。我等后生如此来怂恿林公，未免心不忍。奈何这是林公高调自唱，林公曾作过自励诗铭：苟利国家生死以，岂因祸福趋避之。林公不自掌了嘴？喊醒国君与国人，特有利于国，特有利于家，特有利于民，三个都是有利于啊，林公为何不生死以呢？为何又懦弱起来了？为何又有福不去趋之有祸却又避之了？

说林公懦弱，也是说不通的。林公被朝廷派去虎门禁烟，哪里畏葸过？对面是英帝国坚船利炮，有高大威猛洋鬼子荷枪实弹，林公不曾胆怯，不曾怕死，他是践了苟利国家生死以之诺的。而林公对外敌死都不怕，为何对内朝又怕痒了呢？其中状态，无一名之，姑且谓为"局内人困局"吧。身处朝局，他们有见识，有眼光，有新理论，也略有勇气，比如一不怕撤职，二不怕开除宦籍，三不怕老婆离婚，四不怕坐牢，五不怕杀头。但是，他们怕政治纪律啊，人若当官，其他或是自由的（比如想玩就玩，想去哪儿就哪儿，当官百事自由度比一般人高些），但言论与理论，却比常人紧束多了，林则徐那么大的高官，他能随便说话吗？他去了伊犁，还是戴罪之身，并非退休归老，心里固然有话说，但不肯公开，憋得慌了，也只是私下倾诉倾诉，完了，得附人耳：别外传别外传，切记切记。

这个局内人困局，只要是待在局内者，都是被困着的，所不同者，被困程度有别，越是官大（皇帝除外，位到皇上，才到了自由王国，想干什么，都是干得好；想说什么，都是说得对），越不敢乱说，他怕哪，怕皇上，怕清议，尤怕政治纪律紧箍咒。言论与畏惧，在官场是有定律的。职与畏，与知与畏，是一个定律，无知者无畏，小知者小畏，大知者大畏；同样，无职者无畏，小职者小畏，大职者大畏——其他不说，最少在言论方面，官位大小与言论之畏度，是存在这定律的。

曾国藩事功建得够大的了，其言功呢，谈不上；不是曾国藩没思想，而是其思想不敢表达。曾国藩曾牢骚满腹，向人诉苦："历年辛苦，与贼战者不过十之三四，与世俗文法战者不啻十之五六。"跟外敌开枪法战，苟利国家，林则徐死以之；但若与世俗开文法战，纵使有利国家，林则徐也不能不生避之。孙悟空不曾怕过妖怪，怕的是唐僧的紧箍咒。

曾国藩说那话，心情当悲壮吧？老汉我听来这话，心情真悲凉。

学习的姿势

　　魏源是爱国者，此话不虚。《海国图志》虽以外国为师，而魏源著书立说，其目的是要强国，"是书何以作？曰：为以夷攻夷而作，为以夷款夷而作，为师夷长技以制夷而作。"以现代眼光来看，这话可能有点不中听；称外国为夷，还是有着天朝王国虚骄气，尤其是"制夷"俩字碍眼，学师傅意在打师傅，这是什么话？世界要大同，便不能师夷而制夷嘛。

　　苛责古人是容易的，以当今国帑制顶帽子，逆时光而甩古人头上，让长袍古人穿西装，戴鸭舌帽，很滑稽，却很时髦。魏源说制夷，其意是反制夷帮入侵。鸦片战争后，夷人以坚船利炮破了国门，穿堂入舍。子弹所穿胸者，非他人，是阁下先祖辈；炮弹所落顶者，非他人，是兄弟先人。魏源说制夷，是制止夷，并没说要侵略夷，其中悲情，非饮甘餍肥、全仗唾沫以求名士职称者，所能感知的。

　　魏源不愧爱国者，既显影于"师夷长技"，更现心在"以制夷"上。与那些以天朝上国自命之颠顸之徒比，魏源有瞭望世界的眼光与眼力，他是睁眼来爱国，不是闭着眼睛瞎咧咧爱国；魏源师夷长技，用心是在"以制夷"。这又比一些人爱国爱得更真切。有些人是师夷长技以爱夷，嗯，这也不好说什么；有些人呢，师夷长技不是制夷，而是师夷长技以制己，处处以夷之长技，来骂己，来讽己，挟洋自重，挟夷制华；更有些人呢，师夷长技是要灭己，要以夷文化灭华文化，要以夷新进灭华传统。这么一瞧，便知睁眼看世界的第一代人魏源与林则徐先辈，国人尊为爱国者，并没虚制帽子。顺便要说句的是，倡导学习外国先进科技者，先人并不乱扣卖国贼帽子，而是辨其本心，将其供奉于爱国者神龛上，可见先人眼光与气度，皆胜阁下多多。

魏源爱国，不但显影于"以制夷"目的，也显现于"师夷长技"之过程。师夷长技，便是月亮都是外国的圆？魏源并不如此认为。在魏源看来，师夷长技是必需的，其时最紧迫者，须在三个方面，埋下头来虚心学习："夷之长技三：一、战舰，二、火器，三、养兵练兵之法。"夷之长技肯定不止三，魏源单拣这三者，乃是这三者皆是军事之长技；夷以长技制我，首先是军事上；我要以长技以制夷，便当哪里跌倒哪里爬起，魏源将师夷长技锁定在这三点，不能算是急功近利，而足见其拳拳爱国之心。

魏源其心拳拳，叫国人矫正那拗到屁股后面去的天朝上国头颅，归位于虚心学习外国长技应有姿势上，但魏源也不曾矫枉过正，把国人头颅按到尘埃中去。魏源承认，夷人有长技，长技既长，又多，不学不行；但魏源并不因此认定，中华一切都不如人，无一所长，他依然认为："中国智慧，无所不有，历算则日月薄蚀，闰余消息，不爽秒毫；仪器则钟表暑刻，不亚西土；至罗针、壶漏，则创自中国而后西行……"魏源还以为，不单是技术上中国可以有自信，在国民智力上，也不太低人一等："风气日开，智慧日出，方见东海之民，尤西海之民。"

魏源留给我们的精神遗产，有人专注于他倡导国人低下头"师夷长技"，或并不能探得魏源真心思，魏源不是尽夸外国好，并不以自轻自贱、自我作践来夸外国好，魏源以为，国人必须向外国先进技术与制度，但不能数典忘祖，也要看到自有所长。这点很重要。鸦片战争后，国人输了仗，然则，他们没输心；倒是后来，仗没输，心输了。有的是文化他信，没了文化自信；有的是民族他信，没了民族自信。若有中国人说中国好，便有中国人起哄，谩骂，讥刺，众起围攻，爱国贼帽子满天飞。

魏源那代睁眼看世界之先行者，虽然输了仗，却多没输心。曾国藩是魏源师夷长技之实践者，他曾提出了"师夷智以造炮制船"，以此开创了第一个近代化军工厂——安庆军械所，他开设军械所，意在保家卫国；左宗棠爱国心尤其殷切，他在福州设局造轮船，意图很明确，"实以西洋各国恃其船炮横行海上，每以其所有，傲我所无，不得不师其长以制之。"纵或被一些人称为卖国贼的李鸿章，其心实质也向着国家的，李鸿章学习外国先进技术，目的也很明确："欲求制驭之方，必须尽其所长，方足以夺其所恃。"

向人学习，是不是非得全输了精神气，才算是虚心？学习他人，应该还可以，更必须有自我，所谓自由思想，独立精神，此之谓也。有人曾谓，魏源世界眼光还是很有局限性的，其局限在于，他所倡导者，只是师夷之部分长技，不曾全盘学习去，不算是真心学。这批评也是有些对的，魏源将西方长技锁定在军事上，学习面是有些窄了，但设若说，因此怀疑魏源学习西方长技之真心，那也是冤枉。我吃鸡，择其鸡腿鸡胸而食，不食其鸡屁股，便谓是厌食者，可乎？

学习他人长技，自得虚心；虚心得输心吗？不必。魏源著《海国图志》，国人当知其学习之真心，也当知其学习之姿势。魏源之师夷长技，那姿势是站着的，是坐着的，还可以说是蹲着的，但绝非是跪着的。

真爱国者郭嵩焘

　　事功与思功，非平行线，也不是一根线，说是交错线，更合人物建功立业之实情。说得头头是道，做得井井有条的，有，不太多；满腹经纶，干得一团糟的，不是没有；既是思想家又是实干家，那是不世出之才，人间难得。郭嵩焘不是没给过他思想的试验田，他也当过广东巡抚，干得真不怎么样。乡党曾国藩，对他大不满；也是乡党更兼儿女亲家的左宗棠，搞得也要弹劾他了，世易时移，百年后您来看郭嵩焘在广东作为，好像也没甚可圈点的。郭嵩焘留取丹笔照汗青的，不是其事功，而是其思功。

　　有谓，郭嵩焘使西，翻转为思想家，是去职广东后，并非之前，其时不曾著《使西纪程》，若著了这书，再去任职方面大员，以书中思想去刷新政治，便可事功与思功二合一了。这种可能，不是没有，只是郭嵩焘洋务思想，也不是"出使英法大臣"后才有的，之前他就以"外交能手自负"了（郭自道："自南宋以来，控御夷狄之道，绝于天下者，七百余年，老朽不才，直欲目空古人。"），也正因为他"明于古今治乱升降之故，尤详究海外各国形势"，故派遣他去当外交大使的。这么说的意思是，大思想家未必可以顾盼自雄，感觉从此能政教合一，思想与政治可两头通吃了。

　　这么说的意思是，郭嵩焘留诸青史，在其思功，非其事功。郭嵩焘任大使之前，张眼瞭望世界，虽知世界大势，那大势不是很清晰的。改造世界，既要身在庐山外，也要身处庐山中；既要讲大势，也要讲细节，没有细节的大势，是空架子，恰如一栋毛坯房，没安门窗，没铺地板，没装水电，也没法去住。郭嵩焘使了西后，对西洋政治有切身感受，故其既知大势，也晓了细节，"论列中外得失，准时度势，洞见症结，凡所谋划，皆简而易行。"

郭嵩焘使西前，慈禧太后给他打气（西太后这回倒是没昏）："旁人说汝闲话，你不要管他。他们局外人随便瞎说，全不顾事理，不要顾别人闲说，横直皇上总知道你的心事。"有老佛爷这话当尚方宝剑，郭嵩焘"师夷长技"就有了底气，入得西洋，周咨详访，博览群书，一改夷狄老概念，称孔子是孔夫子，也称柏拉图是"巴夫子"，称孟子是孟夫子，也称亚里士多德是"亚夫子"；不但学其科技，"英人谓天文窍奥由纽登（牛顿）开之，此英国实学（科学）之源也。相距二百三四十年间，欧洲各国日趋富强，推求本源，皆学问考核之功也。"而且关注其体制，"推原其立国之本末，所以持久而国势益张者，则在巴力门议政院（Parliament）有绍持国是之议，设买阿尔（Mayor，市长）治民有顺从民愿之情。二者相持，是以君与民交相维系。迭盛迭衰，而立国千余年终以不败。人才学问相继以起，而皆有以自效。此其立国之本也。"

先知先觉五年十年者，是英雄；先知先觉百年千年者，是鬼魔。郭嵩焘生于数千年来天朝为尊的国度，也算是过于先知了吧，他便被国人当了魔鬼了（国人将其使西叫"事鬼"）。郭的副手刘锡鸿见郭嵩焘尽在"师夷"，便扣政治大帽，谓其是"媚外"，郭嵩焘"游甲敦炮台披洋人衣"，是大罪，"即令冻死亦不当披"；郭嵩焘见了外国国君，起立致意，是大罪，"堂堂天朝，何至为小国主致敬？"有名为副手实为"监工"的老古董刘锡鸿在弹劾，郭嵩焘干不下去了，被召回了国。

郭嵩焘被召回，命运自此沦落，"大为士论所不容"，连老家都回不得，

"更为湘中顽固党诟病"。如今海归，村里头打锣鼓逢迎的，那是衣锦还乡；郭嵩焘海归湖南，湘人却要扫地出门，不准他回湖"玷辱家门"，听说他要"由鄂乘白云轮船入境，官绅哄动苦劝"，他家大门都泼了人屎狗粪，更有人吓他说，你要回家，连你屋上的瓦都要给戳掉，乡绅"集议于上林寺，几欲焚其寓室"。

遭遇如此，郭嵩焘不心死古井了？也不，他海归之后，依然不改四观（三观外，还加了政治观），"嵩焘家居时，好危言激论"，世人皆欲杀，"肝硬化怎杀得死他"？不但不写检讨书，反是"肯说实话，皆极大胆识。"故而，他回国后，日子过得不爽，连老婆也不理解他，"中岁纳妾有宠，夫妻竟反目，故家居亦鲜乐事也。"

郭嵩焘崇洋是实，媚外呢？谈不上。郭嵩焘崇洋，其意不在媚外，而在于强国，意在师夷长技以齐夷。魏源喊醒国人"师夷"，其落脚点是"制夷"，故而到目前为止，士论之主流，都把魏源呼为爱国主义思想家。不过有人不以为然，说魏源学来师傅高科技，便要反过去打翻师傅，用心险恶，是民粹主义分子，"制夷"便是反人类。估计这位士子，也是先知了万年，哪知百年前，西洋凌辱华夏呢。世界和睦，天下大同，三千前古贤便做了这个梦，梦到魏源有几千年，魏源过后又一两百年，再往后看千年，都无实现的迹象，阁下又哪能诛心以论魏源呢？郭嵩焘确比魏源进了一步，他之崇夷，不在制夷，是齐夷吧。

魏源师夷，意在制夷；郭嵩焘师夷，意在齐夷，都心向祖国的。郭嵩焘"齐夷"非"乞夷"，只要是西洋的，国人便须跪着，郭嵩焘没这意思，但有人有，如说要将中国改土成某国第五十一州，故而不能说只要是崇洋的，便是爱国的，媚外的确也多，卖国的更不少；同理也不能说只要是崇中的，便是爱国的，误国的也多，借爱国之名以求卖国之实者真不少。不能以崇洋崇中做爱国卖国之标准，崇洋与崇中，道虽不同，而心同一（都要爱国），才有共识相谋。现成例子是，左宗棠是不太认同郭嵩焘的，"中俄事起"，郭嵩焘主张言和，左宗棠坚决主战，看来左宗棠是对的，若不，新疆或已非国土了——麻烦您不要会错刘郎意，以为只有崇洋才是爱国，崇中者也有真心爱国的（世事难料，当年崇洋，一律当卖国贼看，如今反了，谁要崇国学，便可能戴上爱国贼高帽子了）。

说郭嵩焘是崇洋的，也是爱国的。倒不是他说了西洋多少好话，而是其晚年过着蛮苦的生活。我们的幸福不能建立在别人的痛苦之上，但，时穷节乃现，人品苦中显，我们高评人，要看他怎么过苦日子（其为理想九死而不悔，可证人品高迈）。郭嵩焘晚年在故国过得苦，"夫妻竟反目，故家居亦鲜乐事"，缘他不卖国。他若媚外，道不同何不乘桴浮于海，转身去父母之邦？他当英法大使，弄个绿卡，不难；更借一步说话，他留英不归，免受国人之辱，也并非不可，而他回了故国，老于斯（老于外而思故国的，也算爱国）。可知，郭嵩焘当不曾领取某国救济粮，也不曾暗联某国基金会。他吃家国饭，谋国家事，老于黄土地之黄土。

最好的爱国，是有脑、有眼、有心肝；最次的是无脑、无眼、无心肝；之间还有不同等次的爱国，比如无脑、无眼、有心肝，比如有脑、有眼、无心肝。放出眼光来，向外寻求强国的，只"要这人沉着，勇猛，有辨别，不自私"（鲁迅《拿来主义》），我们不能叫他卖国贼；放出眼光来，向内寻求富民的，只"要这人沉着，勇猛，有辨别，不自私"，我们也不能叫他爱国贼。凡真心寻求民族复兴之道者，如郭嵩焘，如左宗棠，都是真爱国。

老鼠吃猫

官大一级压死人，这是真的。若君要臣死臣不得不死是真的，那官要吏死吏不得不死也便是真的，官与吏即君与臣之土皇帝版嘛。君与臣也好，官与吏也罢，其死人与被死人，都是借权力刀刃的。既是权力之刀，那么臣也有，吏也有；君有铡刀，臣有砍刀；官有明晃晃舞于手的青龙偃月刀，吏也有暗暗藏于袖的袖珍匕首刀——小吏在龙椅之海绵中藏一根锋利长钉子，让官人一屁股坐下去，肛门都戳破，戳出大肠来，也是在在多有。

张廷玉是大清名臣，乾隆神经比较正常的时候，也爱对下属抒情，夸夸下属好，比如乾隆曾作过《怀旧诗》，夸张廷玉为五阁臣之一，且作诗曰："风度如九龄，禄位兼韦平。承家有厚德，际主为名卿……"这诗后面还蛮长，不引罢，总之这时候乾隆的神经是正常的，对张公是点赞的（后来乾隆发飙，褫夺了其官爵及罢配享待遇）。张公做官确乎不错，"器量纯全，抒诚供职"（雍正），也"和平端正，学问优长"（雍正），故而张公蹬腿后，雍正给他谥号文和，世称张文和。

张廷玉有文和之称，做官做人，总体上是温和的，却也曾被人呼为"伏虎侍郎"，说的是他对宵小之吏管制甚严，有蠹吏张某，最擅舞文弄墨，喜欢在文字玩多一撇少一捺的把戏，把官僚们害得够呛，"中外官屡受其害"，人称"张老虎"。有回被张文和抓住了，"公命所司重惩之"，这厮能量大，搬请来的说情纸条雪片飞来，"公不为所动"，温和人也刚硬了一回，硬是把这家伙敲打了一记重的，张公便获"伏虎侍郎"之称了。

如蠹吏张某也是蛮多的。也是张公任职吏部时候，"一日坐堂上理事，曹司持一谍来"，是某省之汇报材料，材料有点乱搞，"此文'元氏县'误书'先民县'"，曹司处理意见是，"当驳问原省"，将材料打回去，叫巡抚来京"说明"，一去一来，驿站所费是大数目；官人自然不差钱，而谓叫巡抚来"说明"，这可烦死了。说不定巡抚职务都不撤即降的——没那严重？有更严重的：年羹尧向雍正打报告，报告中"朝乾夕惕"，写成了"夕惕朝乾"（夕惕，朝乾是并列词，如成群结队，换为结队成群，并无大碍），雍正发了大脾气，降罪年羹尧欺他语文成绩不好，拿办了他。

此处将"元氏县"乱写成"先民县"，巡抚甚态度，巡抚甚水平？把这事情提起来，也重千斤。张文和见了，只是笑，"若'先民'写成'元氏'，外省之误。今'元氏'作'先民'，乃书吏略添笔画。"这书吏略添笔画，干吗呢？"为需索计耳"，书吏想的是，要去敲诈敲诈巡抚，叫巡抚付一笔钱，让书吏给他去销账。

书吏是吏，巡抚是官，多半时候是官敲吏，也有时候是吏要来诈官。权力场上，便是这样你搞我路子，我戳你帽子；你割我脖子，我锥你腰子，总是搞不清场的。这回呢，是张廷玉眼光明亮，一言看出书吏其中诡计，"责逐黠吏而正其谬"，未曾让其得逞。而湖广总督李瀚章，却吃了个不大不小的亏。

李瀚章是李鸿章之哥，他接替李鹤年任湖广总督，有书吏是李鹤年旧部，李瀚章新就职，搞的也是一朝领导一朝人，将书吏晾起来，职务啊，待遇啊，都不曾多做考虑。这书吏心里有气，略略玩了个手法，让李瀚章吃了哑巴亏。有回，有报告上呈朝廷，书吏懒得写，将原来汇报材料直送朝廷，末了，写上报人"湖广总督李鹤年"。今夕何夕？李鹤年早革职了，湖广还是李鹤年吗？光绪看到奏折，气不打一处来，将材料掼桌子，再掼于地，提起朱笔御批："交部议处"，直接将这文字案移交司法机关了。

魏光焘是我们邵阳人氏，是魏源族侄孙，先前是跟曾国藩、左宗棠枪林弹雨一起混的，也是晚清重臣，先后任新疆布政使、新疆巡抚、云贵总督、陕甘总督，后任两江总督、南洋大臣、总理各国事务大臣，作战有胜功，做官有清声。其时在甘肃平庆固泾当道员，手下有百十人当了逃兵，遍寻不着，魏光焘便下通缉令，发文各地，要将逃兵捉拿归案，通缉令下面密密麻麻，抄送了众地区要员，让各地配合捉拿。

也可能是书吏吊儿郎当吧，其实更是书吏暗做手脚，把这个通缉令下面抄送单位，一一罗列，其中罗列了"奉天知府"。魏光焘哪管文字这等雕虫事？不料未几，收到了奉天方面大员尹松林的一封来函，斥责魏道员"连视圣制，轻谩上官"，函中谓，他将严肃对待此事，必要时候将"交部议处"。甚事如此严重？原来是吏员给魏光焘下了个套子，将"奉天府尹"写成了"奉天知府"。多大的事？事大着呢，奉天是大清发达之地，有留都之谓，其官级别高其他地方一级半职的，此事若上纲上线，那是政治错误，是对清朝之侮辱，是对先帝之大不敬。呵呵，生了八个脑壳都不够砍的。

什么事哪。不是甚大事，是花钱消灾事。魏光焘先前急死了，后来暗笑几声，赶紧写了一封信去，低边去，自称门生，魏光焘晓得，这虚头巴脑解决不了问题，便奉上奉天府雪花银一万两，拜请尹首长笑纳。尹首长笑纳了，笑笑说，没事没事，多大的事啊。没事吗？一年后，尹松林说冬天来了，没得貂皮过冬，这日子咋过？开了一个清单，让魏光焘帮忙代买玄狐皮、猞猁皮，各需几十张。什么皮？活剥皮；官场蠢货听了，真去购什么皮；魏光焘却是聪明的，直接送人民币。魏光焘老老实实又奉送万两银子去。魏光焘这故事，时叫"一封公函两万金"。

官整死吏，是猫抓老鼠，一爪抓了便了；吏要整官，是老鼠吃猫，自个爪子不能及，便使点手脚，让上面来伸爪，也多有得逞的。权力场上，多是一场猫鼠游戏，猫抓鼠是常态，鼠戏猫也不全是特例。怪不？不怪，既有猫鼠同眠，也有猫鼠相咬；既有猫抓鼠，也有鼠弄猫；黑猫明里搞，灰鼠暗地搞；强猫不对称搞弱鼠，弱鼠不对称搞强猫；猫在上搞下鼠，鼠在下搞上猫，总是搞不清场。

科举愤青胡林翼

曾左彭胡四罗汉，众人皆呼是伟男；谁个曾经是纨绔？谁个出身庄稼汉？曾国藩老爹虽是秀才，却也拽坝扶锄；左老爹顶多算民办教师，丢下粉笔头，拿起锄头把——很多年后，左宗棠功成名就，还忘不了挑粪插秧岁月，尚自称"湘上农人"；彭玉麟家境好点，老爹却不过是乡镇干部（其爹彭鸣九曾任安徽合肥梁园镇巡检），不恰当地比方一个，老彭算半边户，他小时候"也曾与我喂牛切草"，小农民一个。

曾左彭读书蛮扎劲，"斗伞方"（湘地方言：吊儿郎当）的是胡林翼。胡家书香门第，官宦世家，他爹胡公达源先生，曾以一甲第三名进士及第，直入翰林院，授编修；后官至詹事府少詹事，为四品京堂。七品是芝麻官，若让我瞎猜，四品瓜娃子西瓜官吧（你算退休，他是离休）。胡林翼含着金钥匙出身，又贵者，是他爹三十五岁生得他，还贵者，他独生子呢，那是何等样掌上明珠？青少年胡林翼是四无青年——无理想，无道德，无文化，无纪律。他理想是做纨绔，我们理想单里，没这项；无道德，这并不是我言论偏激他，胡少爷提笼架鸟不算，还寻花问柳，这是有道德？无纪律，这不用说了，他新婚之夜，放下新娘子不管，跑去逛窑子，纪律性何从体现？

我知道您要来争议的是，胡林翼文化有没有？他文化蛮多，车载斗量。我要说他没有，您也莫生气。他这厮曾破口大骂科举文凭呢——若有人不尿文凭，大儒先生我，就要批他反智；若有人要骂科举，那大儒先生我，就要批他没文化。

胡少爷会蹴鞠、会打围、会插科、会歌舞、会吹弹、会咽作、会吟诗，纵使歪了他嘴，瘸了他腿，折了他手，他都要烟花路上走，钻入锄不断、斫不下、解不开、顿不脱、慢腾腾千层锦套头……胡少哪有时间读书，哪愿甘心读书？四书？讨厌；五经？讨厌。

胡少爷对科举真个是恨得剁脚的。前人批评科举，有，不多，远无后来人那么激烈。胡少却是恨不得咬科举一口肉。道光十三年（1833年），胡少在京都写家信与两堂弟："二弟近日读书，偏重时艺，兄意殊不谓然。兄曾独居私念，秦始皇焚书坑儒，而儒学遭厄。始皇之意，人咸知其恶。焚固不能尽焚；坑又未能尽坑。且二世即亡，时间甚短，其害尤浅。独明祖之八股取士，外托代圣代言之美名，阴为消弭枭雄之毒计。"秦始皇恶毒不？恶毒，焚书坑儒嘛；秦始皇恶毒，有朱元璋恶毒吗？差远啦，秦始皇焚书坑儒，二世而斩，老天爷不给他很多时间来干坏事，便把他给收了，把其朝廷给灭了，故书没焚尽，儒没坑尽。秦始皇恶，不算恶，天老爷让他中止犯罪了。朱元璋最狠毒啊，他借代圣贤言，行科举之毒计，把天下枭雄都关死这里，让老死这里。

唐太宗曾得意谓，兴了科举，天下英雄入吾彀中矣；胡林翼却说，天下英雄都白头，困死在皇家彀中，这是对人才最大之摧残，是对英雄最大之侮辱，是一种杀人于无形之最大犯罪。不是吗？让英雄与人才，"务使毕生精力，尽消磨于咿唔咕哔之中，而未由奋发有为，以为家国尽猷谟之献，此其处心积虑，以图子孙帝王万世之业，诚不失为驾驭天下之道。而戕贼人才，则莫此为甚。"

太宗皇帝真长策，赚取英雄到白头——这是唐太宗的言论，是吗？是吗？胡林翼的言论是：太宗皇帝真盗贼，熬死英雄到白头。胡哥真是这么想的？嗯哪，且看胡哥劝他两位堂老弟：老弟啊，千万千万莫读四书五经；老弟啊，千万千万别去乡试殿试，你俩徒然把人宝贵之一生，陷进这般死书堆里，殊为不值："二弟其勿仅虚掷精神于无用之地，而置根本之文学于不顾也。"

太宗皇帝真盗贼，熬死英雄到白头。胡少真是这么想的？不好说哪。胡少恨四书，恨五经，讨厌科举，讨厌国考，那么他是不是呸起科举好远？胡公反感科举，是感觉科举那事虚头巴脑的，人生要立德、立言、立功三不朽，最要紧的是立功，立事功。要立事功，读四书五经有啥用？须是经世济用，用心去学湖湘文化。哥哥，你若不能科举中举，哪有机会让建功立业，让盆满钵满？

举起筷子吃肉，放下筷子骂娘。道光十五年（1841年）与十六年，胡少一路高歌一路猛进，一次又一次走进科举考场，呵呵，曾国藩还考了几次，才中；左宗棠举中了，进士中不了；胡少却是声声凯歌，次第中举中进士。反体制言论英雄，一步跨进了翰林院这个最体制之体制。

他骂得最狠的，真是他最恨的？咦咦，或是他最爱的。商者言商，谓商是世界第一痛苦事；士者言士，谓士是社会第一弱势群；官人言官，谓官是人间第一麻烦业。士工商农，四民之中，可能唯一不叫苦的，是谁，是谁？是农民吧。哭穷的，喊痛的，嚷苦的，自骂自个职业的，你信吗？呜哇呜哇自叫苦，实乃喔喔在享福，哎哟哎哟听之壁，那是人家极舒服。

胡公前头也有位不尿科举的，叫汪琬，号钝翁，浙江长洲（今吴县）人，大清大儒，著有《钝翁前后类稿》与《尧峰文钞》。他与叶燮铁哥们，"吴江叶横山先生，名与钝翁相埒，且相好"。那次一起闲谈，扯到科举，恰好"诏开博学鸿儒科"，叶哥问，我们去考呢，还是不去考呢？"我二人在所应举，将应举乎？抑不应举乎？"汪琬说，别，别去，千万别去："宜不应，则名更高也。"当个反主流的公知，名气不更大、更高、更强？"横山信以为然"，听了汪哥话，不去报名，省却报名费。可是——友情最怕可是——可是呢，"后汪哥竟应举，入翰林，而名益显。"气得叶公暴跳如雷。此事史称钝翁卖叶公。

胡哥劝堂弟们别科举，啥意思？他是想卖堂兄弟吗？亲情都卖，那是后来才有的，胡兄没安那心；汪兄劝铁哥们不科举，其心何？与亲情比，友情易卖了嘛。胡哥与汪兄都不尿科举，劝人别科举而自个去科举，两人有甚异吗？有的：胡哥或是愤青，汪兄洵是老猾。

才非常肝胆更非常

若说康有为是戊戌变法一个头，那么谭嗣同便是戊戌变法一副胆。"望门投止思张俭，忍死须臾待杜根；我自横刀向天笑，去留肝胆两昆仑。"世界上有头有脑的太多，有肝有胆的太少。有头有脑，还得有肝有胆，才好。他说他很有思想，一有事，头脑便转得好快，赶紧做他想，事情定然做不成气，秀才造反三年不成，便是这意思。"各国变法，无不流血而成，今这个未闻有因变法而流血者（果然有脑而无胆），有之，请自嗣同始。"谭嗣同不虚是变法中的肝胆，"谭在狱中，意气自若，终日绕行室中，拾地上煤屑，就粉墙作书，问何为，笑曰：作诗耳。"吟着壮诗，从容赴菜市口。

望眼投史思先贤，忍心长年忘才常？去了昆仑两肝胆，谭浏阳外唐浏阳。我们或都记得慷慨赴死的谭嗣同，我们可曾忘了还有一个唐才常？唐公与谭公都是湖南浏阳人，唐公小谭公两岁，谭公是1865年生，唐公是1867年生；有意思的是，谭公死于1898年，唐公死于1900年，一个先生两年，早死两年，一个后生两年，晚死两年，不是同年生，却是同龄死，算不算生死同期？

谭唐两人，不算生死同期，却是生死同契的，早年"以学相期许"，他俩同一座师欧阳中鹄；后来一起求学，"丁酉、戊戌间，梁启超主湘学，引共讲席，其所教授，远则公羊改制，近则刘逢禄、龚自珍之学；后少参西学，而非有专门深造也。"唐公就学"饮冰室"，是谭嗣同引见的，谭公面禀梁老师，对唐公赞不绝口，后来梁公回忆，谭公是这么说的："二十年刎颈交，绂丞（唐公之字）一人而已。"英雄间惺惺相惜，眉宇间一股英气掩饰不住。"未几，赴日本"，康有为初见唐才常，便对其学生徐勤说："佛尘（唐公之号），烈士也。"

唐公与谭公就学梁师启超先生，已被并称谭唐，"才名伯仲间"，谓浏阳双杰。最先同约以文变法，人文化育，启蒙国人，双杰共办了《湘学报》，相较而言，在《湘学报》上奋笔撰述，唐公比谭公还多，"所为文有雄直气，高洁稍不及谭。"唐公还是哲学家，他认为世界是物质的，与唯物主义不同的是，唯物主义以为的物质是无形的，抽象的，而唐公则说世界之物质是可见的，是具体的，说宇宙万物是大大小小的"机轮"即机器所构成，"机轮"细分下去是"元质"，元质是基本粒子，不可再分；物质论外，唐公相信进化论，反对"荣古而虐今"与"尊旧而卑新"。唐公其说，对与不对，难说，至少可证其有思想，有思辨力。当时湖南巡抚陈宝箴，蛮开明，常与梁启超师生良性互动，对唐公文采风流与道德文章，赞颂有加。唐才常去陈巡抚办公室，陈巡抚拊掌而叹："今日之师生，循故事也，若以学问经济论，吾当北而事君。"一个省部级啊，在学人面前，放低身段，把自己摆进去，摆到尘埃里去，天下罕见吧。

"貌雄奇魁梧，为文一洒千言，汩汩不穷。甲午后创《湘学报》，言变法，与梁启超《时务报》，并风行海内，而持论雄迈尤过之，一时学者风气得以转移。"雄迈尤过梁启超，当不是虚赞，唐公有一副烈士心啊，心气流于笔端，自然更雄奇。光绪二十四年，唐公曾著《觉颠冥斋内言》4卷，才气足显；而唐公更弥足珍贵者，当以一副肝胆著了一本震烁文生与武生的"死卷"。

本来，唐公当与谭公一起赴死的。谭嗣同在北京变法，喊唐公进京，

"戊戌政变前,复生(谭嗣同)军机处办事,曾疏保佛尘,'擅文章,通武略,才堪大用。'"天子宣他来变法,不是去当官,是去变法,故唐公洗脚赶上天子船,抛妻别子,余者都没带,带了一身换洗的衣服,风雨兼程,星夜兼程,自湘往之,"佛尘束装晋京",哪晓得"甫抵汉口",噩耗已传,"而京变突起,复生赴难。"唐公恸哭不已,"乃仓皇返里",歌哭不已。

唐公立下复仇之志,他曾与其师刘蔚庐慷慨志哀:"吾与复丈相期努力国事,誓共生死。今复丈为群奸构死,吾岂独生?"作诗言志,"要当舍性命,众生其永怀,不为乡愿死,誓斩仇人头。"1899年冬,唐公到上海,组织"正气会"(不久改名"自立会"),对外冠名"东文译社",发展会员,联络义士,准备工作还算做得充分,"招集会党数万人,并与党人容闳、容星桥、狄楚贤,输送军火储汉",资金也因康有为在海外募了巨资,差强人意。要之,万事俱备只欠东风,"当义和团起自北方,中原鼎沸,会中人跃跃欲试,君以事有可为,率其党徒溯江而上,思纠合沿江数省之同志,巩固自立会之根基,乘时以图大举。"唐公组织力与号召力,甚是惊人,振臂一呼,应者云集,"图举大事"者,更有十万大军。

十万大军,挥戈一击,已如惊弓之鸟之大清,或如一只纸老虎,应声而倒吧。十万大军,声势虽大,而其组织严密性存在问题。戊戌变法,大清举起屠刀后,神经绷得尤其紧,上下都晓得,大清基座下,有大批要来向大清讨血债之士。大清知道,唐公也知道,谁赶在时间之先?唐公怕夜长梦多,"君抵汉后,默察大势,虑迟恐生变,不如先发,乃期于某月某日举事。"革命口号也拟定,壮气凌云:"红羊浩劫遍地催,万丈阴霾打不开。顶天立地奇男子,要把乾坤扭转来。"

唐公注定是烈士。起义军内部情况蛮复杂,人虽众,而信仰非一,并无共同与坚定的信仰，有些混进队伍里者，动机不纯，除非是打枪为打鸟，打鸟是为打牙祭，有几人如唐公才常动机高尚意志坚定？"初，有为印富有票数万张，给会友为识，并与巨资分给哥老会首领马福益等"，钱分配不公，内部闹出了矛盾，"赀不均，李云彪、杨鸿钧闻之不悦，思去。"更恼火的是，你发行你的"富有"革命成功股票，我发行我的"穷有"胜利分赃期票，"而辜鸿恩则别散贵为票，李和生则别散回天票，自树一帜。"这般革命，有点精神，有点精神病，哪能不出问题？"未至期，风声已播，事为鄂督张之洞所闻，派兵围而捕之。"

鄂督果然恶毒，眼毒心也毒（有说张之洞并不想杀唐才常的，"才常为两湖书院高才生，与谭嗣同齐名，两湖总督张文襄欲勿杀，为湖北巡抚于荫霖所持，遂戮之"）。唐公出师未捷身被囚，与其他革命者不同，诸位革命前信誓旦旦，发文章曰生为革命人，死为革命党，及至被抓，尿尿屙裤裆。唐公不然，"捕者至门，君犹坦然自若，笑而受缚，无难色。"与其挚友兼志友谭嗣同一样，生死关头，面不改色心不跳。被捕时分，唐更脸色如常；就义时分，屠刀架脖子上了，"就义之候，慷慨如平生，临绝，则大呼'天不成吾事者'再。"

人之生，哭，其实并不苦；人之死，哭，其实也不苦；人之生到人之死之区域，才是悲喜交集，苦乐相间。志士被捕之际，惧，其实不痛；志士就义之际，惧，其实不痛；被捕与就义之时期，才是生不如死，痛欲难生。志士受审，灵肉煎熬，熬过者才是真英雄——上老虎凳，灌辣椒水，钉十指签，此时之痛苦，谁受得住？皆想引刀成一快。无论软硬兼施与威逼利诱，唐公皆笑微微。总督张之洞"亲鞫才常"，多是利诱，多亲叙情谊，才常富贵不淫；巡抚于荫霖"恶审才常"，多威逼，多大刑伺候，才常威武不屈，"佛尘被捕，鞫讯时，神态自若，缄口不发一言。"审判者诱曰，把同伙报个数，便算立功，打死也不说，"仅书：丁酉拔贡生唐才常主义不成，请死。"临刑就义，作诗两句："三尺头颅酬故友，一腔热血洒神州。"忠肝义胆，真薄云天。忠肝者，热血洒神州；义胆者，头颅酬故友。公德私德，先生之德，山高水长。

"唐等被擒后，司道府县在营务处会审……今既败露，有死而已。余人速呼速杀。二十八夜二更，乃押至大朝街浏阳湖畔加害，一时引颈就戮者，共十一人，健步就戮。"年三十四，与谭嗣同同龄，"不愧二十年刎颈之交也。"浏阳不仅生产闻名中外之浏阳鞭炮，也出产湖南个性：七尺微躯酬故友，一腔热血溅荒丘。冲空一炮醒天下，满地红响遍九州。

老实人刘光第

出身寒苦，身到富贵地，大捞特捞，捞成蝻蝮而死，活老虎变死老虎了嘛，便有知者来找根子，谓穷凶极恶，穷则凶极恶，贪之根子在穷。知者意思是，千万别提拔穷鬼，富少爷才见惯了金钱，有金钱免疫力，可以连升其三级。

出身寒苦，一朝身到凤凰栖，也有始终保持本色的。穷鬼变富魔者，怕是这么想的：我穷怕了，我不能吃二遍苦，受二重罪；穷汉守穷寒者，先前那般苦岁月都过来了，如今日子到底好些，有甚不能过的呢。孔子早发现其中多样性（至少两重性）：君子固穷，小人穷斯滥矣。孔子意思是，先前穷而转了富贵，有两种可能性的：一是固穷，不争；二是捞富，猛贪。孔子意思是，处穷守清操或变化人性，固然制度，抑亦人品。这么说吧，我的意思是，对那些全称判断"穷则凶极恶"的那些所谓知者，我要拍屁股，朝天骂他一回。

刘光第本福建人，后来举家迁四川，今人当不可忘，他是戊戌六君子，生的光荣，死的伟大。知者自以为天全知地全知，知者知否知否？刘光第便是君子固穷的。祖父是穷死的，"隆冬时尤衣败絮，寒不可支"，冻得一头发颤，四肢发抖，家里炭火生不起，只好去别家蹭火烤，"则竟日负邻家铁炉坐，不去"，打他骂他都打骂不走他；后来饿死，"曾不得少待须臾，获一日之饱食而后死也。"到了他爹一代，情形稍有改观，也不过是不曾瘃毙，"入不敷出，食常不买生菜；两三月一肉，不过数两；中厨炭不续，则弟妹拾邻舍木店残权剩屑以炊。"谁如刘光第那样有寒彻骨的记忆呢？

他爷穷，他爹穷，他刘光第也穷得咔咔响。刘公于光绪九年（1883年）中进士，授刑部后补主事，却因家穷，路费凑不起，多年不能进京就职，后来是他亲戚借些银两，得以京漂，衣服都没得穿，"一布袍服，十年不易"，可能也是多年积蓄银毫子，买了一身"西装"吧，也仅置一身，以出入正式场合，"除礼服外，平日周身衣履无一丝罗"。好吧，男人不修边幅，不好打扮，男人要闹名士风度，那其妻其子其女呢？刘公其妻是"帐被贫瘘"，居寒彻骨的京都，其暖雪夜之被子是，这一坨硬邦邦的，那一坨空荡荡的；其儿女呢，"蔽衣破裤，若乞人子。"女孩子啊，像乞丐崽，谁晓得她是官宦人家娇娇女？

长安米不贵，长安米，貌似比我这还便宜些的；长安但房贵，贵得离谱，贵死个人。刘公居京，环内是不作想，便在郊外租了几间煤球房，离单位很远，"盖到署回转，足有十二里路。"每天来回二十多里，步行好散步啊，养生啊，阁下想得多浪漫。京都有那好玩吗？明朝屠隆曾描述京都雾霾与地霾，"燕市带面衣，骑黄马，风起飞尘满衢陌。归来下马，两鼻孔黑如烟突，人马屎，和沙土，雨过淖泞没鞍膝。"与雾霾接触太多，要患各类怪病的，"同乡京官咸劝不宜省费，恐致病症。"有甚办法，富人拿钱来换命，穷人拿命以省钱吧，刘公很少搭公交，"而无奈目前止此力量，但于雨大路太烂时，偶一坐车而已。"

刘公当京华宦客，曾算过一回账，若在京都过低保级生活，"但细打算，留京有家眷。每年非六百金不可"（禄米除外）。刘公官六品（比县太爷高整一级呢），"俸银五十余金"，七七八八加起来，福利加工资大概百两；后来还有所谓印结银，每年可得百五十，所有薪金加起来，离最低生活保障差一大截。刘公举债度日，好在他有亲戚，曾资助过他，"贤叔（其族叔，自贡盐商刘举臣）侬助二百金外，尚需二百余金之谱。"

刘公穷寒入骨髓，是没来钱路子？官人工资低是实，但那么多官人为何活得那般滋润呢？地官吃陋规，京官吃孝敬，什么炭敬、冰敬、程仪敬，官人只要展得开手，手掌不捏成拳头，那银两是嚯嚯嚯嚯，万国来仪，八方来贡的。刘公官居刑部，要榨钱，只需拇指与食指轻轻捏一捏，捏之动作便是数钱之动作，可数钱数到手抽筋。吏部是来钱，多半要到换届才大进账；刑部来钱，刑部可以天天猛装尾箱，哪天无官司？司官可要可不要，没当官会死啊？官司则不可要你也得要——没打赢官司你会死的。打官司比买官当，有人更舍得花钱，乃是不赢官位不会死，不赢官司是会死的。

刘公居刑部，虽是后补（刘公最堪后人恨处，在此——且容后说），在刑部弄大钱难，但弄些信息费、中介费，不在话下。刘公却是不打主意，"（刘光第）性廉介，非旧交，虽礼馈皆谢绝"。曾国藩算是清官的，人家送他一辆私家车，他也收了；刘光第老实人，不收人钱物，"赵寅臣欲出京时，欲以纱麻等袍褂相送，因兄所穿近敝故也，兄亦婉拒之。"好吧，私人送礼，不要；公家送来的，要不要？不要白不要的哪，"既入值枢府，某藩司循例馈诸掌京"，人人有份，个个都拿，"君独辞却"，你一个人装清廉啊，"人受而君独拒，得毋公自高乎？"说得刘光第脸红了——行贿受贿，该谁脸红啊？行贿受贿者调子多高？他们不脸红，不行贿不受贿者该脸红；刘公脸红是脸红，他受贿依然还是不受，"君赧然谢之"。

刘公太老实人了。送人情是官场润滑剂，刘公不送，"向例，凡初入军机者，内侍例索赏钱，君持正不与；礼亲王军机首辅，生日祝寿，同僚皆往拜，君不往；军机大臣裕禄擢礼部尚书，同僚皆往贺，君不贺。"不喝人情酒，一个朋友都没有；不送人情钱，半个官位难升迁。刘公是缺钱，送人情不起——这种思维太老土啊，再穷可穷老婆、孩子、老爹、老娘，再穷不能穷局长、部长、县长、委员长嘛，借款一笔，一笔砸下去，还怕砸不出金坑银坑？

"少交游，寡应酬"，刘公老实死了，有时人情却不了，他也去吃酒——起作用的大官，他不去祝寿，不去祝公子公主新婚快乐，倒是什么作用都难起的同僚做酒，他却去了；去了，也是找角落坐，"稠人光坐中，或终日不发一言，官刑曹十余年，虽同乡不尽知其名。"

同乡或不晓得他，同事与领导应对他印象深刻的。刘公不搞关系，不过他上班特守规矩，出勤率于六部九卿里居第一。路最远，签到最早；路最远，下班最晚；节日、假日、双休日啊，刘公几乎没概念，"销假就职后，到署甚勤，每月必到二十八九次。"坦率说，刘公这么苦干勤干，心里头也是存有梦想的，梦想着人家来发现他这个劳动模范，用人时给导向导向，提他一级半级，刘公自承："主稿等均劝勤上衙门，一月得二十天都好，如能多上，便见勤敏。"其他人每月上二十天班，可评嘉奖，刘公二十八九天，不给领导领导留下好印象？人家用钱来买官，刘公用命来升职——刘公是这么想的，同事也是这么想的，"同乡皆言，如此当法，数年后，必定红了。"

红个鬼老二。刘公当刑部后补主事，曾当了十年。大清有捐班制，国考考不上的，花一笔钱，就可买个局长县长干干，职位少而买官者多，故而后补也多，后补十年几十年的也有，刘公非捐班出身啊，他是正途官人，也是此位上蹭蹭十年。十年啊，两届哪，人命或有七八个十年，官命有几个？两三个吧。从1888年到1898年，刘公做了十年京官，一直是后补。

德能勤绩，什么是德？德藏着掖着的，可见否？也是可见的，别的不说，财产便是可见的。刘公居京都，一身换洗衣服都没，领导视而不见？十七八岁的孩子了，穿的还是补丁贴补丁，同僚不能见？他家住房是，"去夏大雨后，顶槅全漏，烂纸四垂，屡次觅裱糊匠不得"，寻到了也付不起工钱，"及觅得，又以价太昂，屡相龃龉。"财产是见得到的最大官德——财产内涵多，房产是一种，其他财产不可见，刘公之房产也不可见？可知研究人事时候，德能勤绩，吏部只喊口号，吏部不曾放眼线的。

是的，刘公老实人后来升官了，这官升来好像并非"向例"，非必然规律，乃偶然性也。嗯，要说这偶然即必然，也说得通，那是因为光绪打算刷新政治——拟除沉疴，行新政，便会启用老实人？这个貌似还欠观察，有待统计学支撑这理论，我挺寡闻，未见也，不见不等于没有，且这么相信一回吧："此时下手功夫，总在皇上一人为要，必须力除谄谀蒙蔽，另行换一班人，从新整顿，始有起色转机。"光绪果然心动，想要另换一班人，刘光第又勤政，又廉政，又蛮老实，又有见识，又敢担当，又显血性（举例证明吧：治事精严，因谳狱忤长官，遂退而闭户勤学，绝迹不诣署），他曾奋笔上书《甲午条陈》："一、请皇上乾纲独断，以一事权也；二、请皇上下诏罪己，固结人心也；三、请皇上严明赏罚以操胜算也；四、请皇上隆重武备以振积弱也。"天意从来高难问，况人情老易悲难诉，他一个六品章京，想给皇帝上书上不了的。不过光绪皇帝还真启用了他，源自其维新很活跃，他曾与同乡京官倡设蜀学会于皮库营四川会馆，由外官京官捐助数千金，添购书籍仪器，聘请中西教习，讲求时务之学，湖南巡抚陈宝箴便举荐了他，1898年9月4日，受光绪皇帝接见，赏他与谭嗣同、杨锐、林旭四人四品卿衔，在军机章京上行走，参与新政。不让老实人吃亏，这口号也有真落实的？

吊诡的是，老实人刘光第刚不吃亏，一晃吃了大亏。百日维新，维新百日，刘光第百日而后，命归西。后来事，大家都知道了，刘光第列烈士戊戌六君子中，被斩首菜市口。自1888年到1898年，老实人刘光第后补十年，到1898年，他升官了，貌似老实人出头了，哪想到这年老实人刘光第被斩头了。刽子手到得郊区刘府，"缇骑见家具被账甚简陋，夫人如佣妇"，刽子手都良心发现："乃不是一官人。"

嗯哪，刘光第真不是官人，是老实人。官场欠刘光第一个公道，欠老实人一个公道。

杀降者便是降者

李鸿章苏州杀降，其痞子作风尽显，其政治品格皆丧；还闹成了很大国际影响：洋枪队队长戈登，是大清雇佣军，帮着淮军镇压太平军的，苏州太平军头领郜永宽拟降李鸿章，正是戈登做的担保人。戈登是这么给郜永宽等做担保的：你们拨乱反正，回头是岸，回到大清怀抱，保你们绿轿子，红翎子，花票子，姨妹子，别墅房子，五子登科场，孩子登庙堂。戈登这话落地生根，他不是骗人的。他却没骗人，李鸿章骗了人，骗了他。据说，李鸿章杀了郜永宽，戈登晓得了，腋窝里夹着一把洋枪，到处寻李鸿章，"欲杀李鸿章以偿其罪"。

其他轿子、票子、妹子，郜永宽等没见到半点影子，戈登等先前担保给郜永宽之红翎子，却真真切切在眼前晃了一下。1863年12月8日，日子挺好的，月也双，日也双，双日子是8日啊，多吉祥。李鸿章先前与郜永宽等，价高价低，讨价还价了很久了，价格已谈妥（纪要之要点是：郜永宽反正，转任大清二品总兵，其他降将副将官；当然还有些，比如，郜永宽之所部继续留守苏州，把守四城门，唯东门与淮军）。李鸿章便发鸿门宴帖：请来领任命书（其实是判决书），请来着大红袍（其实是裹尸布），请来喝庆功酒（其实是断头酒）。

郜永宽等一行八人，喜滋滋，兴冲冲，意洋洋，雄赳赳，嘻嘻嘻嘻，骑高头大马，嗒嗒嗒嗒，奔来娄门外淮军大营，果见李司令（李鸿章）笑嘻嘻，笑吟吟，站门首迎迓，鲜花朵朵艳，清袍件件红，礼仪小姐个个妖娆。喝酒，喝酒，干杯，干杯，便有八员内勤捧来八件将军制服，加身八位俊杰（是识时务者嘛），"酒行，旋有武弁八人，各手一冠，皆红顶花翎，膝席前，请大人升冠。"漂亮，威风，帅气，郜永宽终于穿上了朝廷高官制服，八人你望着我，我望着你，你一拳打我肩，我一拳打你肩，人都笑哈了。还是招安好啊，招安有红翎子戴，有大清袍穿，"竟扬扬得甚"。

看那副沐猴戴冠之喜洋洋模样，李鸿章便起身告辞，辞曰："现在做我大清官了，好共立功"，翻成白话是：你们好好干，大清会提拔你们当营业员的（此有典故，据说三十余年前，有公社干部对老师说：你们好好干，将来提拔你们当营业员）；李鸿章口音不重，鼻音重，嗯哼，嗯哼："吾属有公事去，吾令此裨将代吾为主人觞。"郜永宽等齐声赞：您去，您忙活去，您日理万机，还亲自接见我等，我等肝脑涂地，感戴不尽。领导在那儿，活动也不自由是吧，领导在场与不在场，不一样。颂李鸿章几句，让李鸿章走，喝酒也尽兴些的。

李鸿章前脚走，郜永宽等在那试袍，形状更开放，互相对笑，原形笑哈了，"起立，自解其黄巾"，啪，一声响，便以摔杯为号，刚才那些跪着膝盖替八位大人加身官袍者，跃身而起，从后背抽出大刀来，郜永宽等人后脖子，嚯的一声，便有八个喷头，喷水花似的，喷出血来一丈高，"转瞬间，八降酋之头血淋漓，皆在武弁之首。"

这么说着，好像郜永宽等八降酋，全是李鸿章一手一摸，一个人干的。李鸿章是此次杀降之最高领导，若论有罪，第一罪不是李鸿章是谁？不过，各位莫忽略这其中一人，那位摔杯者便是，也即李鸿章所谓"吾令此裨将代吾为主人觞"之裨将，此裨将何人？程学启也。

程学启这厮，在苏州杀降事里，是关键角色。若是戈登是担保人，这厮便是主谈判。先前与太平军卖小菜一般，就降清讨价还价的，主要是他。程学启谈判桌上，喊出来的招降口号是：只要你投降，一切好商量（这口号，兄弟你不觉得耳熟？好像某地招商口号似的：只要来某阳，一切好商量——招来后便是：只要来某阳，宰你没商量）。授予郜永宽等中将军衔，准许太平军继续留守苏州城。这都是程学启答应的条件。程学启是主谈判，洋枪队之戈登不过是担保人。

条件谈妥，郜永宽等四万太平军放下武器，立地成大清，一个个喜滋滋做春秋大梦了，不提。这边程学启跑李鸿章办公室，先是手握拳头的，对着李鸿章伸展，但见掌心处，血光成灾，杀气腾腾：斩。李鸿章吓一大跳："杀已降不祥，且令常、嘉（常州与嘉兴）贼闻风死守，是自树敌"。杀降不祥，是句老俗语，这句俗语是万千历史血光所凝；从政治而言，失去了诚信之政治；呵呵，哪有诚信的政治？好吧，莫谈公义，单谈现实，此处把招安者杀了，其他地方之太平军谁还愿被招安？便殊死战斗，誓与大清不共戴天。李鸿章不会讲政治，他会讲价格的嘛。

李鸿章最初起意，确乎是受降，不是杀降。这个程学启坚决不肯，啪，摘下自个帽子，呼，甩李鸿章办公桌，"脱所着冠掷李公"，不跟你玩，我走，"以此还公，某从此决矣。"坐，坐，坐，慢慢坐，慢慢说。程学启便丢话："今贼众尚廿余万，多吾军数倍，徒以战败畏死乞降，其心未服也。今释首恶不杀，使各将数万人，糜军饷大万百余，与吾军分城而处，变在肘腋，吾属无遗类矣。"程某此处有大夸张，太平军人有万数，是实，哪有二十万？能有战斗力的，不过三四万。这三四万是真心归降，意在招安，不想再叛。程学启这话，吓着了李鸿章，程某甩下这话，"拂衣径出"，尤其吓着了李鸿章。李赶紧拉住程学启，李公急起挽公曰："徐之，吾今听若，何怒为？"两人便坐下，定下了鸿门宴与红袍计。

这个程学启何许人也？"程公讳学启，字方中，安徽桐城人"。在大清眼里，也非好鸟，实话说吧，曾也是大清之贼。咸丰三年（1853年）十月间，太平军攻占桐城地区，开辟皖江之地。军锋所至，从者纷纷，桐城一县即四五千人参军入了太平军，其中便有这个程学启。程学启在太平军里，作战据说蛮猛的，干得蛮好，升任了太平军之弼天豫。后来却投降湘军了，投降那日，很有戏剧性，不提，单说他投降，急急如丧家之犬，"我来降，追者在后，故不能释兵。信我，可开壁相迎，不信，亦请发炮相击，免使我死贼手也？"纳降者是曾国藩老弟曾国葆，他"闻之"，鞋子都没穿，"遽跣足出视，传呼开垒门，纳程等入内。"

邝永宽是降者，程学启不也是降者？两人都曾是太平军，都曾效力于反清大业。程某"弃暗投明"后，作战太平军，传说蛮厉害，一路冲锋在前，杀太平军比当年杀清军还要凶猛。好吧，你反正了，人家不也反正了？你是降者，邝永宽也是降者，都曾是太平军阵营的嘛，想来当惺惺惜惺惺，结果是猩猩杀猩猩。怪吗？不怪。程学启要向大清表忠，便要向大清递投名状。程学启早先不递过？递投名状越多，越能证其忠诚度数高。借的是人家人头，红的是自家额头，这生意做得。

兄弟你有同学、同乡或同胞情结？以为同学一起跳槽啥的，另就高处，便会互相帮衬，会吗？本是同根生，皆是赵国籍，甲去吴国，反来任赵国大使或赵国总代理啥的，乙便以为甲会帮赵国，可是谬托知己了。他挖赵国墙脚，他割兄弟头颅，他晓得何处下刀，下手更狠。这个程学启便是如此，他从太平军降来大清，他对从太平军那头来降大清者，君幻想者他该有同学、同事、同胞之情，他是没有的。程学启杀了邝永宽等八人，不过瘾，"大兵汹涌而入，无门不破，无处不搜，无人不魄飞天外"，有人粗粗统计，此次杀降，苏州城共被杀二万余人。

结论是：同学帮同学，同乡帮同乡，是一种可能，但非唯一可能。另一种可能是：同根煎同根，或更急；同胞陷同胞，或更狠。

挑帘人温柔一刀

官场常称庙堂，并非无故；食前方丈，主持方丈，"侍妾数百人"，庙堂与官场相差无几，挑水和尚与挑字（文字工作者，干的是挑挑拣拣文字活）秘书，也一样累死人——这等等差事，或是庙堂学法官场；官场沿习庙堂，也是多的，比如，官场每到换届，有句俗语可让您听到耳朵起茧：先到庙堂为师傅。

什么意思？举个例吧。大清有个军机处——顺便说一句，这个处，莫等同您那个处，您那处是七品，这个处职级比部级还高的。国朝官场名多没正的，叫局的，你分不清是科局还是司局。不说这个了。要说的是大清军机处，有个挑帘人制度，"军机处大臣次序，一按入值者之先后为断，最后入值谓之'挑帘人军机'"。同为副处，一样副司，级别无差序，如何排名？按拼音字母，还是按姓氏笔画，抑或按权力大小，莫不是女士优先？都不是，按先来后到，这叫先到庙堂为师傅。

挑帘人军机是最后入值者。三人行，细者吃亏（提包挑行李，都是他的活）；三人团，后者吃亏——工作分工，如与方丈无特殊关系，最累、最烦、最不安全（比如管安全的，是最不安全的）活计，便是留着给后来者干的。不说这个了，说挑帘人吧。"盖军机入对，领袖者手捧摺盒、奏章等件首行，余以次从之"。坐起来是有座位牌的，走起来好像没走位牌了，然则奇观的是，官人干活可能尽是差错，他们鱼贯走路之前后次序绝无差错。军机领袖踱方步走在前面，"将及乾清宫奏对处"，他步子放慢镜头了，此时挑帘人军机，越过三把手，越过二把手，居然跑到一把手前面去了，干吗？挑帘呢，"最后之军机趋前将帘卷起，让诸军机以次行毕而后入。"文件如此规定？文件的没有，有的是官场文化。"如是者，习以为常"。官场上，潜规则比显规则执行效果好百倍，其中缘故是，潜规则之执行是自觉的，是认真的；显规则是想办法要变态，要去变通的。

军机处好像是不太讲级别的（有无口号"只是分工不同"？不清楚），可是您定然感觉出，尊卑便是最大之级别差序。当官就是争尊卑嘛。瞿子玖（瞿鸿禨）是湖南长沙人，南书房行走后，军机处挑帘。军机处啊，好尊贵哪，瞿公出了军机处，感觉奇好，步子都踱方的；入了军机处呢，卑从中来，他是挑帘人，走的步子是莲花碎步哪——像不像官家之小妾？

他给人家挑帘，人家给他挑帘，那感觉天差地差哪。日行，瞿公给人挑帘，夜梦，人给瞿公挑帘——瞿公若想变"我给人挑帘"为"人给我挑帘"，纵一样差错都不出（丫鬟服侍老爷，鬼晓得哪里差错），也得熬到猴年马月。瞿公当挑帘军机时，领袖军机者叫王夔石（即王文韶），王夔石是瞿子玖座师，瞿子玖是王夔石门生；王夔石先入军机，王夔石入军机后，向皇上提名，引荐入了军机处。天地君亲师，古时老师尊贵，"向例大臣初入军机，除画诺外不敢妄建一议"，莫说不准妄议军机，就是建议都不敢献计献策（谁敢领导面前，先邀功？），"若在师门，此例尤严。"

瞿公这么一辈子挑帘了？不会，既是座师，比他老啊，莫说"走在前面"概率大，退休在前头是肯定的嘛。瞿公等不及了（三年五年，一个坎，他要赶好趟，要踩对点）。泼硫酸？造车祸？记号发票？捉宾馆床铺？送朝阳群众针孔摄像机，去私人会所守候？瞿公没那么龌龊，王公是他座师哪，是他恩公哪。

瞿公对王老师关怀备至，体贴入微。王老师老了，吃饭漏汤了，说话不关风了，走路步子晃了。恼火的是，听力也差好远了。听人说话，王公总是哎，唵，您再说一遍；唵，唉（分贝提了八度），把手搭耳后根，把耳朵窝拢些，侧耳听，有时能准确地把"他嗨去"听成"爬灰去"，有时还依然是，哎，唵，拢点啰，大点声啰。

瞿公是王老门生，对王老自然是细心的，是关心的。军机诸大臣，鱼贯而走，去慈禧太后那里汇报工作，路上摇摇摆摆，瞿公遵行潜规则是蛮认真，特到位的，他一路都走最后；快到了"乾清宫奏对处"呢，他莲花碎步，小跑上去，赶紧挑帘；人家挑帘，没谁偷工减料；瞿公却手脚没完全到堂。按理，要等所有军机大臣进了办公室后，再放帘；瞿公却是单待王老进门了，他就放帘了，他要去搀扶王老啊，王老走路不稳了——为何慈禧没在目前，瞿公没来搀扶；王老到了慈禧这里，瞿公赶紧当起领导之脚丫子了？人家尊师敬老，人人所共见，人品看得见嘛。

尊师敬老啊？嗯，尊师敬老。"仁和（王乃浙江仁和人）然之，方私幸门生之关切也"。那天，老佛爷慈禧打算听取北洋筹练新军工作汇报，王夔石既是军机大臣，又曾职任北洋，故而指名王夔石来汇报，征求意见，"召询可否"。什么？您说什么？王夔石敢这么反问任何人，但不敢以"您刚才说什么"追问慈禧，慈禧问：筹练北洋新军，这事可不可行？王夔石单见慈禧嘴巴动了，知道慈禧国有疑难在问他，只是他真没听到，王夔石转过头去看门生"瞿挑帘"脑壳朝哪倾，"见瞿右顾"，王夔石不作声，不回答，"不以应"。我问您呢；这事行不行？王夔石不回答，不作声，慈禧有点发毛毛火：

"汝于此等事，竟不置可否耶？"

插句话。王夔石在大清官场，曾有两个诨名：一者琉璃蛋，二者油浸枇杷核。两样称呼一个意思，"盖甚言其滑也。枇杷核子固滑矣，若再加以油浸之，其为滑殆有不可以方物者。"某次要换届了，慈禧要在官人甲与官人乙中取舍一人，问他：哪个好啊。王夔石高声答：两人都好，都德才兼备；慈禧又问：哪个坏些？哪个差劲些？王氏立刻"重听"了：嗯？咳？首长您说什么啊？慈禧气得甩奶子，又不好甩得太厉害，只好骂了他一句：你这个琉璃蛋。

王夔石据说真有"重听"之贵恙，不过年富力强那会儿，不太严重。慈禧是哪个背后无人说，叫王夔石也来一下谁个背后不说人，王夔石便"重听"病瞬间发作，慈禧晓得其中关窍，只骂了他一句，算完。这回呢，王氏是真"重听"了，老了，真老了，七老八十后，好人都耳朵出问题了，何况王夔石？廉颇老矣，廉颇说我尚能饭（虽则三遗矢）；王夔石老矣，王夔石说耳蛮聪（已非重听，近乎不听）。

您老不能走了，我当您老脚丫子；您老不能听了，我当您老耳根子。瞿公就是这么尊师敬老的。慈禧咨询王夔石北洋练兵事可否；王夔石不答，瞿公前行几步，向慈禧反映情况："王某近患耳疾，且以衰迈，恳两宫恕之。"是吗？是吗？耳朵真不行了？慈禧提高八个分贝，大声问王某，"汝耳疾若是其甚耶？"王氏单见慈禧嘴巴拱，晓得她在问他，王某赶紧转头去瞧瞿生，"仁和未明所以，第见瞿左倾也。"后，王某嚎了句（耳聋者，附带嚎毛病）："然。"

诸位看到没，此处有个细节：慈禧每次开口问，王夔石先不回答，总是偏过头去，两眼瞧其门生是左顾还是右盼，是左派还是右派。此处有甚关窍？阁下不晓得，师生先前彩排过的，演过双簧的："师患耳疾，设上以要政询问者，门生右倾，可勿答，左倾则诺。"走路不稳，他搀扶；听话不清，他帮听，多好的门生啊，"仁和然之，方私幸为门生之关切也。"

这回到了慈禧这儿，慈禧问北洋练军行吗？慈禧主意本来拿定，不过是来走个民主程序，来举行一个专家仪式，自然当答"要得，好极了"。也就是说，按师生彩排约定，此时瞿生脑壳当左倾机会主义，到了现场答问呢？瞿生右倾了，王氏便对慈禧之问，不予回答。慈禧问他，你是不是耳聋了，是个大聋子了？按彩排约定，瞿生脑壳将右倾机会主义，现场演出了，瞿生却是左倾了。慈禧答：你聋了？王某答：嗯，我聋了。

若搁以前，慈禧当认定王某是琉璃蛋；这回，慈禧对王某认证变了，认定王某是大聋子了。身体是革命的本钱，王某没本钱了，还叫他当什么官呢？慈禧当场发脾气，发大脾气，奶子猛甩，不过甩的幅度也不那么夸张，羞人了——慈禧也老了，瘪了，"孝钦拂然，即命起去"，你回去吧，回家抱孙子去。"未五日而开去军机差使之命下"，果然回家带孙子去了。

官场整垮人，非得使龌龊与猛恶手段？雄蜘蛛与雌蜘蛛两相愉悦，乱滚传单，爽歪歪。温柔爽了后，雌蜘蛛张了口，将雄蜘蛛吞入肚去饱腹。雄蜘蛛怎么死的？爽死的。官场多有蜘蛛捕虫子手段，也多有蜘蛛捕蜘蛛兵法。换届了，他资历那么老，能力那么强，群众基础那么好，这回要升市里省里去了——什么意思？大家可以不投他的票了。这是猛恶一刀，非也，乃温柔一刀了——猛恶捅刀子，各有各的捅法；温柔使刀，官场老吏，乃至少年新进，都腹藏有三十六计。

翁同龢的推荐书

做官即是做脸。老汉我原以为做官得用心，错大了，做官不用心，得用脸。虎脸狗脸菩萨脸，活脸死脸大花脸。不会做官的，一生一张脸；会做官的，一秒三变脸。做官功夫全在脸上。有人比较过晚清张之洞与翁同龢，张之洞做官，常做牛肉脸，对谁都爱理不理，对待同志也有如秋风扫落叶，一代枭雄袁世凯提了百年老窖来拜访他，他眼睐了呼呼睡了（袁待多久，他睡多久，袁走了，他醒了）；翁师傅大不同，大官小官名士明星，到得他府上，翁师傅都是嘻嘻嘻嘻一脸笑，脸色开满鲜花，对待同志们有如春风一般温暖（对群众是不是这样？这个没去考证），蛮有阶级感情的。

"翁则一味蔼然，虽门下士无不答拜，且多下舆深谈者。"说的是翁师傅做官，极会做脸，终日里微微笑，谁提一件玉雕去，他会往你兜里塞一包烟打发你走；路上碰到你，翁师傅会摇开车门，向你晃晃手，或竟然下车，握着你的手摇晃半天……如此这般，你不感动死去？

翁同龢做官，是脸在做，还是心在做？这个不太好说。判断领导对你脸好还是心好？表情好，是表好还是情好？最终体现在常委会上，他给不给你提名；他给你提名，纵使平时骂你猪骂你猪崽，也是好，比如李鸿章，他要提拔你之前，定然把你骂崽一样骂一顿饱的；他不给你提名，纵使他平时喊你爹叫你爷，也谈不上好，比如李林甫，每次提拔前，他都透口风给你：这次，其他人我都不提名，单提你；到了常委会上，其他人，他都举手赞成，独对你提了反对票。

当然，翁师傅做官，既非李鸿章口剑腹蜜，也非李林甫口蜜腹剑。他有他做官法。他推荐人，主要是看领导意图，领导漏出心意来，属意谁，他赶紧去考察，赶紧写推荐书；若领导没这意思，他当然也会推荐人，非重要岗位，领导放权的岗位，他也乐意安插一个几个门下士，但一方要员与六部九卿一把手及其他重要人士安排，翁师傅必然看领导，领导眼一眨，他扒开领导眨眼的人；领导眼一开，他推荐领导开眼的人。

领导眨眼开眼，一定是领导意思？这个谁也把握不准，领导眼本开着，恰好一只飞蛾进眼，领导就眨了一下，你说领导是属意还是不属意？这般情况也是蛮多的。天下第一难，是猜领导之心。不过，这个也难不倒当官人，他们做官老油子了，对付领导也是有办法的。

"康有为未捷前，伏阙上万言书，大谈时政，又著《伪经考》以惊鄙儒，一时王公大人群震其命，以为宣尼复生，遂呼为康圣人。礼闱既捷，声名愈大，虚声所播，圣上亦颇闻之，将为不次之擢。"翁师傅侦知，领导意图初露，打算下一次常委会议议人事安排，提拔康有为。翁师傅赶趋，先期去考察，走了程序，然后亲自写推荐报告，"具折力保"。报告对康有为赞颂有加，水平特出，能力超强，见识高迈，才干卓著……好词语都用上了。

康有为真个那么德才兼备，德为才首吗？官场用人，千年来都是强调德才的，只是才字容易见，是骡子是马，拉去遛遛，可知；而德呢？鬼才晓得呢，德是最容易装的。才是难装下去的，偏偏呢，领导口号喊得凶，才与德，首先要德。康有为才怎么样？好像可以，他上过《万言书》的，他写过《伪经考》的；其德怎么样？给人之德打评语，是十分危险的事，贤臣定性奸臣，挨天下骂；奸臣判定贤臣，领导以后问责起来，追究连带责任，脑壳何处摆？

这也难不倒翁师傅。翁师傅写了一大串优点，然后呢，"既虑人他日或有越规"，便在推荐书上给康有为戳了几笔："人之心术，能否初终异辙，臣亦未敢深知。"在推荐书的结尾，翁师傅"乱曰"道："才胜臣十倍，恐其心叵测。"——这里插句话，翁师傅在"叵测"下，画了个圈，圈边牵了根线到页底——"恐皇上不解'叵'字"，搞了个词语解释，"叵测者，不可测也"。这解释若搁雍正，翁师傅当有杀头之虞：你欺领导不懂这词语？但翁师傅是光绪老师，他以前没教过光绪这词，故又当了一回帝王师，再过师爷瘾。

翁师傅将人一分为二，起意在两面讨巧。前句想告诉康圣人感恩，你是我推荐的；后句想预防光绪帝追责，康有为若出问题，也不干我事——翁师傅笑脸做官，脸色对人都好，其心是否终日笑嘻嘻的？

许劭评曹操，许了十字：治世之能臣，乱世之奸雄。曹操听了，喜滋滋的，脸上心上都挂着笑；翁师傅十字论康有为，康圣人却是如何？他感恩翁师傅推荐之恩吗？他恨不得杀了翁师傅。康圣人"知保折后加之词，引为大恨，疑常熟（翁是江苏常熟人，故称）从旁沮之，不去此老，终难放手做事"。此后，康圣人一逢机会，便是排挤打压翁师傅，欲去此老而后快，"乃于上前任意倾轧，极口诬罔。德宗忠厚仁弱，虽明知其所许过甚，竟不能正色折之。"

王伯恭曾作《潘翁两尚书》，记了他曾与潘祖荫一次酒后言。潘祖荫与翁同龢是老朋友，穿开裆裤就一起玩泥巴的，按理可以输心，用不着做脸的："吾于彼皆同时贵公子，总角之交，对我犹用巧妙，他可知矣。将来必以巧妙败。"翁师傅对康有为对光绪帝，确是巧妙用事，两面讨巧，最后两面都不曾讨乖；康有为未把他当恩师，反而当了仇敌；光绪帝直到出事时，也没给翁师傅免责：康有为后来遭通缉，翁师傅不也被解了职？

狗血大清合当满地狗血

"渔阳鼙鼓动地来，惊破霓裳羽衣曲。"白公这诗，本说真话的，到底有为尊者讳处。安禄山那头鼙鼓动地来，唐玄宗这头第一时间便惊破了羽衣曲？新闻最爱替领导说第一时间，比如隔壁街区起大火了，领导时约女干部进宾馆，弹冠，更衣，嫔御分寻十六汤；再是轻拢，慢捻，抹复挑，然后才正式进入……毕。斯时，"行省开元宫尽在煨烬中，凡毁数千家"，领导行色匆匆，飞车现场，新闻便报道曰：首长第一时间赶到现场，指导救灾。

白居易这诗，也是这般新闻写法，渔阳鼙鼓动地来，第一时间惊破了霓裳羽衣曲？鬼。首长春寒赐浴华清池，跟娘娘在那温泉水滑洗凝脂呢，下面有人来报告，安禄山造反了，玄宗将这只"乌鸦"训斥了一顿：你是嫉恨朕之安儿子吧，"恶禄山者为之"。依然是"云鬓花颜金步摇，芙蓉帐暖度春宵"。春宵真度不成了，安禄山那个龟儿子真造反了，"凡七日，反书闻，帝方在华清宫，中外失色。"唐玄宗这下急了，开会研究了——新闻说，玄宗第一时间赶到会议室，研究镇反国是。

说来，这也不太该追究唐玄宗反应迟钝，应对失时。这不只是造反者是其干儿（捣乱闹事的，多半是湿女儿、干儿子）来坑爹，唐玄宗不相信也是常理；还是，范阳离京都那么远，好比是屁股到脑壳的距离，屁股着火了，大唐之神经系统是老牛拉破车，疼感从屁股传递到脑壳疼死，是得有七八天——政局癌症从始发到晚期，如康乾盛世到千年变局，时间更长。

范阳是长安屁股，长安反应迟几拍，貌似可理解。天津是长安之眉毛，大火熊熊烧，烧到眼眉毛上了，大清君臣还在那里"金屋妆成娇侍夜，玉楼宴罢醉和春"——这可否请大清发言人解释一个——你向大清要解释？小心大清叫你解体。

话说有个湖南人，湘潭的，名叫黎吉云，最初不叫吉云，"宣宗以其名犯庙讳，时西域适献吉云雉，因赐名吉云。"其时在京都为官，"道光时官至御史"，御史当得蛮"亚赛"（湘方言：可以），不是吃冤枉工资的。黎公是湖湘文化熏陶出来的，满脑子经世济用，一肚子治国安邦，在其位固谋其职，不为其位亦忧其君，"黎性慷慨，平时尝诋言官蓄缩"，言官职责干吗的？谏言的嘛，百官职责干吗的？出谋划策，各司其职，勤奋工作的嘛，这些家伙却当缩头乌龟，畏畏缩缩，猥猥琐琐，整天一副太监相，黎御史蛮瞧不起。哎，湖南人，就是这德性，多是狗咬耗子角色，本不关他鸟事，他偏偏要去管鸟事。

是这样的，这天，黎御史急匆匆往道光办公室跑，砰砰砰打门，秘书出来了，不让进，云首长始是新施恩泽时，身子蛮亏，"侍儿扶起娇无力"，不办公。黎公不管，直往里撞，秘书没拦住，黎公便夜闯领导办公室（您知道，大清首长那里，卧室与办公室都在紫禁城里的），把道光都吓了一跳，黎公没见道光正恼色，竟朝他大喊：首长，不得了不得了啦，出大事了。道光发了脾气：如今国泰民安，出甚大事？黎公不管道光脸色发愠，急口口急，口齿都不清了：出出出大大大事事事，洋鬼子打到天津来了，快快快发发发兵，征讨讨讨，"奏洋兵已破天津至河西务，宜速发大兵抵御。"

道光听了，大拍桌子：黎吉云，你报什么丧？你看，你看，你看看紫禁城内："丽宇芳林对高阁，新装艳质本倾城。映户凝娇乍不进，出帷含态笑相迎。"歌舞如此升平，哪有甚洋兵鼙鼓动地来，你若来惊破霓裳羽衣曲，小心我敲破你的芋头脑壳。黎吉云没被吓住，急赤白脸，向领导宣誓：我跟谁说假话，也不敢犯欺君之罪。道光也有点半信半疑了："军机大臣皆没以此奏，汝何从得知？"你狗咬耗子吧，军事之事，军机大臣都没来汇报，你来汇报？这般军国大事，军机大臣都不晓得，你又何敢晓得？

军机大臣干吗去了？四十万儿齐解甲，妾在深宫哪得知；军机大臣干吗去了，亿万群众全蒙蔽，民在民间哪得知。军机大臣唱歌去了？跳舞去了？泡妞去了？聚会所去了？军机大臣不晓得哪去了，机要处值班的，打牌去了？值班飞机呢？"让秘书给'军机处'办公厅联系"，将值班飞机要去，将某编辑部成员"将全体送往广东"去了（什么意思？麻烦阁下动一下手指，去百度一下）。

这是比天崩地裂更大的事，大清帝国都不晓得？那你黎吉云为何晓得的？大清帝国不晓得，大清群众都晓得了。黎公知道洋鬼子打到天津，他不是从官方得知消息的，官方都在歌舞醉太平，都不晓得，黎公因常坐公交车，常进小巷子，故消息灵通些，这次得知洋鬼子打进天津来了，"得诸剃头者"，是在理发店获得这个惊天情报（用错词了，天下皆知，哪是情报，是新闻）的。洋鬼子打到天津了，火烧到眉毛尖了，群众都晓得了，皇帝不晓得？皇帝晓得状元郎王锦元昨晚在家打牌，掉了一张"大贰"；皇上晓得穷酸某诗人没事干，打开窗子乱吟诗"清风不识字，何故乱翻书"；几个百姓聚首玩微信啥的，皇家都晓得，洋鬼子打到天津了，军机大臣不晓得，宣宗皇帝不晓得。

理发店？黎吉云，你，你你，你你你，你给我滚出去。吏部。在。给我把黎吉云就地免职。谎报军情，跟剃头匠混在一块，哪还有大清帝国体统？撤了，脑壳暂时叫他留脖子上，脑壳上那帽子给我摘了，乱棍打出京都，"宣宗大怒，命褫职，即日出京。"能不能缓一回颊，缓一日，回家收拾一下？不准——我疑心这个"加权处分"，不是皇帝发令，或是下面人干的。不准黎吉云回家收拾行李，下面便可以去他家收拾家产嘛。

黎吉云踉踉跄跄，衣紧还乡，哪敢回去见湖南父老？几个在京老乡，还算讲感情，偷偷摸摸赶来送他一程，乱自抒情，各自写些诗什么的，多是撰"慷慨歌燕市"，叫他"从容做楚囚"啥的，"于是同乡知好咸饯送之，并各赋诗相赠。"莫送诗了，送甚诗啊，送诗不是送死吗？同乡知好们这些诗歌，戳中黎吉云泪点了；何止戳中泪点？更戳中其心点了，黎公自作一诗："寒蝉久无声，楚客今当归。"诗没写完，命完了，"忽掷笔，仆地死。"黎吉云，你死什么死啊，愚忠愚死的？

口吐数升，满地血污。谁？这是谁？这是大清。大清"凡七日，反书闻，帝方在华清宫，中外失色"，终于晓得"洋兵已破天津至河西务"了。大清被打得满地找牙，不日，"忽掷笔，仆地死。"狗血大清仆了地，血糊糊流一地，满地狗血。

唯书画家能放诞

常道书画养性。书画养女性？书画养老性？秋阳高照，秋燥惹火，老房子着火了，大家喊书画家救火，书画家掷笔、收墨、卷纸、装桶，再是提了水壶出门，一去三五里，烟村四五家。待月西窗下，满脸络腮胡，回来了，舀了来年春夏水，来浇去年秋上火。

书画养性，众生与诸位或都以为，书画养男汉女性子，养青壮老性子。多半是吧。不过书画养小性外，也有养大性的，"静坐作楷书数十字或数百字，便觉烦躁俱平。"不作书了呢，不作楷书了呢，性子还平否？"永嘉项维仁善画。嗜酒。"画养性，酒乱性；酒画混搭，是养性还是乱性？"人属以画，辄大怒，或且申申詈不已。"阁下到他家里去做个客，项公露八分之一牙，鞠九十一度躬，箪食壶浆以迎阁下不？项公叽叽叽叽，咕咕咕咕，噼噼噼噼，啪啪啪啪，刺刺不休，呶呶不止，骂你一个狗血淋头，将你乱嘴拱出——阁下好运气，见了书画养其女性之小性吧。

书画养小性，书画也养大性。韩李思，湖南省芷江人，"善山水树石，皴染工致，平远浓秀，各有其致。"芷江崇山峻岭，山奇岭秀，见山岭直接拓片过来就是好画，不用另摘画笔，韩公"善山上树石"，或非项公之所善，乃山水之善焉。"兼能人物佛像，尤喜泼墨作龙戏，烟云击撄，见者失色。"没拓片山水交差，自出机杼产品，此真功夫。

与湖南蛮子大不同，项公人高大，身壮伟，磊磊若岩上松。矮哥入黛绿侧，全靠自吹壮胆：浓缩即精华；帅哥入脂粉堆：伸展才威猛。可惜，这么一位项帅哥，白白被湘矮哥比下了去，"性肮脏负气，嗜饮，无妻子，寄居僧舍。"帅哥不靠谱，矮哥靠得住。这话果真，亲，我不骗你。

美女是拿来养眼的，不是来养家的；帅哥也是，帅哥也是拿来养眼的，不能靠他来养家的。帅哥"性肮脏负气，嗜饮"，日里老板娘喊他入私人会所，夜里小姑娘拉进夜总会，日里夜里灌一肚子酒水，当了红漆酒桶，你还嫁他？误你一夜也就算了，莫让他误尽一生。比如我们项公，"尤嗜酒，无时不醉，衣履多质于酒家。"店小二，结账。不跟你结账，我老板说了，要跟你结钱。钱，钱，钱在哪儿？得，老办法，老汉我典了这身衣服。衣服？您衣服在哪儿？那，那，那，那我就这双皮凉鞋。美女您若嫁了这般老公，早晨时间，打扮得熨熨帖帖，整整齐齐，仰天大笑出门去；黄昏时节回来，短裤都没系的了，吊儿郎当，乱自晃荡。又，光着脚丫子，不洗洗就睡。这汉子，你嫁，还是不嫁？

"五花马，千金裘，呼儿将出换美酒"，爽，爽快，爽歪歪；爽这么一回，谁还喊你"二回来耍啊"？阁下能一将进酒，二将进酒，三将四将能进酒，源自老板娘晓得你"千金散尽还复来"。李白千金散尽，没吹牛，果然能再来。这貌似不是他会写诗之故，而是因自他善乞食：兄弟，没酒喝了，散几滴（施舍点）。李白脸是操练出来了的，生不用万户侯，但愿一识韩荆州，这事明明是他低气干谒，他硬是敢高声嚎，豪气干云。兄弟你脸皮薄如蝉翼，这是学不来的。

诗人千金散尽，不复来；书家、画家、歌唱家，千金散尽，易复来。来，磨墨，"援笔濡染，顷刻间，两扇立就"。两扇立就后，几万一平尺？房地产老板以平方米算，书家画家以平方尺算，诗家、作家以什么算？诗家作家以厘米算：2cm×3cm，恰好一版水豆腐。面积计算单位越小，收获计算单位越大，我以为这是通例，以房产地产比书家画家，还真以为是对的；也不止这事情才对，比如任大炮曾放大炮：胸罩那么大一点，要好几百块钱，按平方米算，比房子贵多了。面积计算单位越小，收获计算单位越大，想来放之四海而皆准的，为何放到作家这里，便失重了，失准了，失算了呢。

扯远了。收拢点吧。项公写得一幅好字，作得一幅好画，千金散尽，短裤当尽，脚丫抵尽，都是还复来的——半平方尺，一分钟，三五万，呼儿将去，换取百媚生出千种风情。复来多容易？项公以书以画，确实换过不少银子，商店开店，企业开业，六十花甲的房地产老板之老板娘满寿二十，掷笔二十万，来买项公二平方尺。项公其千金来得算快的吧。

作家三天千把字，换块豆腐币（贾岛尤其磨洋工，生产效率低得人吐血：两句三年得。咨询您一个，这也是千字百元？），项公作画都一响，一刻值千金，钱来得快，来得轻松。为何又短裤都被店小二扒了？"所得画资，率缘手散去。"其他人窝起来接钱，一双手是升斗（跟您所理解的升斗，稍为区别，湖南人所谓升斗，是竹筒制作之斗，恰好能装一升米，故名）；项画家窝起来接钱，一双手是漏斗，上面满倒，下面漏了个干净，"所得画资，缘手散去。"喜儿过年没花戴？拿去，买五丈红布来扎红头巾；岳母娘彩礼狮子大开口，伢子讨婆娘不着，项公听说了，越过亭台六七座，给那哭兮兮的伢子送去了八九万钱花。

项公钱来得容易，去得更快，赚得一千，花得一万。故而，只听到他有钱赚，没看到他有裤穿。我佛慈悲，便有僧家来精准扶贫：项施主，贫僧（富豪们学点佛吧，谦虚为上）这厢无礼，有金，劳请惠赐墨像（此像，很是墨墨黑）一平方尺。富豪给一万，贫僧给三万（贫富差距，果真大），"尝为僧写像，得钱三万。"

注：此处所谓"得"，当是措辞不确，非"得"，是"约"，三万是签约价，非到手钱。若说"得"，也说得通，阁下叫画家描摹"墨像"，一手交

钱一手交货，"贫僧"特"豪富"，先把三万定价，一分不少，打到项公账号了。签约日期是，一个月来拿货——这个稀货。

一月过了，"贫僧"来拿画。画在哪儿？画还在酒店；酒店哪有？画还在脑壳里。"贫僧"本可"贫嘴"的，奈何我佛不打诳语，说的是一口法律腔，签约啊履约啊，人际之外，有比律法更人情者——动辄上法院，下次我不跟你玩。项公本展纸了，叫美人磨墨了，听得"贫僧"那些鸟语，"辄碎其纸"，撕纸声多高分贝？其撕纸声响遏行云，如雷撕天空。往事越百年，我还听得见其回响。

书画养小性，养老性？也养大性，这不，项公"貌丰伟，性肮脏，睥睨一切"，其性子好大的。三万块钱，嘶嘶嘶嘶，挥手给撕碎，项公真放诞，果任性。想来，作家没谁这么性肮脏的，作家弄三十万字，展开来三十平方米，能得三万否？陶渊明摆过一回谱，"遂碎其纸"，把任命书给撕了。过劲，好样。风飘飘回家，诗是越写越好了，能换钱不？陶公拿起锄头种麦子、种豆子，只是诗人高智商，"种豆豆苗稀"，做田不如农。陶公就那么一回壮举，后来在这人处讨一把米，在那人处受一把蔬，好像再没见陶公自诩不折腰了。

书画养性，养小性，也可养大性。书画家钱来得快些，多些，故而其大雅大俗，可以大雅斥大俗，对俗不可耐之三俗汉子、妹子、老板与老板娘，可嘶嘶，撕他一扇子，可呲呲，龇他一嘴子。诸多书画家，总集儒家、道家、纵横家于一身，以儒家入世进取，把书写好，把画画好；从而赢得做道家资本，逍遥自在，不在三界内；然后做纵横家啦，横起竖起行走世界，不再如刘诚龙等小脚女人样卑卑贱贱处世。书画家可使大性子，青眼对雅人，白眼觑贫僧，他不尿尔等俗界俗物了。

到你家烧后厢房去

奇文共赏，怪文共伤。

读过一篇怪文，题目叫《为什么英法联军烧的是圆明园，而不是紫禁城》，说的是1860年，英法联军打进了北京城。北京城月黑风高，正好放火；北京城光天化日，正好放火。哪里都好烧，哪里都好抢掠，尤其是紫禁城，最便于烧杀掳掠，为何英法联军不烧紫禁城，偏偏要绕老远的路，去烧圆明园呢？

作者说，本来呢，"当时，法官有个将军叫孟托班，他建议烧紫禁城。孟托班说，圆明园不设防，不算交战区，烧这里不好，要让清政府好好记住这个教训，那就烧皇宫，让他们更疼，才能记住。"那就烧皇宫吧，却跳出来个仁慈的额尔金："烧皇城，相当于烧北京，北京百姓又没惹咱们，何苦跟人家百姓过不去呢？圆明园是私人园林，还是虐待我们俘虏的地方，就烧这里吧。"

圆明园是私人园林，这个逻辑好像说得通。烧紫禁城相当于烧北京，相当于烧北京老百姓，这是甚逻辑，烧圆明园不等于烧北京吗？不等于烧中国吗？英法联军烧圆明园，里面没人？先清场了？或者说，里面是太监，是皇妃，皇家公子哥与公主，是园林管理处领导，就可以烧了？太监也好，皇妃也罢，与百姓一样，一把火被烧的，此时都是人。

英法联军为何要打北京城？"事情说起来其实也不复杂。鸦片战争后，中英签订了《南京条约》，十二年后，英国人又跑来修约。什么是修约呢？

英国人觉得，《南京条约》都签十几年了，大清应该明白自由贸易的好处了吧。"奈何大清不明白自由贸易的好处，不跟英国人来签约，英国头号中国通小斯当东，得出一个结论是："中国听不懂自由贸易的语言，只能听懂炮火的语言。"所以，英法联军就带兵进来了，打到了天津大沽口炮台，"皇帝为了自己不受屈辱，引来了一场战争，更因为自己的野蛮无知付出了圆明园被烧的代价，可以说这场战争是中国近代史上最无聊的一场战争。"

皇帝的野蛮不晓得从何说起，皇帝的无知好像是的，皇帝不懂得自由贸易嘛。鸦片战争，皇帝被打趴于地，十多年过去，仍然傲慢得很，依然以天朝大国自居，天朝之外，不是东夷，便是西狄。可是，这场战争是皇帝引来的吗？你不是说英国人跑来修约，国朝不跟他修，英法联军便以"炮火的语言"开始说话吗？

不懂他自由贸易的语言，你就必须懂他自由炮火的语言。英法联军曾是这么叙事的。英法联军，八国联军都这么叙事的，我们自然必须这么叙事了。鸦片战争发生，不是洋人有多恶，而是大清有多蠢，人家要到你国朝来贩卖鸦片，自由贸易嘛，你干吗不贸易呢？不贸易就该打，打得你满地找牙，那是你活该。义和团蠢嘛，这是最蠢的民族，在自己地域引来千万里的洋人炮轰（风可进，雨可进，国王不能进，洋人可以进），也是罪有应得——对杀人者不止是理解与同情，简直是尊敬；对被杀者何止是冷嘲与热讽，简直是恶毒。好像若杀得一个不留，国人基因便可以改善了——这怎么好像是希特勒种族论啊。哎，希特勒的种族论，好像也不是这么论的，他论的是自家民族是优越的，我们所论的是，自己民族是劣种的。

果然一些人还真有些"劣种"气质。比如，我多次听一些人说，美国庚子赔款，"也可谓一大幸事了"，还是美国好啊，我们对美国心怀感激，谁不感激美国谁就没有良心，"美国作为八国联军的一员得到了赔款，但美国用部分退赔款为中国培养了人才，建立了一些科研机构，比如清华大学、协和医院，这些人才和机构对中国进步做出了杰出贡献。"，你不对美国感激涕零？鼻涕眼泪不掉落四回，便不算是好公民。只是想问一句的是：美国这些庚子赔款哪里来的？啪啪，左右开弓，给你啪了几个耳刮子，从你袋子里把钱抢去。然后把抢你的一部分钱还给你，你就得对他无限感激，视为亲爹，当成祖宗供奉。阁下是患了斯德哥尔摩综合症吗，还是阁下天生生了一副媚骨？突然想起鲁迅一句话：遇见所有的某人都驯良，遇见所有的国人都狂吠——鲁迅先生那是在说谁说什么来着？

百多年前，大清确是不懂自由贸易的（观念更新，实非一年半载，十年或十几年可完成的）。我天朝地大物博，人口众多，跟你等洋毛子做什么生意？你不懂贸易语言，那就让你懂炮火语言吧。嗯，洋人便是这么叙事的。百余年后，国人据说是有很多不懂自由贸易语言的。国人不懂，公知懂了。公知怎么懂的？公知懂的是：你不懂自由贸易的语言，那你就懂自由炮火的语言吧。

我真不懂你所说的自由贸易。什么叫自由贸易？自由贸易，就是双方愿意吧。一个愿打，一个愿挨，一个愿卖，一个愿买，这才是自由贸易吧（莫苛求前人吧，百余年后公知们都不懂自由贸易的真谛呢）。我蠢，我知道贸易可能得好处，但我就是怕你，不跟你做生意，不可以吗？不可以啊。那我就不用贸易语言了，我用炮火语言给你看——炮火的语言是一种普世价值？

好吧。兄弟，我的《为什么英法联军烧的是圆明园，而不是紫禁城》作家兄弟，我现在要来跟你做生意了，我要卖你鸦片，我要卖你海洛因，我要卖你摇头丸，我要卖你吗啡、大麻、可卡因，你买不买？不买啊。好，我不烧你家卧室，不烧你家客厅，你知道，我是很仁慈的。我绕道要到你家后厢房，要转弯寻到你家后花园，我要烧毁你家的圆明园。你在后花园埋了金银财宝？OK，全是我的了，我全搬我家去。

一张PS一把拍死一位总督

晚清有三位屠户师傅（敝地方言：将厉害角色常称师傅），士屠张之洞（不用解释，其刀子所对是士人），民屠袁世凯（顾名思义，是屠杀民众的），官屠岑春煊（望文生义，是官官相杀的）；三位屠户师傅磨刀霍霍，刀刀见血，各有分工，各有所屠。按理，各持刀俎，各宰鱼肉，在各自势力范围，各不相扰可也；然则占山为王的寨主，杀生为业，会各守山头，互不相扰吗？三位屠户师傅，除了各杀各的之外，三人你杀我，我杀你，杀得天昏地暗，日月无光。晚清官场里，因多了这么多刀光剑影，胜比《天龙八部》，显得格外热闹好看。

士屠张之洞与民屠袁世凯，两人相杀过，只是出刀都不是蛮狠，互相伤害也不很深；相对而言，官屠岑春煊与民屠袁世凯，交锋厉害些，招数更多些，屠技更纯熟些。总之，好看些，适合写电视剧些。

莫说袁世凯后来胜出岑春煊许多（也是杀赢的），起初两人同一当量级的，袁世凯其时当直隶总督，岑春煊其时当两广总督，都位高权重。就国家地位说，直隶重于两广；就领导心位说，岑春煊反重于袁世凯。八国联军攻北京，开战的始作俑者慈禧太后，惶惶然如丧家犬，逃之夭夭去西安，众官考量慈禧此去，紫禁城没她回头路了，故没几人理她。岑春煊却烧起了冷灶，带了1000兵马去勤王，保卫领袖，让慈禧感动得抓起裙子来擦眼泪，后来西太后又是"我胡汉三回来了"，便将岑春煊倚为心腹，连升叠升，升他坐了两广总督位置。光绪三十三年，慈禧搞了一次疆吏对调大换防，起了心，要腾出袁世凯直隶总督位置，让岑春煊坐，可见岑屠在老佛爷心目中的地位。

不过这次对调，没调成功，慈禧先要岑春煊来京都任职邮传部长，袁世凯使了招数，使岑春煊来了，又去了，刚当了20来天部长，又回广州去。袁世凯使了什么刀呢？呵呵，温柔一刀，那刀使出来，割人之肉，犹如顺毛梳子给按摩，按得人家毛舒服：袁世凯先花了150万两银子给慈禧身边人，代夸岑春煊是大清第一干将，广东那地方革命党多，非岑春煊不可保广东稳定，若调岑春煊来京都，恐怕江南半壁，就难属大清的了。慈禧听这么一说，也便调岑春煊回去，叫猛士守四方了。

慈禧这次疆吏异动，其中还有一个插曲，慈禧还想调岑春煊去云贵的，从广东调云贵，那不是贬用吗？误矣，在慈禧心目里，将心腹从富庶地区调往贫困地区，那是叫他知国情，增历练，以便今后重用。岑春煊不知是没领会慈禧意图，还是咋的，他不去；慈禧转而调他去四川，岑春煊也不去，不曾直接抗命，只待在上海不动身，在那里磨蹭。没想到，这一磨蹭，埋下了挨袁世凯杀的种因。

岑春煊一再抗命，袁世凯何以不抓住这一点，向岑春煊动刀子呢？有令不行，不听圣旨，这事够严重的，放在他朝，放在他人，就此参他一本，他在官场里哪还有活路？袁世凯却没下这棋子，乃是这棋子杀伤力不足。大清延命至此，已是苟延残喘，朝廷政论早就没那么畅通了，讨价还价的，何止岑春煊？岑春煊是慈禧红人与心腹，向慈禧撒点娇，慈禧也多抚摸其脸蛋，似嗔还喜。若以"抗命"借口以屠岑春煊，非但屠不了，相反刀锋弹回来，伤着自身呢。袁世凯数理化确没学好，算术题却做得蛮好的。

慈禧要转调岑春煊去四川，袁世凯没想法，随他；但听说岑春煊要调京都来了，袁世凯遽然紧张，岑春煊既有屠官之名，又与慈禧关系那密切，若背后向慈禧打他小报告，袁世凯就没有路了，何况他又听了些风声，说岑春煊将代他任直隶。袁世凯坐不住，算来算去，使出"赞法"当"战法"，明里赞颂岑春煊能力了得，暗里按住岑春煊原地不动。

这招数虽好，却未能除根，岑春煊根基还在，不是耍处；官场里，若都是这么温斗来，柔斗去，和谐社会是否建成，难说，和谐机关怕早建成了。袁世凯这么斗岑春煊，他是没找到一刀见血的刀一剑封喉的剑。

没找到，并不等于没找，袁世凯一直没闲着。功夫不负有心人，呵呵，有了。这刀这剑，就藏在上海滩。岑春煊不在上海待了些日子吗？康有为弟子梁启超不也在上海吗？时间、地点、人物，都有文章可作，袁世凯也就作起文章来了：弄了一张岑春煊的照片，再弄了一张梁启超的照片，请了高手，将两人照片PS，合成一帧。一张PS照片，威力甚比原子弹，将这炮弹炸向岑春煊，岑春煊不死也得脱层皮。

真如袁世凯所料，岑春煊一代总督，被一张纸质照片当炸弹炸，臀下椅子炸了个稀巴烂，自己屁股也被炸了个血肉模糊。原来慈禧第一心腹是岑春煊，慈禧第一心腹之患是康梁。康梁要闹维新，闹就闹去吧，只要不危及慈禧那圆屁股，就随你闹腾去，而康梁恰恰要动的是慈禧屁股与屁股下面那椅子——康梁要太后归政光绪——这下慈禧大怒，要把康梁抓起来，捆到菜市口去，碎尸万段，将其尸首给狗吃了。慈禧对康梁，真个恨得咬牙切齿的。谁是慈禧的敌人？谁是慈禧的朋友？这个问题，是慈禧的首要问题。慈禧的心腹跟慈禧的心腹大患勾肩搭背，弄到一块去了，哥们好了，这叫慈禧何以受得了？不曾把他当心腹倒还好，既是心腹，却暗地背叛，那慈禧恨意更添十分："深官不审其话，既见摄影俨然，信之不疑，惊愕至于泪下。亟谋所以处置者，枢臣固请如瞿相之例。"慈禧哭得要死要活的。嗯，爱有多深，恨就有多深，"亟谋处置"那"亟"心情，可见端的。

有人说，岑春煊的PS事件跟袁世凯无关，袁世凯在直隶，岑春煊在上海，怎么PS法？这论就太皮毛了，县长杀县长都不劳县长亲自动手，何况总督屠总督？大清总督，算大官了，遭了整，一般小喽啰能干得了？或许动手是小喽啰，而动心必是大领导；领导使个眼色，漏一句话，下面的事，就是职业杀手的了。照片PS事件，是不是袁世凯所为？我们且听当事人岑春煊说："时士凯在北洋，见余底缺未开，主知犹固，亦恐一日赴镇，据两广财富之地，终不利于彼也，日谋所以陷余之计。知东朝最恶康梁师弟，阴使人求余小照，与康梁所摄，合于一帧，若共立相与然者，所立地则上报馆前也。既成，密呈于孝钦，指为暗通党人图乱之证。"袁世凯政斗老鹰了，生就一双鹰眼，随时随地观察政局，瞄准人心，这不，他看准了"东朝最恶康梁师弟"，便设计制作康梁与岑春煊合影。下流官斗，泼硫酸制车祸；官斗高手，制张照片就甚比原子弹（当年威力确如此，现未必——不过思路是一样的）。照片是铁证，岑春煊八口莫辩，只能由人屠宰。可怜一生屠官，却一帧照片被官屠了。人见剃头者，人亦剃其头，官见屠官者，官亦屠其官——官屠官，官被屠，莫非官场是屠宰场？

岑春煊挨的处置是，"如瞿相之例"，所谓瞿相，指的是湖南官僚瞿鸿禨，瞿鸿禨曾深得慈禧赏识，当过军机大臣、政务大臣，后又代徐郁为内阁协办大学士，宰相角色，也是因袁世凯使出手段，职务全撸，回到长沙钓鱼、打牌、下棋带孙子；岑春煊如瞿相例，不说"宰相"当不成，原来职务都被开缺。

台湾作家高阳说这次PS事件的结果是"几家欢乐几家愁"，大清出现了一幅崭新的升官图："一、袁世凯内调，以军机大臣而领部院首席外务部尚书，完全接收了瞿鸿禨的权力。直督亦由袁保荐，以杨士骧充任。二、东三省设行省，总督徐世昌；奉天巡抚唐绍仪为袁世凯亲信……"

　　然后呢，再然后呢，袁世凯当了八十三天皇帝。

　　一帧PS照片，变了大清政治大局，也改动了中国历史格局。